赵驰轩 杨频⊙主编

徐锋 张明 吴进华 皮贺鹏⊙副主编

职业发展与就业创业指导

慕课版

职业教育江苏省规划教材 高等职业院校新形态通识教育系列教材

人民邮电出版社

北京

图书在版编目（CIP）数据

职业发展与就业创业指导 ：慕课版 / 赵驰轩，杨频
主编. -- 北京 ：人民邮电出版社，2022.4（2023.9重印）
高等职业院校新形态通识教育系列教材
ISBN 978-7-115-57472-5

Ⅰ．①职… Ⅱ．①赵… ②杨… Ⅲ．①大学生－职业
选择－高等职业教育－教材 Ⅳ．①G647.38

中国版本图书馆CIP数据核字(2021)第255269号

内 容 提 要

本书为满足高校就业指导课程的需要而编写，主要内容包括认识职业生涯规划、制订职业生涯规划、实施与管理职业生涯规划、认识创新创业、开展创业探索、运营创业项目、做好就业准备、实现就业目标、就业法律保障。

本书循序渐进地阐述了职业生涯规划、创新创业与求职就业的理论和方法，旨在帮助大学生合理管理学业和职业生涯，增强创新创业能力，掌握求职就业技巧。每章都设有"课堂活动"板块，用于增强大学生的实践能力。

本书适合作为高等职业院校职业生涯规划与就业指导相关课程的教材，或相关教职人员的参考书，也可作为初涉职场的新人学习职业生涯规划和了解求职就业的参考书。

- ◆ 主　　编　赵驰轩　杨　频
  副 主 编　徐　锋　张　明　吴进华　皮贺鹏
  责任编辑　楼雪樵
  责任印制　王　郁　彭志环
- ◆ 人民邮电出版社出版发行　　北京市丰台区成寿寺路 11 号
  邮编　100164　电子邮件　315@ptpress.com.cn
  网址　https://www.ptpress.com.cn
  大厂回族自治县聚鑫印刷有限责任公司印刷
- ◆ 开本：787×1092　1/16
  印张：14　　　　　　　　　　2022 年 4 月第 1 版
  字数：311 千字　　　　　　　2023 年 9 月河北第 4 次印刷

定价：46.00 元

读者服务热线：**(010)81055256**　印装质量热线：**(010)81055316**
反盗版热线：**(010)81055315**
广告经营许可证：京东市监广登字 20170147 号

前　言
FOREWORD

党的二十大报告指出，要实施就业优先战略，并指出，就业是最基本的民生，要强化就业优先政策，健全就业促进机制，促进高质量充分就业。近年来，"大学生就业"话题一直受政府与社会各界的广泛关注。消除大学生择业求职时的困惑，帮助大学生顺利就业、高质量就业，已成为高校乃至整个社会面临的重要任务。

大学生拥有丰富的专业知识和敢于拼搏的勇气，在职场上具有竞争优势。可是，部分大学生由于没有进行合理的职业生涯规划、自我认知不清晰、对职业世界一知半解、缺乏求职技巧，在就业市场上屡屡碰壁，甚至出现"先就业再择业""无限时延迟就业"等现象。

基于此，加强大学生职业、创业、就业教育成为帮助实现大学生顺利就业的不二法门。职业生涯规划能够帮助大学生认识自我，合理规划自己的人生；创新创业教育能够帮助大学生走上自主创业之路，实现人生价值；求职就业教育能帮助大学生顺利获得心仪的职位，并适应职场环境。

本书以全面提升大学生的职业生涯规划与创业就业能力为宗旨，结合当前就业的形势和政策，以及高等教育改革和现代职业发展的特点，把职业生涯规划与创业就业指导贯穿于大学生活的始终，全面、系统地提升大学生的职场竞争力。

本书具有以下特点。

第一，内容全面且编排合理。本书首先按照认识、制订、实施与管理职业生涯规划的顺序介绍了大学生制订职业生涯规划的意义、流程与方法；其次按照认识创新创业、开展创业探索、运营创业项目的顺序介绍了大学生创新创业的相关知识；最后按照做好就业准备、实现就业目标、就业法律保障的顺序介绍了大学生就业的相关知识，内容安排符合大学生规划职业、创业与就业的实际需要。

第二，案例丰富。本书附有大量案例，包括章前的引导案例和正文中穿插的案例等。这些案例真实且典型，具有很强的启发性和参考性，大学生可以从中获得经验、教训和感悟。

第三，活动多样且实践性强。每章均设计了丰富的课堂活动，这些课堂活动以个人或小组的形式展开，包括测试、讨论、收集资料等。课堂活动内容丰富，既能够作为正文知识的补充，又能够锻炼大学生的实践能力。

第四，配套资源丰富。本书提供了丰富的拓展阅读资源和教学资源，读者可以通过扫描二维码学习拓展知识，还可以访问人邮教育社区（www.ryjiaoyu.com），搜索本书书名下载本书PPT、教学大纲、教学教案和题库等。

本书在编写过程中参考和使用了大量资料，在此谨向这些资料的作者致以诚挚的谢意。

编　者

2023年4月

目　录
CONTENTS

08 第八章

09 第九章

第一章
认识职业生涯规划

01

大学生在大学期间虽然没有迫切的就业需求，但大学是大学生职业生涯的第一站，对于大学生的职业生涯有至关重要的影响。因此，大学生在大学期间就需要对自己未来的职业生涯进行科学系统的规划，充分发挥目标的导向性作用，并实实在在地朝着这个目标努力，这是大学生拥有理想职业生涯的关键。

知识要点

◆ 职业生涯规划的含义

◆ 霍兰德职业兴趣理论

◆ 舒伯职业生涯发展理论

◆ 认知信息加工理论

引导案例　　缺乏职业生涯规划的人生充满迷茫

张盟由于高考发挥失常，考入一所高职院校，进入高职院校后一直情绪低落，学习缺乏动力，觉得读高职就是"混文凭"。偶尔想起未来的发展，他也有些迷茫与焦虑，总觉得这是大三才需要考虑的事情，现在考虑还为时过早，于是便得过且过地"混"过了大一。

到大二时，张盟成了校园里的"老生"，天天跟着同学上课、听讲座、参加社团活动，父母建议他专转本，而他想自己创业，可又没有好的创意和资金支持。就这样，他在犹豫不决中度过了大二。

直到大三，看到很多同学都在为专转本努力，张盟打算也去试一试。但由于前期功课拖欠太多，数学又放了两年没有学，最终他专转本考试失败，只能先就业。但受限于学历和能力，张盟没能找到满意的工作，只能先"将就"干着，张盟常常觉得目前的生活并不是他想要的。

点评　目标规划，具有"灯塔效应"，它能让一个人聚焦所有的精力和时间去逐步实现目标。没有目标规划的人，犹如无头苍蝇，其人生轨迹也都是连不成线的"散点"，难以聚焦。要想避免落入案例中张盟同学的处境，大学生需要尽早进行职业生涯规划。

第一节　什么是职业生涯规划

大学毕业是大学生人生旅途中的一个重要转折点。学有所成的大学生怀着一腔热血，渴望找到一份称心如意的工作。而对即将踏入社会的大学生来说，要想找到心仪的工作，除了需要对人生抱有高度负责的态度外，还需要了解职业与职业生涯规划方面的知识，提前对自己的职业生涯进行整体的规划。

一、认识职业与职业生涯

大学生在完成学业后，不可避免地需要与职业打交道。事实上，职业往往会贯穿大学生毕业后的整个生命历程，并构成大学生的职业生涯。要想拥有有价值、有意义的职业生涯，大学生首先需要认识职业与职业生涯。

（一）认识职业

"职业"虽然是一个耳熟能详的词语，但是有关调查表明，很多大学生对其了解甚少，甚至在毕业后进入职场时依然是"两眼一抹黑"，易出现"冲动选择""猜测选择""随意选择"的择业倾向。只有了解职业，大学生才能有效选择职业、规划职业，最终实现职业价值。

1. 职业的概念

随着社会的不断发展与人类需求的不断变化，人们需要运用专业的知识和技能参与社会分工，以满足不同性质、不同内容、不同形式和不同操作的工作岗位需求。人们在工作岗位上创造的物质财富或精神财富在满足个人需要的同时，也能满足社会发展的需要，这些工作岗位的集合就叫作职业。

职业作为人们谋生的手段，在一定程度上体现了个体在社会分工中所发挥的作用。它在赋予每个人权利的同时，也要求其承担与之对应的社会责任和义务。职业由职业主体、职业客体、职业技术和职业报酬4个要素构成。

- ◆ **职业主体**。提供工作岗位的单位或组织。
- ◆ **职业客体**。各个工作岗位上的从业者。
- ◆ **职业技术**。胜任工作岗位所必需的方法。
- ◆ **职业报酬**。职业客体因工作而从职业主体处获得的货币及其他回报。

2. 职业的重要意义

职业的相关内容往往关系着人们的切身利益。因此，个人价值的体现是围绕着职业的发展进行的。认识职业的意义，对大学生的职业生涯规划和管理有着积极的引导作用。

美国著名心理学家马斯洛（Maslow）将人的需求进行分层概括，分为生理需求、安全需求、社会需求、尊重需求和自我实现需求，从而提出需求层次理论，如图1-1所示。而职业实质上就是满足个人需求的媒介，只有达到真正意义上的自我实现，职业的效用才能得到最大的发挥。作为自我实现的重要途径，职业具有以下5个方面的重要意义。

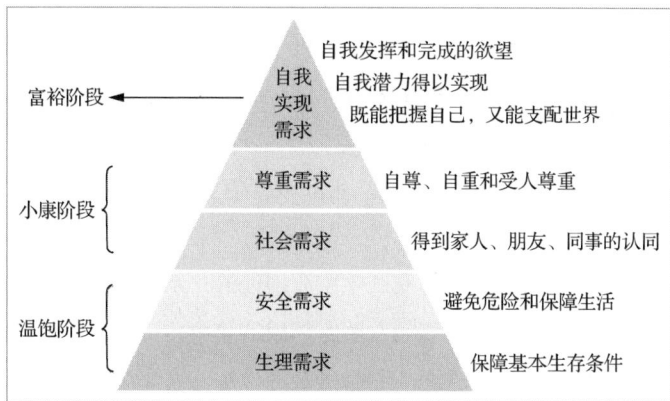

图1-1　马斯洛需求层次理论

◆ **提供生活保障**。人们通过工作报酬换取个人生活所需的各种物品，如衣服、食物、住房等，从而满足个人维持生活的需要。

◆ **建立安全感**。稳定的工作在满足生活需要的同时，还能为人们提供医疗保险、失业保障和退休金等福利，减少其在人身安全、疾病等方面的困扰与担忧。这也是生理需求得到满足后，人们最关心的问题之一。

◆ **建立人际关系**。人们在职业发展的过程中，往往需要扩大个人的社交圈子，从而建立广泛的人际关系。人际关系的建立与扩展和职业发展是相互促进的，而工作场所是除家庭以外最重要的人际交往场所之一。

◆ **获得尊重**。每个人在工作和生活中都有获得尊重的需要，不管是受人尊重还是自尊，都可以通过做出让社会认可和自己满意的成绩来实现，工作便是实现这一目的的途径之一。

◆ **实现自我价值，感悟人生意义**。人们在全身心投入工作的同时，可以感受到快乐。在实现个人理想和发挥个人能力的过程中，能履行或达成自己的意愿，这便是自我实现。自我实现的动力源自内心，它促使人们努力开发自身潜能，使自己成为自己所期望的样子。只要用心去投入，个体在平凡的工作中也能创造出成绩。

（二）认识职业生涯

生涯，"生"即生活，"涯"即边界、范围，其字面意思是人一生所涵盖的范围。教育学界对"生涯"一词的解释众多，目前大众较为认可的是美国生涯理论专家舒伯（Super）的观点。舒伯认为，生涯是生活里各种事态的连续演进方向；它统一了个体一生中各种职业和生涯的角色，由此表现为个体独特的自我发展形态。

职业生涯是一个人一生中所有与职业相联系的行为与活动，以及相关的态度、价值观、愿望等的连续性经历与过程，也是一个人一生中职业、职位的变迁及实现工作理想的过程。简单地说，职业生涯就是一个人终身的工作经历。通常，一个人的职业生涯始于任职前的职业学习和培训，止于退休。对于每个人来说，选择职业的重要性都是不言而喻的。

　　人的一生包含幼年、少年、成年、中年、老年几个阶段。人从成年开始便进入职业生活发展的高峰期，这一时期也是人们追求自我、实现自我的重要阶段，职业生涯随之变得开阔和丰富起来。

　　职业是社会个体赖以生存和发展的主要途径，处于职业生涯的核心位置，对个人的生存和发展起着关键性作用。人的一生可能有各种各样的职业历程，而职业生涯的成功与多种因素相关，包括社会环境的影响、个人能力和价值观的综合作用，以及把握机遇的能力等。总之，职业生涯是围绕学习、生活、就业和职业发展等方面展开的。大学生应该对职业生涯及其规划有清楚的认识和把握。

　　从经济的角度来看，职业生涯是个人在一生中所担任的一系列职位和角色。它们和个人的职业发展相联系，是个人接受教育培训及职业发展所形成的结果。个人接受教育培训的过程，是对自身生理、心理、智力、能力等方面的潜能进行开发的过程，这些潜能将会对职业生涯造成极大的影响。但无论职业生涯如何发展，社会最终都会以工作内容、工作业绩、工资待遇、职称和职务等为标准，对其进行经济方面的考量。而个人会更加注重工作经历、内心体验等方面的内容，以及职业理想和人生目标的达成。

👥 课堂活动　　　　　　　　　　　**理想的职业**

　　准备一张白纸，思考"我以后想从事什么样的职业？"这个问题，并将你的答案写在纸上，答案可以有多个。在书写答案时，尽量遵循自己的第一想法而不考虑其他条件。写好后，看看自己理想的职业有哪些，了解这些职业有什么特点，自己为什么想要从事这些职业。

　　写好后，以小组为单位相互传阅交流，最后请一位同学作为代表谈谈自己理想的职业，并说说对此次交流活动的感受。

二、职业生涯规划的概念

　　职业生涯规划简称生涯规划，又叫职业生涯设计，指对职业生涯和人生的发展进行系统而持续的计划。一个完整的职业生涯规划由职业定位、目标设定和通道设计3个要素构成。

　　职业生涯规划可表述为，通过将个人与外部环境相整合，对职业环境等外在因素进行测定、分析和总结，再结合个人的兴趣、爱好、能力和个性等内在因素进行综合分析与权衡，然后根据个人的职业倾向和时代特点，确定最佳的职业定位和人生目标，并为实现这一目标做出行之有效的安排和策划。

　　进行职业生涯规划的主要目的是帮助个人真实、全面地了解自己，从而引导个人寻找合适的努力方式和方法，最终实现人生目标。特别是当代大学生，在为自己定下事业大计，筹划未来，拟定人生职业道路时，需结合主观条件和客观原因设计出科学可行的职业生涯发展方案。在朝着目标奋斗的过程中，个人需明确把握发展方向，制订相应的培训、教育和工作计划，并按照职业生涯发展方案实施具体的行动，把达成职业生涯目标作为人生的核心任务。由于职业生涯贯穿人的一生，因此，对职业生涯进行规划的过程，即是给自己的未来绘制理想蓝图的过程。大学生在对职业生涯进行规划时，需要注意以下几个方面的内容。

◆ 对职业生涯及其规划有一个清楚的认识。

◆ 对外界环境有一个相对透彻的分析。

◆ 清楚自己的特质，尤其是优势与长处。

◆ 通过沟通、分析、心理测评找到自己感兴趣的职业方向。

◆ 进行全方位的综合素质与个人职业能力的精确评估，确定自己的发展方向，并最终确定自己的职业定位。

◆ 围绕人生理想、愿望和价值观，确立职业目标。

◆ 对职业生涯进行具体的解析和明确的管理，设计出最优发展途径，并在实施过程中结合实际情况对目标和发展方向进行适当的调整。

◆ 进一步发掘自己的特质和优势，增强自己的职业适应能力。

◆ 扮演好自己的社会角色，为实现职业生涯的成功坚持奋斗。

职业生涯规划最明显的作用是有利于引导个人完成职业生涯发展过程中的阶段性任务，并为后续阶段的发展做出预先策划和准备。按时完成人生各个阶段的职业生涯发展目标和任务，即是"生涯成熟"的表现。对大学生而言，参照自身的目标完成情况，评估自己职业生涯的实际成长状态并采取行之有效的对策和行动，是职业生涯的主要发展任务。

三、职业生涯规划的原则和意义

凡事预则立，不预则废。对于职业生涯来说，规划是必要的。大学生只有设计出合理的、可行的职业生涯规划，才能少走弯路，离目标越来越近。为此，大学生首先需要了解职业生涯规划的原则和意义，以使自己的职业生涯规划有效、有价值。

（一）职业生涯规划的原则

对大学生而言，职业生涯规划就是在自我认知的基础上，根据专业特长和知识结构，结合社会环境与市场环境，对所要从事的职业及制订的职业目标策划出具有指向性的方案。如果一个人从事的是自己喜欢的职业，同时该职业又属于自己擅长的领域，并且觉得从事该职业很有价值，那他就具备了成功的基本条件。若该领域有很好的发展前途，自己又能找准努力的方向并为之坚持不懈，则将会为个人的成功提供保障，为个人获得长久的发展奠定基础。因此，大学生在制定职业生涯规划的具体方案时，可以考虑以下几方面的原则。

◆ **实际性原则**。大学生需根据个人特质、社会环境和其他相关因素，从实际出发，获得切实可行的发展依据。

◆ **适应性原则**。职业目标的制订要符合个人的性格、兴趣和特长等个人特质，从而产生内在的激励作用，并使其与外在职业环境相适应。

◆ **清晰性原则**。各阶段的目标与措施要清晰，实现目标的步骤和方法要明确得当。

◆ **一致性原则**。发展目标要与个人意愿相一致，实际行动也应遵循职业生涯规划的方案。

◆ **变动性原则**。目标与措施应具有弹性和缓和性，可根据环境的变化进行调整。

◆ **合作性原则**。个人的目标与他人的目标应具有适当的合作性与协调性。

◆ **整体性原则**。职业生涯规划要兼顾整个生命发展历程，为人生做全程的量化考虑。

◆ **可评量原则**。职业生涯规划的设计应具备相应的时间限制和评量标准，以便能实时进行检查并掌握情况，以此为修正职业生涯规划提供参考依据。

🔍 案例　　　　　　　　　　**职业生涯规划很有必要**

　　赵凡立志成为一名法律工作者，但他天资不够聪颖，尽管在中学期间非常努力，还是考进了一所高职院校，很难实现他的愿望。虽然如此，赵凡却并不气馁，他从进入高职的大门起就多方研究，了解专转本的政策后，为自己设计了"转本—读研—当律师"的职业规划路径，并随即付出了行动。赵凡面对学习上的短板采取"死磕到底"的办法，他在数九寒冬坚持6:00起床，6:40之前到规定的地点读书、背单词。两年坚持下来，转本考试的模拟试题做了150套，计算机考到80分，英语考到了110分，语文和数学都考到了100分以上，赵凡终于考入自己理想的学校和专业——南京工业大学法学专业，朝着自己"成为律师"的职业目标迈出了坚定的一步。

　　赵凡总结经验说：克服困难的体验，远比一纸录取通知书珍贵，成功只是优秀的副产品。

　　点评　在大一就进行职业生涯规划是非常有必要的，赵凡通过对职业生涯的清晰规划和坚决执行，获得了成功。

（二）职业生涯规划的意义

　　职业生涯规划有助于大学生避免学习的盲目性和被动性，从而将职业目标和实施策略了然于胸。宏观上，职业生涯规划能增强大学生对自身的调整和掌控能力，避免在职业探索和发展过程中走弯路，以便大学生能充分利用自己的时间和精力。微观上，职业生涯规划能起到内在激励作用，使大学生饱含对学习和实践的激情，激励大学生不断为实现各个阶段目标与终极目标而进取。综合来看，职业生涯规划不仅会关系到大学生以后的收入和生活品质，还关系到大学生个人人生价值的实现。有长远目标和明确志向的大学生更能经得住诱惑和考验，坚定地朝着既定的方向前进，让每一天都过得充实。

　　大学生进行职业生涯规划的目的是把想做的事情与具备发展潜力的职业有机结合起来，在客观分析自身条件和外界环境之后，制定出科学可行的个性化方案，然后将具体方案付诸实践。这一过程能使大学生自身的优势得到最大限度的发挥，同时又能使个人需求得到最大限度的满足。对大学生来说，认清自己是开展职业生涯规划的第一步。然后是对职业领域进行探索与考量，把各方面的静态与动态信息进行整合和分析，确定出计划与方案，并不断加以实践和修正，最终解开自身在职业领域的困惑和难题，为事业的成功和人生的幸福奠定良好的基础。

职业生涯规划的目的可概括为突破障碍、开发潜能和自我实现3个方面。人生最大的幸福是能以自己选择的方式生活，并能择己所爱、爱己所择、以己为荣，最终实现圆融、丰足和幸福的人生。这些都可以通过成功的职业生涯规划来实现。职业生涯规划的意义主要包含以下5个方面的内容。

1. 有利于大学生把握个人命运

通常情况下，人的一生中有4个领域需要进行规划，即学习、工作、休闲和家庭领域。各个领域之间是相互关联的，各领域中的每个环节都需要个体花心思进行科学、合理的安排。只有清楚自己想要什么并拥有明确的规划，面对重大选择时才能拿定主意，避免走弯路。因此，大学生要分清自己的人生目标和明确每个人生阶段的任务，成为一个能真正掌握自己、驾驭自己的人。通过对职业生涯的规划，大学生可以把握每一个可能成功的机遇，将认识自我、发展自我、完善自我、培养和提高自我的素质与修养提上工作日程，设计出一生发展的最优路径，从而驾驭自己的人生，掌握自己的命运。

2. 有利于大学生自我觉醒

成功的共同点在于能尽早地明确职业生涯目标，并且为之坚持奋斗。事实上，职业生涯规划归根结底是一个意识问题，大学生可通过激发积极主动的探索意识，来实现精神层面的自我觉醒。例如在高中阶段，高中生将"上大学"视为学习的最终目标，于是，他们把对大学生活的憧憬转化为学习和上进的动力；然而，在进入大学之后，他们可能感觉一下子失去了目标的指引和对未来的期盼，失去了学习的动力，觉得无所适从。殊不知，大学是一个为职业生涯进行积累和准备的重要阶段，若大学生能及时觉醒，将会对个人的成长和发展产生莫大的影响。为此，职业生涯规划作为一个引导者，除了能唤醒大学生对人生理想的期盼，还具有促使大学生考虑未来和珍惜当下的作用，引领每一名大学生找到属于自己的职业发展方向，引导大学生有目的地汲取知识，变得更加积极向上。

3. 有利于大学生认识自我

认识自我是大学生进行职业生涯规划的前提。充分地了解和认识自我，大学生便能根据自身的能力和需要对职业发展进行探索，而不盲目从众、随大流。职业生涯规划中所说的认识自我，需要大学生对自身进行深层次的剖析，以便对自身的能力、优势和劣势加以掌控，根据在学习和生活中积累的经验，找出未来最佳的职业发展方向，从而彻底解决"我想干什么"和"我能干什么"的问题。在此基础上，大学生通过对就职要求、就业渠道、工作内容和职业发展前景，以及行业的薪资待遇等相关因素的了解和认识，找到职业发展目标，弄清人生定位，理性分析自身所具备的能力和资本，从而做出长远打算，这是职业生涯规划得以实现的理论依据，正所谓"知己知彼，百战不殆"。

4. 帮助大学生寻找实现理想的道路

职业生涯规划能引导大学生明确自身职业目标，它不仅是个人成长过程中的指路明灯，还能促使每个人去制定适合各自情况的职业发展方案。大学生围绕职业目标去学习和提升，即使目标与实际情况还不够匹配，也会使自己朝着既定的方向前行，这个方向便是实现理想的方向。实现理想的意愿会转变成实际行动所需要的动力，意愿的强烈程度对于个人来说非常重要。意愿越强，动力就会越强烈和持久，成功的机会也会随之增加。因此，职业生涯规划连通着实现人生理想的道路，同时又能为人生旅程设定阶段目标，指引着大学生通往成功的彼岸。确立职业目标后，围绕这一中心，大学生的行为将会变得更有效率和价值。

5. 帮助大学生实现人与职业的和谐发展

职业生涯规划的目的是促进个人健康、持续、协调和全面发展，将人与职业的发展有机结合起来，从而在人职和谐的基础上，将职业发展作为实现人生价值的内容和工具，让个人的发展成为推动和促进职业发展与进步的主导力量，达到职业与自我的双赢。个体的人生目标是多样的，如生活目标、职业发展目标、社会地位目标、人际环境目标等，各目标之间相互影响，构成一个目标体系。而职业发展目标是整个目标体系中最核心的部分，它的实现与否，直接关系着人们对成功与挫折、愉悦与遗憾的感受，影响着生命的宽度和质量。同时，人与职业的和谐发展也是事业成功的保证。

课堂活动　　　　简要描述你的职业生涯规划

请同学们从以下几个方面简要地描述自己的职业生涯规划，并将答案填写在表1-1中。

（1）自我评估。自我评估的目的是认识自我。只有清楚地认识自我，我们才能对自己的职业目标做出正确的选择，从而对自己的职业做出正确的选择。自我评估的内容包括学识、性格、兴趣、技能、特长、思维方式和价值观等。

（2）职业机会评估。职业机会评估指对各种环境因素对自己职业生涯发展的影响进行评估，主要包括家庭环境、教育环境、社会环境等对自己职业生涯发展的影响。

（3）职业选择。职业选择是否恰当，直接关系到个人事业的成败。我们应结合对自己的认识及各种环境因素的影响，明确自己的职业选择。

（4）职业路线选择。明确职业后，我们需要规划自己的职业路线。比如，是沿专业技术路线发展，还是沿行政管理路线发展，或者先沿专业技术路线发展，然后转向沿行政管理路线发展。

（5）职业生涯目标设定。设定职业生涯目标是职业生涯规划的核心。在描述职业生涯目标时，我们可以合理地设想，如30岁时成为一家中型公司的部门经理，40岁时成为一家大型公司的副总经理等。

表1-1　描述你的职业生涯规划

项目	描述
自我评估	
职业机会评估	
职业选择	
职业路线选择	
职业生涯目标设定	

第二节 职业生涯规划的指导理论

1909年，美国波士顿大学教授弗兰克·帕森斯（Frank Parsons）在《选择一个职业》一书中提出个人和职业都具有稳定的特征，职业选择就是在这二者之间进行适当的取舍，即"人与职业相匹配是职业选择的焦点"的观点。随即，美国兴起了大范围的职业生涯规划辅导运动，职业生涯辅导领域开始建立并逐渐形成了丰富的理论模型，为个人在职业和生活方面做出正确决策提供了大量的理论支持。大学生可以了解和学习这些理论，以其为借鉴和参考，辅助自身建立起职业生涯规划的完整概念。

一、霍兰德职业兴趣理论

20世纪60年代，美国著名职业指导专家、约翰·霍普金斯大学心理学教授约翰·霍兰德（John Holland）在帕森斯观点的基础上，提出了职业兴趣理论。经过近60年的实践验证，霍兰德职业兴趣理论现已发展成为影响力最大的理论。霍兰德在特质因素论的自我了解原则上进行了深入分析后得出，人的人格、兴趣与职业密切相关，而职业方面的兴趣与人格之间存在很高的相关性。兴趣有促使人们活动的作用，凡是具有吸引力的职业，都可以提高人们的工作积极性，从而促使人们积极地、愉快地从事该职业。

霍兰德把人格与兴趣结合起来研究，将个人特质分为现实型（Realistic）、研究型（Investigative）、艺术型（Artistic）、社会型（Social）、企业型（Enterprising）和传统型（Conventional）；同样的，他把人所处的外界环境和工作条件也进行了归类，划分出与个人特质相对应的6种职业环境类型，即现实型、研究型、艺术型、社会型、企业型和传统型。每一种个人特质在对应的职业环境类型中工作或学习最为协调和匹配，由此获得的职业满意度、职业稳定性与职业成就感也最高。职业生涯规划的首要目标便是实现个人特质与职业环境类型的适配与一致。

无论是个人特质还是职业环境类型，它们都不是孤立存在的。这6种类型按现实型、研究型、艺术型、社会型、企业型、传统型的顺序依次围成六边形，称为霍兰德的六边形模型，各类型之间存在3种关系——相邻、相隔、相斥，如图1-2所示。

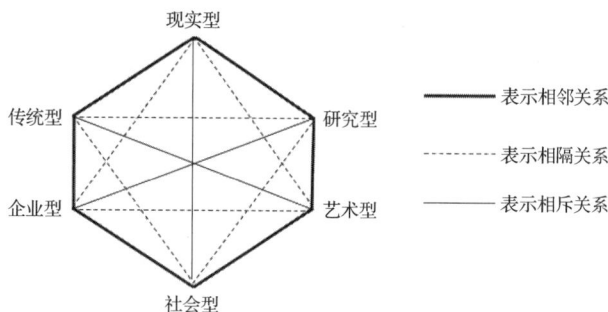

图1-2 霍兰德的六边形模型

案例　　**兴趣与职业**

　　李莫凡很喜欢文学，参加了学校的话剧社、文学社，一心想在文学方面有所建树。然而高考选专业的时候，他在父母的劝说下选择了金融专业，每次上金融类专业课他都昏昏欲睡，为此他的专业课成绩一直不好，被父母多次批评。

　　而在话剧团，他常常担任主角，在网络上也发表过几篇短篇小说，自得其乐。但到了毕业的时候，他非常苦恼，因为父母给他找到了一份金融类的工作，待遇不错，而他担心自己的专业基础那么差，无法胜任该工作。

　　点评　兴趣和投入是人生幸福感的主要来源，当人们在感兴趣的事情上投入时间与精力时，便会更有激情和创造力，也更能在这件事情上获得成就。相反，当人们面对不感兴趣的事情时，可能心生厌倦，毫无幸福感可言，也就没有了创造力。为此，大学生在选择职业时，可以先学习职业生涯规划的相关理论，摸清楚自己的兴趣爱好。

二、舒伯职业生涯发展理论

　　从20世纪50年代起，唐纳德·E.舒伯（Donald E.Super）以新的方式对职业生涯发展进行了思考，经过不断研究，他最终确立了围绕职业生涯发展这一过程的彩虹理论，该理论较好地概括了人的职业生涯发展历程。舒伯指出，职业生涯发展是人成长过程的一部分，除了职业角色外，个体在生活中还扮演着子女、学生、休闲者、公民、持家者、配偶、退休者、父母或祖父母等角色。由此，他将职业生涯发展划分为成长阶段、探索阶段、建立阶段、维持阶段与衰退阶段5个主要阶段。

（一）成长阶段

　　成长阶段是指从出生后（主要为4岁以后）到14岁的时间段。由孩童阶段开始，人逐渐发展出"自我"的概念，尝试以各种不同的方式来表达自身的需要，对现实世界不断地摸索和探究，开始试图对自身扮演的角色加以修饰。这个阶段的发展任务是塑造自我形象，形成对工作世界的正确态度并开始了解工作的意义。该阶段共包括3个时期。

　　◆ **幻想期（4~10岁）**。幻想期主要考虑"需要"方面的因素，是对幻想中的角色进行扮演的时期。

　　◆ **兴趣期（11~12岁）**。兴趣期主要考虑"喜好"方面的因素，决定着个体的抱负和理想。

　　◆ **能力期（13~14岁）**。能力期主要考虑"能力"方面的因素，能力逐渐发展成为主导力量。

（二）探索阶段

　　探索阶段是指从15~24岁的时间段。该阶段的青少年从学校、社会等活动中，逐步对自我能力及所扮演的社会角色有了尝试性的探索和了解，因而增强了在职业生涯规划上的选择弹性。这一阶段的发展任务是使职业偏好逐渐趋于明确和具体，并将其实现。该阶段共包含以下3个时期。

◆ **试探期（15~17岁）**。青少年尝试考虑将需要、喜好、能力与机会等因素相结合，并在幻想和讨论的过程中开始尝试。

◆ **过渡期（18~21岁）**。在这一时期，青少年进入专业技能培训或就业市场，更加重视实际，并力图实现自我想法，将一般性的选择转为特定的选择。

◆ **试验期（22~24岁）**。在这一时期，生涯概念初步形成，并对其成为长期职业生活的可能性加以验证；若不适合，则可能再经历上述各时期以确定新的生涯概念。

（三）建立阶段

建立阶段是指从25~44岁的时间段。经过上一阶段的验证和新的尝试，不合适者会谋求改变或进行其他探索。因此，在该阶段，个体通常能明确整个职业生涯中适合自己的目标和属于自己的位置，并逐步建立自己的地位。在40~44岁这个时期，个体开始考虑如何保住这个"位置"，并使之坚固。该阶段的发展任务是力求稳固并求上进，可细分为以下两个时期。

◆ **试验稳定期（25~30岁）**。个体趋于安定，也可能因生活或工作上的变动而尚未感到满意。

◆ **建立期（31~44岁）**。个体致力于谋求工作上的稳固，极具创造性价值，资历渐深，业绩优良。

（四）维持阶段

维持阶段是指从45~65岁的时间段。个体在面对新生力量挑战的同时，仍希望继续维持属于自己的工作和职位，因而这一阶段的发展任务是维持既有的成就和地位。

（五）衰退阶段

衰退阶段是指65岁以后的时间段。由于生理与心理机能的衰退，个体不得不面对现实，开始逐步隐退。这一阶段往往注重新角色的开辟和发展，个体通过寻求不同的生活方式来满足原有的身心需求。

通过彩虹理论，个体可以清楚看到自己处于职业生涯发展过程中的相应阶段。大学生处于职业生涯发展的探索阶段，经历了试探期、过渡期，即将迈入试验期。因此，在这一阶段，大学生一定要对自己进行充分探索，同时积累足够的社会实践经验，才能在以后顺利地实现个人与职业的合理匹配。

随着研究的深入和时间的推移，舒伯认为，职业生涯发展各阶段之间的任务是环环相扣的，前面阶段任务的完成状况会影响后续阶段任务的具体实施；所以，各个阶段都需达到相应的发展水准或成就。舒伯通过对各个阶段都会面临的成长、探索、建立、维持和衰退问题进行研究，提出了"成长—探索—建立—维持—衰退"的循环式发展任务理论，如表1-2所示。

表1-2　循环式发展任务理论

生涯阶段	青年阶段	成年阶段	中年阶段	老年阶段
成长	发展适合的自我概念	学习与他人建立关系	接受自身的限制	发展非职业性的角色
探索	从许多机会中学习	寻找心仪的工作机会	辨识问题并设法解决	寻找适合的退隐处所
建立	在选定的领域中起步	投入选定的工作	发展新的技能	从事未完成的梦想

续表

生涯阶段	青年阶段	成年阶段	中年阶段	老年阶段
维持	确定目前所做的选择	致力于维持工作的稳定	巩固自我，防备竞争	维持生活乐趣
衰退	减少休闲活动时间	减少体能活动时间	专注于必要的活动	减少工作时间

　　除了综合原有的职业生涯发展阶段理论外，舒伯还引入了"角色理论"概念，将职业生涯发展阶段与角色之间的交互作用描绘成一幅描述角色成长的职业生涯发展综合图形，并将其命名为"生涯彩虹图"。根据当时当地居民的典型生活，舒伯绘制了图1-3所示的生涯彩虹图。

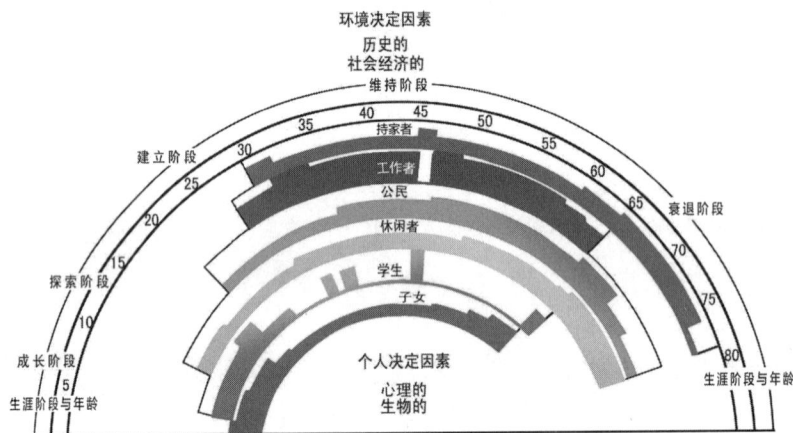

图1-3　生涯彩虹图

　　生涯彩虹图的构建以职业生涯的成长阶段、探索阶段、建立阶段、维持阶段和衰退阶段为前提，构建出一个随着角色成长逐渐延伸的"生活空间"，并将个人在不同成长时期所扮演的角色（包括子女、学生、休闲者、公民、工作者、持家者）内容植入其中。从图1-3中可以看出，各个角色并非孤立存在，而是相互涵盖、相互作用的。一个角色的成功，特别是早期角色的成功，如学生角色做得出色，便可为其他角色的发展奠定良好的基础。若在扮演某一角色上花费的时间或精力过多，如扮演休闲者的时间过长，则会对其他角色的发展和成功造成严重的影响。

　　将职业生涯的实际发展过程参照生涯彩虹图进行分析可知，角色在成长、探索、建立、维持和衰退的各个阶段中，往往深受个人在扮演各个角色上所花的时间、精力和感情的投入程度的影响。这就为大学生职业生涯规划的总体构建指明了道路和方向。

👥 课堂活动　　绘制自己的生涯彩虹图

　　图1-4所示为生涯彩虹图草稿，请准备6支不同颜色的笔（分别代表子女、学生、休闲者、公民、工作者及持家者6种角色），根据自己现在的情况及对未来的设想，在每个阶段为自己担任的社会角色涂上对应的颜色。色块所占面积越大，则代表自己在扮演该角色身上付出的时间和精力越多。

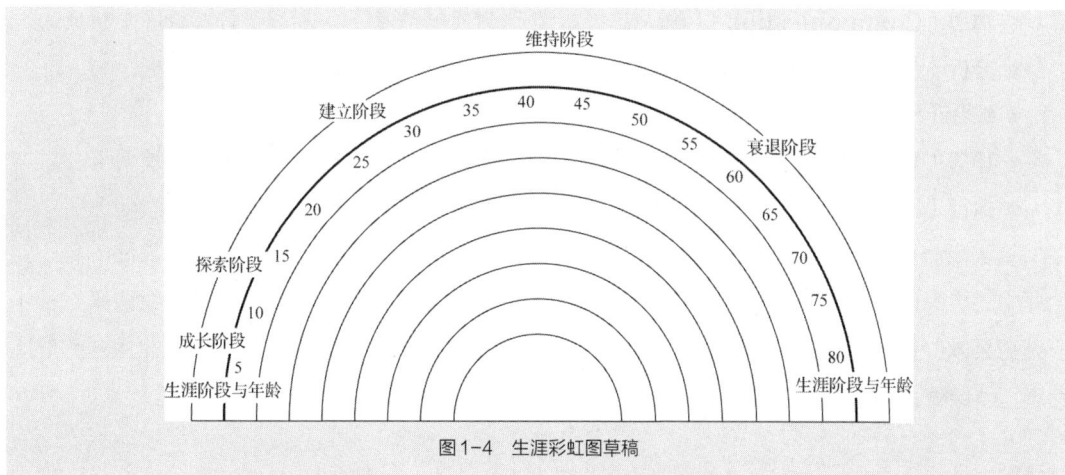

图1-4 生涯彩虹图草稿

三、认知信息加工理论

几乎所有的职业生涯规划相关理论，都会对职业生涯决策模式进行强调。然而，即使大学生充分掌握了个人特质和外部环境的信息，也未必能做出好的职业决定。同时，大学生在整个职业生涯发展过程中，会不断做出各种重大的决定。因此，决策能力是整个职业生涯发展过程中最重要的能力。

1991年，盖瑞·彼得森（Gary Peterson）、詹姆斯·桑普森（James Sampson）和罗伯特·里尔登（Robert Reardon）合著了《生涯发展和服务：一种认知的方法》（*Career Development and Services: A Cognitive Approach*）一书。该书围绕认知信息加工金字塔模型展开，经过后续的信息加工与处理，最终发展成完整的认知信息加工理论。认知信息加工金字塔模型如图1-5所示。

在认知信息加工金字塔模型中，中间那层被称为决策技能领域，是良好决策的方法，即通用信息加工技能（CASVE循环）。CASVE循环是一种职业生涯规划决策技术，包括沟通、分析、综合、评估和执行5个步骤，如图1-6所示。各步骤之间有着层层递进的顺承关系。

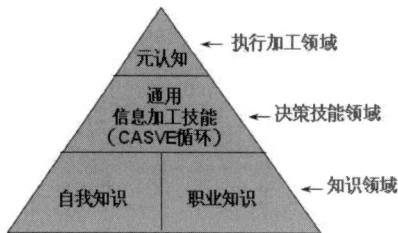

图1-5 认知信息加工金字塔模型

图1-6 CASVE循环

◆ **沟通**（Communication）（**确认需求**）。意识到问题的存在，着手于需求的探索和确认。

◆ **分析**（Analysis）（**考虑各种可能性**）。对所有的信息进行整理。

◆ **综合**（Synthesis）（**形成选项**）。综合分析，寻找能够解决问题的选项。

◆ **评估**（Value）（**评估选项**）。评估各选项的优劣，选出最优选项并做出适应性调整。

◆ **执行**（Execution）（**策略的实施**）。依照方案进行行动。

从认知信息加工金字塔模型和CASVE循环中可看出，认知信息加工理论重点关注的是职业生涯中的决策问题。作为职业生涯规划的向导理论，它能够帮助我们判断在职业生涯决策过程中所处的具体位置并确认需求，引导广大学生做出科学合理的选择和判断，从而为职业生涯的健康发展提供保障。

实践与应用

1. 在大学里，很多同学都有职业生涯规划方面的困惑，请你根据本章所学知识，回答以下问题。

（1）我是一名大一新生，我高中时努力学习，就是为了考上理想的大学，但是现在上了大学，我反而没有高中学习时的那种劲头了，这是为什么？我该怎么办呢？

_____

（2）我不知道自己应该干什么，能够干什么。我对音乐很感兴趣，但是又明白这条路并不好走，我也想过考公务员，但是又觉得考不上，我该怎么办呢？

_____

（3）我在大学学的专业是机械自动化，专业成绩一直都不错，但是我觉得专业课学习太枯燥了。最近我对编程很感兴趣，听说程序员的待遇不错，于是想去做程序员，但我是半路出家，不知道能不能有所成就，我该如何是好？

_____

2. 收集一位名人的职业生涯规划案例，分析在这位名人的职业成功过程中，职业生涯规划发挥了怎样的作用。

_____

3. 请结合个人的成长和学习经历，谈谈你对职业生涯规划的看法，并谈谈你认为职业生涯规划有哪些重点。

_____

第二章
制订职业生涯规划

02

制订职业生涯规划并非朝夕之功，而是一个长期的、连续的过程，需要有一套完整的流程。大学生首先要建立起对自己、对职业世界的正确认识，才能在此基础上做出科学的职业决策，最终制订有效的职业生涯规划。

知识要点

- ◆ 认识自我的方法
- ◆ 认识自我的维度
- ◆ 认识职业世界的方法
- ◆ 认识职业环境的方法
- ◆ 职业决策的方法
- ◆ 拟定职业生涯规划书的步骤

引导案例 　缺乏规划导致人生蹉跎

张磊是某高职院校软件技术专业2016级学生。高中时，张磊听亲戚说软件行业的收入很高，软件开发工程师是目前的热门职业，于是他毫不犹豫地将第一志愿填报为软件技术专业并如愿被录取。

入校后，他接触到一些专业基础课，觉得枯燥无味，学习起来有困难。张磊自尊心极强，不愿意跟老师或家人沟通，也错过了转专业的机会。就这样，张磊在几乎毫无职业生涯规划的情况下走到了毕业季。

求职季，同学们纷纷拿着简历四处参加面试，陆陆续续走上实习岗位，而张磊却整天躲在宿舍里，看似整天都在悠闲地玩游戏，其实他心里也非常焦虑。他发现自己对专业知识几乎一无所知，熙熙攘攘的招聘现场让他无所适从，同时对自己的未来也非常迷惘。

毕业后，张磊无法胜任软件开发等技术工作，只能无奈地随意找了几份工作，经常被动或主动辞职。于是他琢磨着自己做生意，但想到自己既没有多少本钱，也没有相关的技能和社会资源，又退却了。

点评　仅简单通过收入高低和专业的热门与否来进行未来职业的选择，往往事与愿违。大学生必须深入地认知自己，寻找自己喜欢的、胜任的，同时满足社会需要的工作，这样才能取得职业生涯的成功。

第一节　认识自我

　　科学的职业生涯规划必须建立在规划者对自己的正确认识上，而现在许多大学生对自己的认识仍处于起步阶段，并不清楚自己是怎样的人、想要什么、能干什么。因此，大学生首先需要认识自我。认识自我是指个体通过生活经验来了解自己的兴趣、价值观、需要，并获得各种帮助自己实现职业发展的能力的过程。认识自我是职业生涯规划的出发点，其成效直接影响着职业生涯规划的最终效果。

一、认识自我的意义和途径

　　《道德经》有言："知人者智，自知者明。"真正聪明的人，既要善于认识他人，又要能正确地认识自己。法国思想家蒙田（Montaigne）说，一个人最坏的状态是失去了对自己的认识和支配。由此可见，在历史发展的长河中，人们对于认识和了解自己达成了共识，先贤哲人早已将认识自我提升到了哲学的高度。

　　当代大学生中，有一部分人直到毕业时仍然会有"我不知道自己想干什么"的困惑，甚至因此选错职业，留下遗憾。因此，还未进入职场的大学生应该未雨绸缪，对自己进行深刻的分析和认识。

（一）认知自我的意义

　　每个人都生活在社会的大环境中，个体与个体之间、个体与环境之间有着不断发展变化的联系，这就要求个体的发展需随着环境变化不断地进行调整。而正确认识自我，可促使个体对自身能力、特长、兴趣和性格进行认识和管理，对个体才能的发挥和性格的发展有积极的意义。

　　◆ **有利于正确认识自己的优缺点。**卡耐基在《人性的弱点》和《人性的优点》中写道："人是一个神奇的物种，优点与弱点共存，只能看哪一个占优势。"古语也说道："金无足赤，人无完人。"也就是说，每个人都有光明、积极的一面，同时也有阴沉、消极的一面。只有正确地认识自己的优缺点，寻找到人生的自我平衡点，我们才能更好地规划自己的发展目标，最终找到最适合自己的位置。

　　◆ **有助于打造个人的核心竞争力。**大学生只有充分认识自我，才能正确地面对自身、环境和社会。这需要我们根据自己的特点，打造出自己满意、社会需要的核心竞争力。大学生通过增强自身的实力，找到一条切实可行的发展道路，才能最终走向成功。如果大学生缺少客观、正确的自我认识，一味地逃避现实、放任自流，沉醉于主观情感世界的幻想当中，便会陷入自寻烦恼、无心进取的恶性循环。

　　◆ **有助于增强个人的能动性、创造性和自主性。**认识自我和把握自己的能力、个性倾向以及自己的优缺点，是个体选择和确定职业发展方向、开创未来事业的基础。人作为认识活动的主体的根本特征，在于人的劳动和实践活动具有自觉的能动性、创造性和自主性。大学生更应该在大学时清楚地认识自我，这样才能将能动性、创造性和自主性的效用最大化地发挥出来。

◆ **有利于个人对自身的长远把握**。认识自我不是一朝一夕的事，而是一个长期的过程。这一过程中包含着各种内外条件的变化，需要个体不断地进行再认识，从而塑造一个真实完整的自我。

◆ **有利于促进思想独立**。大学生只有通过认识自我，才可能成为一个自立、自强、自觉的人，才能管理和控制认识与实践的主观能动性。

（二）认识自我的途径

认识自我的途径很多，除了对自我进行分析，征询他人的意见或看法也是认识自我的有效途径。我们可以采取与家人、朋友和同事进行交流的方式来认识自我，进而加深对自我的了解，并把自我表现出来的各种特定的习惯、能力、思想和观点等组织起来，更好地进行职业生涯规划。认识自我的途径主要有以下几种。

1. 自我反省

自我反省是通过自我反思、自我总结的方法来了解自己、认识自己。曾子说过："吾日三省吾身。"古希腊哲学家苏格拉底也说过："未经反省的生活是不值得过的。"个体通过对自己成长过程的回顾，总结做什么事情使自己感觉快乐，做什么事情会让自己觉得痛苦，从而可发现自己的职业兴趣和能力优势等。

2. 自我比较

自我比较包括与过去的自己相比，判断自己是进步了、成熟了，还是退步了、犯错误了；与理想中的自我相比，找出自己还有哪些差距等。将自己与过去的自己相比，我们可以发现自己的成绩和进步，提高自尊和自信；将自己与理想中的自我相比，我们可以明确自己努力的方向，进一步完善自我，但是要注意理想中的自我要切合实际。

3. 他人评价

《旧唐书·魏徵传》曰："以铜为镜，可以正衣冠；以史为镜，可以知兴替；以人为镜，可以明得失。"我们通过他人对自己的评价，可以了解他人眼中的自己，也就是后文所说的"背脊我"，从而对自身有客观中肯的认识。这将有助于我们客观清醒地认识自己的优点与不足，并进一步找到改善的方法和进步的方向。

4. 与他人比较

一个人对自己价值的认识，是通过与他人的能力和条件进行比较而获得的。在与他人进行比较的过程中，比较的对象应该是与自己条件类似的人，这样才有助于我们找到正确的比较对象来了解自己。

5. 成就回顾法

自我的各个方面都将随着时间的推移逐步表现和反映出来，大学生可以通过对自己在学习、体育、社会工作以及人际交往等方面的能力和成效来认识自我，以有效识别出"我的长处是什么""什么事情能够让我投入其中""什么事能令我有成就感"。

自评与他评

　　准备一张白纸，写下对自己的评价，写好后与同桌交换，然后在纸上写下自己对同桌的评价及建议。写好后，将纸交还同桌并取回自己的，看看同桌对自己的评价，以及自己与同桌之间有何差距；也可以与多个同学进行交换，看看不同同学对自己的评价。

二、认识自我的方法

　　在对职业生涯进行规划的过程中，通过对自我的认识，个体可以从"我想干什么"转变为"我能干什么"，以达到正确认识自身优点与不足的目的，从而实现对个人能力的管理与运用。因此，大学生要正确认识自我，就需要运用科学合理的方法对自我进行剖析。

（一）橱窗分析法

　　橱窗分析法是个体进行自我探索时最常用的方法之一。心理学家把对个体的了解比作一个橱窗，由4个"我"组成，即"公开我""隐私我""潜在我""背脊我"，如图2-1所示。

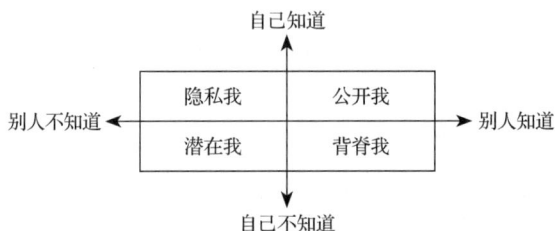

图2-1　橱窗分析法

　　◆ **公开我**。公开我即自己知道、别人也知道的部分，指个体的外在表现，如身高、年龄、学历、婚姻状况等。

　　◆ **隐私我**。隐私我即自己知道、别人不知道的部分，指个体的内在隐私，如心中的愿望、职业目标等不愿意告诉别人的部分。

　　◆ **潜在我**。潜在我即自己不知道、别人也不知道的部分，指个体未经开发的部分。针对该部分，个体一般可采用人才测评方式来挖掘自己的潜能，也可以在学习过程中多做尝试。

　　◆ **背脊我**。背脊我即自己不知道、别人知道的部分，指个体对自身认识的盲区。针对该部分，个体可以采取同自己的家人、同学、朋友等进行交流的方式，聆听别人提出的意见，加深对自己的认识。

　　大学生在进行自我探索时，需要重点了解"潜在我"和"背脊我"两个部分。"潜在我"是自己还可挖掘的潜能，有意识地挖掘自己的潜能能够提升自己的能力。"背脊我"代表他人对自己的看法，往往是自己不容易知道的内容。大学生应该以开阔的胸怀，正确对待别人提出的意见或看法。

课堂活动 **客观认识自己**

我们通过自我评价和征询他人的意见，能够较为客观和全面地认识自己，了解自身的优点和缺点。接下来，请同学们通过下面的练习进一步加深对自己的认识。

（1）两人为一组，在20分钟内，用简短的词语，如"幽默的""机智的""脾气暴躁的""沉默寡言的"等，真实地填写"我是一个_____人""他/她是一个_____人"，至少填15组。然后，通过获取的信息，在表2-1中按照"公开我""隐私我""背脊我"的分类，分析并填写自己的优缺点。

我是一个_____人。　　　　　他/她是一个_____人。

我是一个_____人。　　　　　他/她是一个_____人。

我是一个_____人。　　　　　他/她是一个_____人。

我是一个_____人。　　　　　他/她是一个_____人。

……　　　　　　　　　　　　　　……

表2-1　分析自己的优缺点

	优点	缺点
"公开我"		
"隐私我"		
"背脊我"		

（2）通过如下实践，挖掘自己的潜能（剖析"潜在我"），示例如下。

◆ 今天我要100%集中精力听老师讲课。

◆ 今天的英语默写我要得100分。

◆ 这个月我要阅读2本课外专业书籍，尽量掌握书中的每个知识点。

◆ 这个月我要坚持每天早上7:00起床，晚上10:00睡觉。

◆ 这个月我要坚持每天记日记，总结自己的不足和进步。

（二）测评法

测评法是借助一些职业测评工具认识自己的方法。个体通常是在职业咨询专家的指导下，采用职业测评工具对自我进行多方面的评价。个体一般会使用人格测试、智力测试、职业兴趣测试和职业能力测试这4种工具。

◆ **人格测试**。人格是指个体比较稳定的、本质的心理特征的总和，它是个体施展才能、有效完成工作的基础，一般包括气质、能力、兴趣、性格等。目前常用的人格测试工具包括迈尔斯－布里格斯类型指标测评（Myers-Briggs Type Indicator，MBTI）、卡特尔16种人格因素问卷、艾森克人格问卷等。

◆ **智力测试**。智力测试主要用于测验个体的思维能力、学习能力和环境适应能力。智力具有抽象性与隐蔽性的特点，且难以把握，因此需要借助一些专业的智力测试工具来进行测试。常用的智力测试工具包括韦克斯勒量表和瑞文标准推理测验等。

◆ **职业兴趣测试**。大学生在择业时会尽量选择与自身兴趣相匹配的职业类型和职业环境。通过职业兴趣测试，大学生可以了解自己喜欢和适合从事的工作，测评结果也可以作为大学生制订职业生涯规划时的客观参考依据。常用的职业兴趣测试工具包括霍兰德职业兴趣测试、明尼苏达职业兴趣问卷表等。

◆ **职业能力测试**。职业能力测试可以测试的内容比较多，包括语言能力、逻辑推理能力、分析能力、数学能力、手指协调能力及机械推理能力等。其中，前4种是大学生应当重点测试的核心能力。有研究表明，这4种能力与现在社会上大多数的职业密切相关。

三、认识自我的维度

认识自我是对自身条件和状态的全面评估，个体需要认识和了解的内容有很多，主要涉及性格、兴趣、能力和价值观等因素。这些内容对个人的职业生涯规划会产生不同程度的影响。

（一）性格与职业

心理学家这样解读性格：我们的行为具有某种一致性，在生活中对自己、对他人、对事情表现出一致的适应方式，这就是我们的性格，也叫个人特质。性格是由后天的生长环境、受教育程度、个人经历等因素综合作用发展而来的结果。性格具有一定的稳定性。也就是说，在相近的情形下，人的态度和行为具有一致性。

人的性格与职业之间具有一定的相关性：一方面是不同的性格能够满足不同的职业要求；另一方面是从事某种特定职业的人员，会按照职业的要求不断巩固或调整原有的性格，甚至改变性格中原有的一些特点。因此在选择职业时，性格是一个重要的考虑因素。

人的性格分为很多类型，不同心理学家按照一定的标准对性格进行分类，形成了各种各样的性格类型学说或性格类型理论，并将性格与职业关联起来。

1. 荣格的人格理论

在众多的性格类型理论中，最基础、最直观、最传统的一种是瑞士心理学家荣格的人格理论。荣格的人格理论中有2种基本的心理态度：内倾与外倾。前者向内思索，思考自身；后者向外探求，靠近客观世界。内倾与外倾也是我们每个人面对生活时的基本心理模式。任何人都可以在不同程度上被归入其中一种。

荣格开创性地提出了内倾与外倾的概念之后，又提出用4种心理功能作为标准，采取感觉/直觉（非理性功能）和思维/情感（理性功能）两个维度，将个体进一步划分为不同的8种类型，如表2-2所示。

表2-2　荣格的人格理论

类型	描述
内倾感觉型	内倾感觉型的个体远离外部客观世界，常常沉浸在自己的主观感觉世界之中，他们对于偶发事件做出的选择是非理性的。内倾感觉型的个体深受自己心理状态的影响，艺术性较强

续表

类型	描述
外倾感觉型	外倾感觉型的个体头脑清醒，倾向于积累外部世界的经验，但对事物并不过分地追根究底。外倾感觉型的个体，情感一般是浅薄的，直觉是压抑的
内倾直觉型	内倾直觉型的个体不关心外界事物，脱离实际，善于幻想，观点新颖，但有点稀奇古怪，他们一般通过主观的幻想来指导自己的行为
外倾直觉型	外倾直觉型的个体力图从外界中发现各种可能性，并不断寻求新的可能性，他们对于各种尚处于萌芽状态但有发展前途的事物具有敏锐的直觉，可以成为新事业的发起人，但难以坚持到底
内倾思维型	内倾思维型的个体会受理念的影响，但是这些理念并非来自客观事件，而是源于其主观判断。内倾思维型的个体具有情感压抑、冷漠、固执和骄傲等人格特点
外倾思维型	外倾思维型的个体的特点是一定要以客观资料为依据，以外界信息来激发自己的思想过程。外倾思维型的个体情感压抑，缺乏鲜明的个性，甚至表现出冷淡和傲慢等人格特点
内倾情感型	内倾情感型的个体大多沉默寡言，难以接近，他们的情感多由内在的主观因素激发。内倾情感型的个体思维压抑，情感深藏在内心，呈现出一种内敛的特质
外倾情感型	外倾情感型的个体的情感与客观环境和普遍的价值观保持一致。外倾情感型的个体思维压抑，情感外露，爱好交际，寻求与外界的和谐共处

荣格并没有简单地把人格划分为8种类型，他的人格理论只是用来说明性格的差异。在实际生活中，绝大多数人都是兼有外倾和内倾的中间型。每个人也能同时运用4种心理功能，只不过每个人的侧重点不同，有些人更多地发挥这一种心理功能，另一些人更多发挥另一种心理功能。此外，外倾或内倾也并不会影响个人在事业上的成就。荣格的人格理论已被广泛地应用到教育、管理、医学和职业选择等领域。一般而言，内倾型的个体较适合从事有计划的、稳定的、不需要与人有过多交往的职业，如自然科学家、会计师、打字员、程序设计员、统计员、资料管理人员、一般事务性工作人员等；外倾型的个体较适合从事与外界有广泛接触的职业，如管理人员、律师、推销员、警察、记者、教师、人力资源工作者等。

2. MBTI性格类型理论

MBTI性格类型理论是目前国际上较为权威、使用较多的职业性格评估工具，由美国心理学家凯瑟琳·库克·布里格斯、伊莎贝尔·布里格斯·迈尔斯母女在荣格人格理论的基础上建立。

（1）MBTI的性格类型维度解析。MBTI性格类型理论在荣格人格理论的2种心理态度和4种心理功能的基础上，增加了判断和知觉这两种功能类型，从而将性格类型分为4个维度，每个维度包含2种性格偏好，具体如下。

◆ **"外向型（E）—内向型（I）"维度**。表示关注信息的来源、获取能量的来源是外部世界还是内心世界。

◆ **"感觉型（S）—直觉型（N）"维度**。表示接受信息的方式是凭感官还是靠直觉。

◆ **"思维型（T）—情感型（F）"维度**。表示做决策是依据逻辑还是价值观和情绪。

◆ **"判断型（J）—知觉型（P）"维度**。表示行动是有组织的还是随意的。

表2-3详细说明了MBTI的4个性格类型维度下，不同性格偏好的性格特征。

表2-3　MBTI性格类型理论中的不同性格偏好及性格特征

性格偏好	性格特征
外向型（E）	关注外部世界的人和事，喜欢与人交往，在与人交往的过程中和行动中得到活力。喜欢谈话，通过交谈形成自己的意见，善于表达，兴趣广泛，在工作中积极主动，先行动，后思考
内向型（I）	从内心世界获取能量，自省、安静且内向，做事专注，注重自己的内心体验，通过思考形成自己的意见。当情境与事件对他们有重要意义时会变得主动，其他情况下显得被动，先思考、后行动
感觉型（S）	通过感觉器官获取信息（如视觉、听觉、味觉、触觉），习惯于注意那些已出现的信息，对于周围发生的事件观察入微，相信自己的经验，经过详细的推理一步步得出结论
直觉型（N）	通过想象和直觉来获取信息，习惯注意整个事件的全貌与内在联系，忽略细节，善于看到新的可能性，靠直觉得出结论，相信自己的灵感
思维型（T）	重视事物之间的逻辑关系，喜欢通过客观分析做决策。爱讲理，理智、公正
情感型（F）	以自己和他人的感受为重，考虑行为对他人情感的影响，将自己的价值观作为判定标准。善解人意，有同情心
判断型（J）	希望生活井然有序、按部就班，喜欢组织和管理自己的生活，爱制订计划，按计划行事，凡事追求结果，不喜欢计划变更带来的压力
知觉型（P）	喜欢宽松自由的生活方式，不愿被过于详细的计划束缚，注重事件发生的过程和意义，不喜欢把事情过早地确定下来，这样在出现新的情况时便可改变目标

MBTI性格类型理论中，在每个性格类型维度上，一个人只能有一种性格偏好。如果一个人的性格偏好是内向型的就不可能是外向型的，是感觉型的就不会是直觉型的。但是这并不代表内向型的个体就丝毫没有外向型的性格特征，感觉型的个体就丝毫没有直觉型的性格特征。比如，一个内向腼腆的人面对自己热爱的事物时，也会表现出自己性格中热情开朗的一面；一个绝大多数时候通过感觉器官获取信息的人，有时候也会靠想象来获取信息。

（2）MBTI的16种性格类型解析。在MBTI性格类型理论中，性格类型的4个维度以及每个维度的2种性格偏好相结合，就构成了16种性格类型。16种性格类型的性格特征、适应的职业特点和对应的职业领域如表2-4所示。当然，没有证据表明，MBTI的16种性格类型中的任何一种性格类型的个体不能从事或完全不适合任何一种工作。

表2-4　16种性格类型的性格特征、适应的职业特点和对应的职业领域

ISTJ型（内向、感觉、思维、判断型）	
性格特征	安静、严肃，通过全面性与可靠性分析获得成功；有责任心，有逻辑，并一步步地朝着目标前进，不易分心；喜欢将工作、家庭和生活都安排得井井有条
适应的职业特点	技术型的工作，能生产一种实实在在的产品或有条理地提供一种周详的服务。有独立工作的环境和充实的时间让自己独立、专注地工作

续表

ISTJ型（内向、感觉、思维、判断型）	
对应的职业领域	商业、政府机构、金融、技术、医务等领域

ISFJ型（内向、感觉、情感、判断型）	
性格特征	安静、友好、有责任感，坚定地致力于完成他们的任务。注重他人的感受，努力把工作和家庭环境营造得有序而温馨
适应的职业特点	需要细心观察和精确性要求极高的工作，希望个人贡献能得到承认
对应的职业领域	医护、服务、教育等领域

INFJ型（内向、直觉、情感、判断型）	
性格特征	有很强的洞察力；忠诚、有责任心，坚持自己的价值观；在实现目标的过程中有计划且果断坚定，通常在认真思考之后行动
适应的职业特点	创新型工作，喜欢生产或提供一种能让自己感到自豪的产品或服务，所从事的工作的内容需要符合个人的价值观
对应的职业领域	咨询服务、教学、艺术等领域

INTJ型（内向、直觉、思维、判断型）	
性格特征	在实现自己的想法和目标时会有创新的做法和非凡的动力；一旦决定做一件事就会开始规划直到完成为止，对自己与他人的能力和表现都要求较高
适应的职业特点	能开发新颖的解决方案来解决问题或改进现有的系统，有独立的工作环境，以及专业知识水平较高和能力较强的合作团队
对应的职业领域	科研、科技应用、技术咨询、管理咨询、金融、投资等领域

ISTP型（内向、感觉、思维、知觉型）	
性格特征	灵活、忍耐力强，是个安静的观察者；一旦有问题发生，就会立即行动，找到实用的解决方法；通过客观分析解决问题；务实、重视效率
适应的职业特点	能够有效利用机械技能或工具等完成工作，工作有趣，充满活力，独立性强，而且有机会走出工作室到户外工作
对应的职业领域	技术、证券、金融、户外、运动、艺术等领域

ISFP型（内向、感觉、情感、知觉型）	
性格特征	安静、友好、敏感、和善，喜欢有自己的空间，喜欢按照自己的时间表工作；有耐心、有责任心，能屈能伸；不喜欢争论和冲突，不会将自己的观念和价值观强加到别人身上
适应的职业特点	工作内容符合个人的价值观，没有繁文缛节或一些僵化程序的约束，希望有独立工作的自由
对应的职业领域	艺术、医护、商业、心理保健和护理等领域

INFP型（内向、直觉、情感、知觉型）	
性格特征	十分理想化，希望外部的生活和自己内心的价值观是统一的；好奇心重，能很快看出事情的可行性，能够加速想法的实现；善解人意并乐于帮助他人挖掘潜能；适应力强，善于接受现状，除非是有悖于自己的价值观
适应的职业特点	符合个人价值观的、能通过工作陈述自己远见的职业，工作环境灵活，便于自己从事各种项目，发挥个人的独创性

续表

INFP型（内向、直觉、情感、知觉型）	
对应的职业领域	艺术、教育、研究、咨询等领域

INTP型（内向、直觉、思维、知觉型）	
性格特征	内向、灵活、适应力强；喜欢理论性和抽象的事物，热衷于思考而非社交；对于自己感兴趣的领域有超凡的精力与深度解决问题的能力
适应的职业特点	没有条条框框的约束，专心负责某一创造性流程，而不是最终的产品
对应的职业领域	计算机技术、理论研究、创造发明等领域

ESTP型（外向、感觉、思维、知觉型）	
性格特征	灵活、忍耐力强，为人实际，注重结果；觉得理论和抽象的解释非常无趣，喜欢采取积极的行动解决问题；注重当下，心胸豁达，享受和他人在一起的时刻；认为学习新事物最有效的方式是亲身感受和练习
适应的职业特点	喜欢能够随意与人交流的工作，希望有一定的自主性
对应的职业领域	商业、贸易、服务、娱乐、体育等领域

ESFP型（外向、感觉、情感、知觉型）	
性格特征	外向、友好，热爱生活；喜欢和他人一同将事情做成功；在工作中讲究常识和实用性，并会使工作显得有趣，对于新事物能很快适应；认为学习新事物最有效的方式是和他人一起尝试
适应的职业特点	直接与客户打交道，在各种项目或活动中发挥自己的审美
对应的职业领域	健康护理、教练、公共服务、消费类商业、旅游业等领域

ENFP型（外向、直觉、情感、知觉型）	
性格特征	灵活、热情洋溢，富有想象力，不墨守成规；能很快地将事情与信息联系起来，自信地根据自己的判断来解决问题；需要得到别人的认可，也会给予他人赏识和帮助；有很强的即兴发挥的能力
适应的职业特点	不需要自己处理日常琐碎事务，能够利用创造性的思维和无障碍的交流去促进他人成长的工作
对应的职业领域	咨询服务、教学、艺术等领域

ENTP型（外向、直觉、思维、知觉型）	
性格特征	反应快、睿智，有激励人的能力，警觉性强、直言不讳；在解决新的、具有挑战性的问题时机智而有策略；不喜欢例行公事的做法，很少用相同的方法做相同的事情，倾向于发展不同的新爱好
适应的职业特点	创造性地解决问题的工作，工作有一定的逻辑顺序和标准
对应的职业领域	咨询、策划、营销、公共关系等领域

ESTJ型（外向、感觉、思维、判断型）	
性格特征	务实、果断，适应力强，执行力强，一旦下定决心就会立即行动；善于将项目和人组织起来完成任务，并尽可能用最有效率的方法得到结果；有非常清晰的逻辑并能系统性地遵循，同时希望他人也能遵循
适应的职业特点	人员组织类工作，工作有公正的测评标准
对应的职业领域	行政管理等领域

续表

ESFJ型（外向、感觉、情感、判断型）	
性格特征	热心肠、有责任心；希望周边的环境温馨和谐；注重人际关系，喜欢和他人一起精准并及时地完成任务；能体察他人在日常生活中的需要，并通过帮助他人来得到满足；希望自己能受到他人的认可和赏识
适应的职业特点	工作目标明确，业绩标准明确，能够与人交往的工作环境
对应的职业领域	教育、健康护理、旅游、社区服务等领域
ENFJ型（外向、直觉、情感、判断型）	
性格特征	热情、有责任心，非常重视他人的感情、需求和动机；友善、好社交，在团体中善于帮助他人，并有鼓舞他人的领导能力
适应的职业特点	工作多姿多彩，但有条不紊，能建立温馨的社交关系
对应的职业领域	培训、教育、咨询、新闻传播、公共关系、文化艺术等领域
ENTJ型（外向、直觉、思维、判断型）	
性格特征	坦诚、果断，天生有领导能力，能够敏锐地发现问题并迅速找到解决方法；善于设定长期的计划和目标；通常见多识广，博览群书，喜欢拓展自己的知识面并将此分享给他人
适应的职业特点	能够发号施令，完善企业的运作系统，使系统高效运作并如期达成目标
对应的职业领域	管理、政界、工商业、管理咨询、培训等领域

课堂活动

职业性格测试

性格并无好坏之分，但性格类型与职业类型的匹配程度，会在很大程度上决定一个人在事业上的成就高度及在职业上的满足感。下面我们就借助一些测试来认识自己的性格。

阅读表2-5~表2-8中的描述，选择在大多数情况下符合你的情况的描述。选择时，你需要设想自然状态下的自己，或你在没有被别人观察的情况下的举止。

第一部分：表2-5是关于情感和内心的描述，E代表外向开放，I代表内向内敛。

表2-5 情感和内心的描述

E	I
喜欢行动和多样性	喜欢安静和思考问题
喜欢通过讨论来思考问题	喜欢在讨论之前先进行思考
迅速采取行动，有时不做过多的思考	在没有搞明白之前，不会很快地去做一件事
喜欢观察别人是如何做事的，喜欢看到工作的结果	喜欢理解这项工作的道理，喜欢一个人或很少的几个人一起做事
很在意别人是怎么看自己的	为自己设定标准

第二部分：表2-6是关于处理信息的方式的描述，S代表感觉，N代表直觉。

表2-6　处理信息的方式的描述

S	N
主要利用过去的经验来处理信息	通过分析，有逻辑地处理信息之间的关系
愿意用眼睛、耳朵和其他感官去观察、感受事物	喜欢用想象去发现新的做事方法和新的可能性
讨厌出现新问题，除非存在标准的解决方法	喜欢解决新问题，讨厌重复地做一件事
喜欢用已会的技能去做事，而不愿意学习新知识	相比练习旧技能，更愿意运用新技能
处理细节很有耐心，但当出现复杂情况时会开始失去耐心	对处理细节没有耐心，但不在乎出现复杂的情况

第三部分：表2-7是关于做出决定的方式的描述，T代表思维，F代表情感。

表2-7　做出决定的方式的描述

T	F
喜欢按照逻辑做决定	喜欢根据个人感受和价值观做决定，即使它们可能不符合逻辑
愿意被公平、公正地对待	喜欢被表扬，喜欢讨好他人，即使在不太重要的事上也是如此
可能会在不经意间伤害别人的感情	了解和懂得别人的感受
更关注道理或事情本身，而非人际关系	能够预计到别人的感受
不需要和谐的氛围	不愿看到争论和冲突，珍视和谐的氛围

第四部分：表2-8是关于日常生活行动的方式的描述，J代表判断，P代表知觉。

表2-8　日常生活行动的方式的描述

J	P
喜欢预先制订计划，提前把事情落实下来	喜欢保持灵活性，避免做出固定计划
总让事情按"它应该的样子"进行	轻松地应付计划与突发事件
喜欢先完成一件工作后，再开始另一件	喜欢同时开始大量的工作，但总是不能完成它们
对人和事的处置很果断	在处理人和事时，愿意先收集较多的信息
可能过快地做出决定	可能做决定的速度太慢
在形成看法和做决策时，务求正确	在形成看法和做决策时，务求不漏掉任何要素
按照不轻易改变的标准和日程表生活	随着问题的出现不断改变计划

综合前面的4个部分，把更接近自身特点的字母代号选出来，然后参照表2-4进行解读，以此了解自己的性格特征及适合自己的职业。

（二）兴趣与职业

"兴趣是最好的老师"，兴趣可以为一个人从事某项职业提供持久的动力，是影响一个人的职业选择和发展非常重要的情感性倾向因素之一。清楚地了解自己的兴趣所在，对于提高自我认识、进行职业生涯规划有非常重要的意义。

1. 兴趣与职业兴趣

兴趣与职业兴趣之间存在一定的差别，兴趣是人们力求认识和掌握某种事物，并经常参与该种活动的心理倾向。职业兴趣指人们对某种职业所抱有的积极性态度，是个体的兴趣类型、目标职业与个体的能力素质要相一致的状态。比如，娱乐休闲兴趣一般只是业余兴趣，不一定能发展成为职业兴趣，但其又或多或少与职业生涯存在一些联系。

与兴趣不同的是，职业兴趣还强调责任意识，它包括承担工作结果的责任、对家庭的责任以及对社会的责任。这是兴趣与职业兴趣之间的本质区别。

2．职业兴趣在职业规划中的重要性

当一个人从事他感兴趣的工作时，总会处在愉快、满意的状态中，而在做他不感兴趣的工作时，常常表现出颓丧、懒散的状态。在职业规划中，职业兴趣的重要性不言而喻，具体表现为如下几方面。

◆ **职业兴趣影响个人的职业选择**。职业兴趣对个人职业选择的影响显而易见。很多时候，对即将从事的工作是否感兴趣，是人们择业时首要考虑的因素。职业兴趣可以使人集中精力去获得自己所喜欢的职业的相关知识，启迪智慧并创造性地开展工作。当职业兴趣与职业高度契合时，人们会坚定地追求这份职业，克服重重困难，并为之不懈奋斗。

◆ **职业兴趣可以激发个人的职业潜能**。"天才是由于对事业的热爱而发展起来的。"如果一个人从事自己感兴趣的工作，能发挥自己全部才能的80%～90%；而如果一个人对所从事的工作不感兴趣，就只能发挥自己全部才能的20%～30%。一个人对自己的工作不感兴趣，就很难在工作中有卓越的表现，往往在岗位上碌碌无为。反之，热爱自己的工作能激发个人的职业潜能和创新精神，职业兴趣和能力的合理结合会大大提高工作效率。

◆ **职业兴趣是保证职业稳定、职场成功的重要因素**。职业兴趣是影响个人适应职业生涯的一个基本因素。职业兴趣主要用于预测工作满意度和工作稳定性。在其他条件相似的情况下，从事自己感兴趣的工作不但能让自己感到满意，还能由此保证工作的稳定性。此外，一个人对工作感兴趣，就愿意钻研，就能做出成就。因此，职业兴趣也是确保个体在职场中获得成功的重要因素。

3. 霍兰德职业兴趣理论的运用

在第一章中，我们已经对霍兰德职业兴趣理论有了基本的认识，人们一般倾向于寻找与其个人特质相协调的职业环境类型，追求能充分施展个人能力和价值观、令人愉快的工作和角色。下面我们一起来了解霍兰德职业兴趣理论的实际运用。

霍兰德职业兴趣理论认为，人格、兴趣与职业密切相关，从事与兴趣相关的职业，可以使人们更积极、愉快地工作；且兴趣与人格之间存在很强的相关性，个人特质应该和满足这种特质的工作联合起来。通过对个人特质的分析，霍兰德把人的个性特点、适宜的职业环境和匹配度较高的典型职业进行了整理和归纳，如表2-9所示。

表2-9　霍兰德职业兴趣理论对照表

个人特质	个性特点	职业特点	典型职业
现实型（R）	此类型的人通常具有较好的身体机能。他们可能在表达自我和与他人沟通方面存在困难，不善于与人打交道。他们喜欢在户外活动，喜欢使用和操作工具，尤其是操作大型机械。他们愿意从事操作性工作，偏好于完成具体任务，动手能力强，做事手脚灵活，动作协调 他们遵守规则，对新观点和新变化兴趣不大。他们不善言辞，喜欢独立做事	需要使用工具、机器，掌握基本操作技能的工作，以及需要具备技能、体力和协调能力	计算机硬件维修人员、飞机检修工、汽车驾驶员、工地检查员、钳工、建筑工、制图员、机械装配工、木匠、厨师等
社会型（S）	此类型的人关心社会公义，比较看重社会义务和社会道德，责任感强，关心社会问题、渴望发挥自己的社会职能，具有较强的人道主义倾向，社会适应能力强 他们善于表达，善于与周围的人相处，追求搭建广泛的人际关系网，喜欢处于集体的中心位置，喜欢通过与他人交流讨论来解决存在的难题。他们不喜欢需要剧烈的身体运动的工作，不喜欢与机器打交道，具有与他人共事的能力	提供信息、启迪、咨询、培训、治疗和各种理解、帮助他人的活动，要求具备人际交往技能、需要与人打交道	教师、学校校长、临床医师、导游、营业员、教育行政人员、咨询人员、公关人员、临床心理学家、就业指导顾问、护士和律师等
企业型（E）	此类型的人通常精力充沛、热情洋溢，做事有较强的目的性，喜欢竞争，富有冒险精神，自信、支配欲强、有抱负 他们喜欢争辩，总是力求使别人接受自己的观点，追求权力、财富、地位，有领导才能，为人务实，习惯以利益得失等来衡量做事的价值	与商业或管理相关的职业，要求具备经营、管理、监督和领导才能	推销员、主持人、宣传人员、企业领导、法官、律师和社会活动家等
传统型（C）	此类型的人通常谨慎保守、忠诚、尽职尽责、忠实可靠、自我控制能力强，尊重权威和规章制度，喜欢按计划办事，细心、有条理，习惯接受他人的指挥和领导，不喜欢冒险和竞争，缺乏创造性，富有自我牺牲精神 他们既不喜欢从事笨重的体力劳动，也不喜欢在工作中与别人形成过于紧密的联系，对于明确规定的任务可以很好完成，喜欢关注实际情况和细节，不喜欢模棱两可的指示，希望能精确地了解自己所要做的事情	倾向于规则较多、高度有序的工作，包括语言方面和数量方面等规范性较强的工作，以及要求注意细节、精确度、有系统、有条理的职业	秘书、计算机操作员、统计员、记事员、会计、行政助理、出纳员、投资分析员、审计员、图书管理员、税务员和交通管理员等
研究型（I）	此类型的人通常抽象思维能力强，求知欲强，善于思考，对科学研究和科学探索有热情，并表现出对工作的极大热情，但对周围的人不感兴趣。他们习惯于通过思考来解决所面临的难题，而并不一定进行具体的操作	与生物、物理科学有关的活动，而非那些必须遵循许多固定程式的任务，需要认知能力、独立性和富有创造力	工程师、计算机编程人员、医生、分析员、工程设计师、化学研究工作者、物理学研究人员、气象学者等

续表

个人 特质	个性特点	职业特点	典型职业
研究型（I）	他们常常具有非传统的观念，倾向于创新和怀疑。此类型的人知识渊博，不善于领导他人，考虑问题理性，做事喜欢精确，喜欢逻辑分析和推理，并不断探索未知的领域	与生物、物理科学有关的活动，而非那些必须遵循许多固定程式的任务，需要认知能力、独立性和富有创造力	工程师、计算机编程人员、医生、分析员、工程设计师、化学研究工作者、物理学研究人员、气象学者等
艺术型（A）	此类型的人天资聪慧，喜欢具有较多自我表现机会的艺术环境，不喜欢从事粗重的体力活动和高度规范化、程式化的任务；喜欢单独活动，有强烈的自我表现欲望，往往过于自信	要求具备语言、美术、音乐、戏剧或写作等方面的技能，能发挥创造才能的职业，需要具有艺术修养、创造力、表达能力和直觉性	雕刻家、建筑师、摄影家、广告制作人、画家、作家、歌唱家、戏剧导演、记者、演员、音乐演奏家、剧作家等
	他们的独立性、自主性、自发性、非传统性和创造性都较强，好表现，不拘小节，放任自由，不受常规约束，情绪变化大，比较敏感		

　　霍兰德在职业兴趣六边形模型的基本假设中提到，个人和职业环境都可以大致分成6种类型。但是每个人和每种职业环境都比较复杂，不会是单一的某种类型，所以在霍兰德的理论中，人的职业兴趣和职业环境特点一般用3个字母来表示。这3个字母的组合就是其适合的职业环境，如果你的职业兴趣编码是RIA，那么牙科医生、陶工等职业就符合你的职业兴趣。另外，你还可以寻找与R、I、A编码所对应的职业，如IAR编码对应的职业可能较符合你的兴趣（详见右侧二维码中的"职业兴趣－类别索引表"）。

职业兴趣－类别索引表

案例　　兴趣的匹配让人生大放异彩

　　陈明是某高职院校电子商务专业2020级学生，他性格内向，但学习态度端正、认真执着。在大学就业指导课上，陈明在辅导员老师的指导下进行了霍兰德职业兴趣测试，测试显示他属于RCI，这也符合辅导员老师对他的评价。

　　在辅导员和专业导师的共同建议下，陈明将网络营销确定为自己的专业技能方向。在校期间，他积极争取参加专业导师的实践项目，参与某电商助农项目，线上助力农产品销售。经过一年多的努力，他在网站设计、网站美工、店铺推广等方面都积累了丰富的实战经验，自己也成了团队的重要骨干。

　　点评　科学确定自己的职业目标需要客观正确地认识自己，兴趣与职业的匹配能够让大学生更加投入事业，从而取得成功。

课堂活动　　　　　　　　　**了解自己的职业兴趣**

请根据自己的实际情况对以下问题作答，不要花时间去揣摩答案。回答时，情况符合得1分，不符合得0分，回答结束后将分数填入表2-10。

1. 我喜欢不时地夸耀一下自己取得的成就。　　　　　　　　符合（　）　不符合（　）

2. 在工作中我喜欢独自筹划，不愿意别人干涉。　　　　　　符合（　）　不符合（　）

3. 我喜欢在做事情前对事情做出细致的安排。　　　　　　　符合（　）　不符合（　）

4. 我喜欢做广告、音乐、歌舞等方面的工作。　　　　　　　符合（　）　不符合（　）

5. 每次写信我都要反反复复，不能一蹴而就。　　　　　　　符合（　）　不符合（　）

6. 我经常不停地思考某一问题，直到想出正确的答案。　　　符合（　）　不符合（　）

7. 我喜欢小心谨慎地做每一件事。　　　　　　　　　　　　符合（　）　不符合（　）

8. 我喜欢需要具备抽象思维的工作，不喜欢动手的工作。　　符合（　）　不符合（　）

9. 我喜欢成为人们注意的焦点。　　　　　　　　　　　　　符合（　）　不符合（　）

10. 良好的人际关系对我来说非常重要。　　　　　　　　　符合（　）　不符合（　）

11. 在集体讨论中，我常常积极主动，表现活跃。　　　　　符合（　）　不符合（　）

12. 当我一人独处时，会感到不舒服。　　　　　　　　　　符合（　）　不符合（　）

13. 我曾经渴望有机会参加探险。　　　　　　　　　　　　符合（　）　不符合（　）

14. 我喜欢修理机械的工作。　　　　　　　　　　　　　　符合（　）　不符合（　）

15. 我不喜欢参加各种各样的聚会。　　　　　　　　　　　符合（　）　不符合（　）

16. 我喜欢说服别人依计划行事。　　　　　　　　　　　　符合（　）　不符合（　）

17. 音乐能使我陶醉。　　　　　　　　　　　　　　　　　符合（　）　不符合（　）

18. 我办事总是瞻前顾后。　　　　　　　　　　　　　　　符合（　）　不符合（　）

19. 我喜欢经常请示上级。　　　　　　　　　　　　　　　符合（　）　不符合（　）

20. 我喜欢需要运用智力的游戏。　　　　　　　　　　　　符合（　）　不符合（　）

21. 那种需要持续集中注意力的工作我很容易做到。　　　　符合（　）　不符合（　）

22. 我喜欢亲自动手制作一些东西，并能从中得到乐趣。　　符合（　）　不符合（　）

23. 我的动手能力很强。　　　　　　　　　　　　　　　　符合（　）　不符合（　）

24. 和不熟悉的人交谈对我来说毫无困难。　　　　　　　　符合（　）　不符合（　）

25. 和别人谈判时，我不轻易放弃自己的观点。　　　　　　符合（　）　不符合（　）

26. 我很容易结识同性别的朋友。　　　　　　　　　　　　符合（　）　不符合（　）

27. 对于社会问题，我很少持中立的态度。　　　　　　　　符合（　）　不符合（　）

28. 当我开始做一件事后，即使有再多的困难，我也会坚持

　　做下去。　　　　　　　　　　　　　　　　　　　　符合（　）　不符合（　）

29. 我是一个沉静而不易动感情的人。　　　　　　符合（　）不符合（　）

30. 当我工作时，我喜欢避免干扰。　　　　　　　符合（　）不符合（　）

31. 我的理想是当一名科学家。　　　　　　　　　符合（　）不符合（　）

32. 与推理小说相比，我更喜欢言情小说。　　　　符合（　）不符合（　）

33. 我有时候太固执，明明知道对方是对的，也要和他对着干。符合（　）不符合（　）

34. 我爱幻想。　　　　　　　　　　　　　　　　符合（　）不符合（　）

35. 我总是主动地向别人提出自己的建议。　　　　符合（　）不符合（　）

36. 我喜欢使用锤子一类的工具。　　　　　　　　符合（　）不符合（　）

37. 我乐于解除别人的痛苦。　　　　　　　　　　符合（　）不符合（　）

38. 我愿意冒一点险以求进步。　　　　　　　　　符合（　）不符合（　）

39. 我喜欢按部就班地完成工作。　　　　　　　　符合（　）不符合（　）

40. 我不希望经常换不同的工作。　　　　　　　　符合（　）不符合（　）

41. 我总留有充裕的时间去赴约。　　　　　　　　符合（　）不符合（　）

42. 我喜欢阅读自然科学方面的书籍和杂志。　　　符合（　）不符合（　）

43. 如果掌握一门手艺，并能以此为生，我会感到非常满意。符合（　）不符合（　）

44. 我不希望当一名汽车司机。　　　　　　　　　符合（　）不符合（　）

45. 听到别人说"家中被盗"一类的事，我会感到同情。符合（　）不符合（　）

46. 如果待遇相同，我宁愿当商品推销员，也不愿当图书管理员。符合（　）不符合（　）

47. 我喜欢跟各类机械打交道。　　　　　　　　　符合（　）不符合（　）

48. 我小时候经常把玩具拆开，看个究竟。　　　　符合（　）不符合（　）

49. 当接受一项新任务后，我喜欢以自己独特的方法去完成它。符合（　）不符合（　）

50. 我有文艺方面的天赋。　　　　　　　　　　　符合（　）不符合（　）

51. 我喜欢把一切安排得整整齐齐、井井有条。　　符合（　）不符合（　）

52. 我希望做一名教师。　　　　　　　　　　　　符合（　）不符合（　）

53. 在大家面前，我总能找到恰当的话来说。　　　符合（　）不符合（　）

54. 看情感影片时，我常常禁不住眼睛湿润。　　　符合（　）不符合（　）

55. 我喜欢学物理。　　　　　　　　　　　　　　符合（　）不符合（　）

56. 在实验室独自做实验会令我很高兴。　　　　　符合（　）不符合（　）

57. 对于急躁、爱发脾气的人，我仍能以礼相待。　符合（　）不符合（　）

58. 遇到难解答的问题时，我常常能坚持到底。　　符合（　）不符合（　）

59. 大家公认我是一名勤劳踏实、愿为大家服务的人。符合（　）不符合（　）

60. 我喜欢在人事部门工作。　　　　　　　　　　符合（　）不符合（　）

表2-10　得分汇总表

类型	对应的题号及得分	合计得分
现实型（R）	2（　）3（　）14（　）22（　）23（　）36（　）43（　）44（　）47（　）48（　）	
传统型（C）	5（　）7（　）18（　）19（　）29（　）39（　）40（　）41（　）51（　）57（　）	
企业型（E）	11（　）13（　）16（　）24（　）25（　）28（　）35（　）38（　）46（　）60（　）	
社会型（S）	10（　）12（　）15（　）26（　）27（　）37（　）45（　）52（　）53（　）59（　）	
研究型（I）	6（　）8（　）20（　）21（　）30（　）31（　）42（　）55（　）56（　）58（　）	
艺术型（A）	1（　）4（　）9（　）17（　）32（　）33（　）34（　）49（　）50（　）54（　）	
得分最高的3项	（1）　　　　（2）　　　　（3）	
得分最低的3项	（1）　　　　（2）　　　　（3）	

　　测验完毕后，计算得分，并按分数高低依次排列各类型，此排列的前3位便是你的霍兰德职业兴趣编码。据此对照"职业兴趣－类别索引表"，便可查找出与自己性格匹配度较高的职业。

（三）能力与职业

　　在大学生的自身条件中，能力是与职业直接相关的部分，也是用人单位最为看重的部分之一。大学生的能力水平往往参差不齐、各擅胜场，因此明确自己的能力水平，并选择能发挥自己优势能力的职位对大学生来说尤为重要。

1.能力的含义与分类

　　能力是人们解决问题时的个性心理特征，是完成任务或达到目标的必备条件。能力直接影响活动的效率，是活动顺利完成的重要内在影响因素。从不同的角度，我们可将能力分成不同的类别。

　　（1）按倾向性划分。通常，能力可根据倾向性进行分类，这是一种普遍使用的、容易让人理解的划分方法。能力按倾向性划分，可分为一般能力和特殊能力。

　　◆ **一般能力**。一般能力指在不同种类的活动中所表现出来的基本能力。它是有效掌握知识和顺利完成活动所必备的心理条件，保证人们有效地认识世界。所以，一般能力又称智力。一般能力主要包括观察力、注意力、记忆力、想象力、语言能力、社交能力、操作能力和思维能力等。其中思维能力起着核心的作用，因为思维能力决定着智力的诸多因素，并制约着能力的发展水平。

　　◆ **特殊能力**。特殊能力又称专门能力，它是指顺利完成某种专业活动所必备的能力，如计算能力、音乐能力、绘画能力、教学能力、空间判断能力、运动协调能力等。各种特殊能力都有自己独特的结构，如音乐能力由4种基本要素构成——音乐的感知能力、音乐的记忆和想象能力、音乐的情感能力、音乐的动作能力。这些要素的不同组合，就构成了不同音乐家的独特音乐能力。

一般能力和特殊能力的有机结合、相互作用，更能使人有效地完成某种活动。一般能力越是发展，就越能为特殊能力的发展创造有利条件，而特殊能力的发展也促进了一般能力的发展。例如观察力属于一般能力，但在画家身上，由于绘画能力这一特殊能力的发展，其对事物的观察力也相应得到了发展。

（2）按获得方式划分。能力按照获得的方式（先天具有与后天培养），可分为能力倾向和技能两大类。

◆ **能力倾向**。能力倾向是每个人先天被赋予的特殊才能，如音乐能力、运动能力等。能力倾向是与生俱来的，不过也有可能因未开发而荒废，具有遗传方面的特征，但同时也存在经过训练后发展的潜在可能性。因此，能力倾向是一种潜能。遗传、环境和文化都可以影响能力倾向的发展。

◆ **技能**。技能是经过后天学习和练习培养而形成的能力，通常表现为某种动作系统和动作方式，如阅读能力、人际交往能力、沟通能力、操作能力等。在个人成长的过程中，从什么也不会做的婴儿到一个自理生活，能够看、听、说、行走、拼写、阅读的成年人，每个人都已经学会了无数的技能。

技能的组成

（3）按创造性大小划分。能力按创造性大小可分为模仿能力和创造能力。

◆ **模仿能力**。模仿能力是指效仿他人的言行举止而引起的与之相类似的行为活动的能力。模仿是人们相互影响的重要方式，是实现个体行为社会化的基本历程之一。模仿能使原有的行为得到巩固或改变，使原来潜伏的行为变现，或习得新的行为。

◆ **创造能力**。创造能力是指在创造活动中产生新思想，发现和创造新事物的能力，如作家、科学家、教育家的活动经常表现出创造能力。心理学家认为，创造能力的基本特征是独特性和价值性。人们正是由于有了创造能力，才能在模仿的基础上有所突破、有所发展，社会才可能得以发展。

模仿能力和创造能力二者是相互联系、相互渗透的。模仿能力一般包含创造能力的成分，而创造能力也包含模仿能力的成分。区别模仿能力和创造能力的关键，在于模仿只能按现成的方式解决问题，而创造能提供解决问题的新方式和新途径。

（4）按认知对象的维度划分。从认知对象的维度考虑，能力可分为认知能力、元认知能力、操作能力和社交能力。

◆ **认知能力**。认知能力是指个体接受信息、加工信息和运用信息的能力。人们认识客观世界，获得各种各样的知识，主要依赖于人的认知能力。认知能力包括观察力、思维力等，是完成各种活动所必备的最基本、最主要的条件之一。

◆ **元认知能力**。元认知能力是个体对自己的认识过程进行认知和调控的能力。具体地说，就是个体对认知活动进行体验、评价和监控的能力。

◆ **操作能力**。操作能力是指人操纵、制作和运动的能力，是人们适应或改变环境、协调自己动作、掌握和施展技能所必备的心理条件。操作能力是在操作技能的基础上发展起来的，是人们顺利掌握操作技能的重要条件。

◆ **社交能力**。社交能力是人们参加社会群体生活，与周围人们相互交往、保持协调所不可缺少的心理条件。社交能力是人们在社交活动中所表现出来的能力。这种能力对组织团体、促进人际交往和信息沟通有重要作用。

（5）根据能力的发展趋势划分。根据能力在人的一生中的不同发展趋势及能力和先天禀赋与社会文化因素之间的关系，能力可分为流体能力和晶体能力。

◆ **流体能力**。流体能力也称流体智力，是以生理为基础的认知能力，是对事物进行辨识、记忆、理解的能力，如知觉、记忆、运算速度、推理能力等。流体能力的发展与年龄有密切关系，一般人在20岁以后，流体能力达到顶峰，30岁后流体能力将随年龄的增长而降低。流体能力取决于个人的先天禀赋，其特征为：对于不熟悉的事物，可以通过迅速准确的反应来判断它们之间存在的关系。

◆ **晶体能力**。晶体能力也称晶体智力，是以经验知识为基础的认知能力，如后天学会的技能、语言能力、判断力、联想力等。晶体能力不因年龄增长而降低，一般到25岁以后其发展速度趋于平缓。晶体能力取决于后天的学习，与社会文化有密切的关系。

2. 能力对职业发展的影响

能力是职业素质最关键的组成部分之一，也是从事职业活动和推动职业发展的核心要素之一。

一方面，具备一定的能力是个人胜任某种职业工作的必要条件。一个人无论从事什么职业，总要有一定的能力做保证。没有任何能力，对个人来讲，职业生涯也就无从谈起。如果性格和职业兴趣会影响个人的职业选择，以及在职业发展中所乐于付出努力的程度，那么就要判定自己能否胜任职业中各方面的工作内容，职业目标是否可行，从而进一步分析自身的综合能力。

大学生的综合能力一般强于同龄的其他年轻人，整体上处于较高的水平。但是这并不代表大学生在各个方面都较强，比如有的人语言能力强，善于表达，但社交能力较弱；有的人社交能力强，联系广泛，思想活跃，但组织管理能力不如人意；有的人组织管理能力强，善于协调，组织活动周密严谨，但语言能力和社交能力并不让人满意。因此，大学生要正视自身能力的差异性。更重要的是，大学生要学会分析自身能力结构，确定和培养自身的能力优势。在条件允许的情况下，可以由专业职业指导人员帮助大学生分析，根据个人的学历状况、职业资格、职业规划等来确定自己的职业能力及能力优势，必要时可以进行职业测试，在基本确定职业能力及能力优势的基础上帮助自己进行职业生涯选择。

另一方面，能力与职业发展和职业创造关系密切。顺利完成各项工作内容，不是单一地使用一种能力，而是常常需要几种相关能力配合，才能保证工作顺利开展。能力越强，各种能力越能综合发展，并在职业活动中达到完美的结合，从而促进个人在职业活动中的创造和发展，取得好的工作绩效，给自己带来职业成就感。

3. 能力与职业的匹配

就个人角度而言，每个人都具有由多种能力组成的能力系统，且在这个能力系统中，各方面能力的发展是不平衡的，常常是某方面的能力占优势，而另一些能力不太突出。从职业的角度看，不同的职业对能力的要求是不同的。医生需要有更为敏锐的观察力；教师要有较好的语言表达能力和记忆力；记者不仅需要有敏锐的观察力，还需要有良好的分析思考能力；法官应具有很强的逻辑推理能力，却不一定需要有很强的动手能力；建筑设计师需要一定的空间判断能力，却不一定需要良好的语言表达能力。可见，职业与能力之间存在重要的匹配关系。因此，大学生要准确定位自己的能力优势。能力优势在相当大的程度上决定着其所能从事的职业类型。如果自身不具备这个职业所要求的能力，即使再勤勉努力可能也收效甚微。只有当职业目标与自身优势能力相匹配时，才能更有效地发挥出自己的才能，大学生才能更容易获得事业的成功。

下面简要介绍几种常见能力与职业的联系。

◆ **语言表达能力**。语言表达能力强的人善于运用字、词、句、段准确地表达自己的思想和观点，语言或文字富有感染力，可从事教师、节目主持人、律师、咨询师、导游、商业营销人员等职业。

◆ **书写能力**。书写能力强的人对词、印刷物、账目、表格等的细微部分具有正确的感知能力，可从事校对员、录入员、秘书等职业。

◆ **观察能力**。观察能力是人际交往中不可或缺的一种能力。观察能力强的人善于发现，对事物及物体细节具有较强的感知能力，可以从一个人身上获得更多的信息，可从事记者、工程师、生物研究人员、医生、护士、绘图师等职业。

◆ **数理能力**。数理能力强的人能够快速进行数学运算，进行推理，解决应用问题，可从事会计师、出纳、建筑设计师、精算师、工业药剂师、金融投资人、经纪人、信息服务人员等职业。

◆ **社交能力**。社交能力强的人善于进行人与人之间的交往，思想活跃，联系广泛，能够协同工作并建立良好的人际关系，可从事公关人员、对外联络员、新闻发言人、物业管理人员、调解员等职业。

◆ **操作能力**。操作能力是在操作技能的基础上发展起来的。操作能力强的人善于迅速而准确地操纵物体或工具，可从事机构操控与检修人员、模型创造师、计算机操作师、民间工艺人、汽车驾驶员等职业。

◆ **组织管理能力**。组织管理能力强的人擅长组织安排各种事务和活动，协调参加活动中人员的各种关系，可从事公共事业管理者、企业经理人、行业主管、公务员等职业。

◆ **思维能力**。我们常说的概念、判断和推理是思维的基本表现形式。思维能力强的人善于思考和推理，擅长综合分析，对感性材料进行加工并转化为理性认识以解决问题，可从事策划师、顾问、技术员、编辑、理论研究员等职业。

◆ **运动协调能力**。运动协调能力强的人，能根据要求迅速而准确地做出必要的动作反应，适合从事运动员、飞行员、舞蹈演员、健身教练等职业。

◆ **空间判断能力**。空间判断能力强的人能迅速看懂几何图形，识别物体在空间运动中的联系，解决几何问题，可从事图纸设计师、结构工程师、建筑师、电工、木工、无线电修理工和机床工等职业。

课堂活动　　　　　　　能力与职业的匹配

表2-11所示的职业能力调查表中列举了若干项活动，请根据你的情况对下列活动进行判断。会做的，请在"是"栏里打"√"，计1分；不会做的，请在"否"栏里打"√"，计0分。做完后请对各个类型活动的总分进行统计。

表2-11　职业能力调查表

R：现实型活动	是	否	I：研究型活动	是	否
1. 能使用电锯、电钻等工具			1. 懂得真空管或晶体管的作用		
2. 知道万用表的使用方法			2. 能够列举3种含蛋白质较多的食品		
3. 能够修理自行车或其他机械			3. 理解铀的裂变		
4. 能使用车床、磨床、铣床等机械加工设备			4. 会用多功能计算器、对数表		
5. 能给家具和木制品刷漆			5. 会使用显微镜		
6. 能看懂建筑设计图			6. 能识别出3个星座		
7. 能修理结构简单的电器用品			7. 能独立进行调查研究		
8. 能修理家具			8. 能解释简单的化学现象		
9. 能修理收录机			9. 能理解人造卫星不落地的原理		
10. 能简单地修理水管和电路			10. 经常参加学术会议		
统计"是"一栏的得分			统计"是"一栏的得分		
A：艺术型活动	是	否	S：社会型活动	是	否
1. 能演奏乐器			1. 有向各种人说明解释的能力		
2. 能参加二声部或四声部合唱			2. 常参加社会福利活动		
3. 能独唱或独奏			3. 能和大家一起友好地相处、工作		
4. 能扮演剧中的角色			4. 擅长与年长者相处		
5. 能创作简单的乐曲			5. 擅长邀请人、招待人		
6. 会跳舞			6. 能用简单易懂的方式教育儿童		
7. 会绘画或书法			7. 能安排会议等活动顺序		
8. 会雕刻、剪纸或泥塑			8. 善于体察人心和帮助他人		
9. 能设计板报、服装或家具			9. 会帮助护理病人和伤员		
10. 写得一手好文章			10. 常安排社团的各种事务		
统计"是"一栏的得分			统计"是"一栏的得分		

续表

E：企业型活动	是	否	C：传统型活动	是	否
1. 担任过学生干部并且做得不错			1. 可在计算机中输入文字		
2. 工作上能指导和监督他人			2. 知道计算机软件的常规使用方法		
3. 做事充满活力和热情			3. 能快速记笔记和抄写文章		
4. 能有效利用自身的做法影响他人			4. 善于整理、保管文件和资料		
5. 销售能力强			5. 能进行常规数据记录与处理		
6. 曾作为俱乐部或社团的负责人			6. 善于进行会议安排与记录		
7. 能向领导提出建议或反映意见			7. 能高效处理大量文件		
8. 有开创事业的能力			8. 能使用打印机、复印机等办公辅助设备		
9. 具备领导者的能力			9. 能收集数据		
10. 健谈善辩			10. 善于做财务预算		
统计"是"一栏的得分			统计"是"一栏的得分		

职业能力调查表只是对自身能力的局部探索，可帮助你对自己的能力有一定的了解，发现并确定自己的能力优势，从而使你在职业生涯规划过程中更好地做出职业方向上的选择。我们也可以根据测验得分的高低，将得分按由高到低进行排序，然后把排在前面的3种职业类型找出来，参照"职业兴趣–类别索引表"，对自己可能感兴趣和力所能及的职业类别进行了解。

🔍 **案例**

苦练技艺

李盼是某高职院校会计与审计专业学生，他的多位亲人都在银行中工作。在家庭长辈及朋辈的引导下，李盼自己也确立了在银行工作的职业目标。

考入会计与审计专业后，他有针对性地咨询了辅导员和专业老师，在他们的指导下确定了自己的专业技能方向，认真制订了专业技能训练计划。其他同学休息娱乐的时候，李盼一个人在专业实训室默默地苦练点钞技能，经常练习到深夜，手都磨出了茧，最终他在校专业技能大赛中获得了点钞第一名。

功夫不负有心人，后来，李盼又通过专转本考试升入本科院校并就读财务管理专业，毕业后成功进入银行工作，现为某银行高级技能师。

点评　能力不是天生决定的，更多是后天养成的，本案例的主人公李盼通过自己的不懈练习，提升了自己的能力，从而取得了职业生涯的成功。

（四）价值观与职业

价值观对于职业生涯规划的影响常常被人忽略。事实上，如果职业的工作内容和工作者的价值观不匹配甚至有冲突，那么工作者是很难好好完成工作的。个人动机受到价值观的支配，只有那些经过价值判断并被认可的价值观，才能转换为具体的动机，并以此为目标来引导人们的行为，因此价值观也是大学生自我认识的重要内容。

1. 价值观与职业选择

价值观是基于个体思维和感受而做出的评价、判断、理解或选择，主要以潜在的方式对我们的思想和行为进行主导和影响。价值观具体表现为对事物的看法、对是非的判断和对利益与道德的取舍等内容。价值观在职业选择上的体现叫作职业价值观，在考虑对职业的认识、职业目标的追求与向往、乐趣、收入和工作环境等问题时，对这些职业因素的判断和取舍，便是职业价值观的具体表现。

我们的价值观是怎么形成的呢？研究表明，有40%的价值观是由遗传得来的，其他部分则是受环境影响后天形成的。影响因素主要包括民族文化、父母行为、教师教导、朋友影响和社会环境等。价值观一旦形成，是相对持久且稳定的，并会在人的行为中表现出来，推动人做出与价值观相符的行为，甚至突出表现为一定的行为模式。

职业研究机构和职业专家通过调查对职业价值观进行了详细的研究，我国学者阚雅玲将职业价值观分为以下12种。

◆ **收入与财富**。通过工作能够明显有效地改变自身财务状况，拥有此类职业价值观的个体将薪酬作为选择工作的重要依据。工作的目的或动力主要来源于对收入和财富的追求，并希望借此改善生活质量，显示自己的身份和地位。

◆ **兴趣特长**。以自己的兴趣和特长作为选择职业最主要的因素，能够扬长避短、趋利避害、择己所爱，使人从工作中得到乐趣和成就感。有此类价值观的人通常会拒绝做自己不喜欢、不擅长的工作。

◆ **权力地位**。有的人对权力和地位有较强的欲望，希望能影响或控制他人，使他人按照自己的想法行动。他们希望通过拥有权力和地位而受人尊重，从中可以得到强烈的成就感和满足感。

◆ **自由独立**。有的人希望工作有弹性，不想受太多的约束，可以充分掌握自己的时间和行动，自由度高。

◆ **自我成长**。有的人要求工作能提供受培训和锻炼的机会，使经验与阅历能够按照自己的意愿丰富和增长。

◆ **自我实现**。有的人看中工作所提供的机会和平台，希望自己的专业和能力得以全面运用和施展，实现自身价值。

◆ **人际关系**。有的人将工作单位的人际关系看得非常重要，渴望能够在一个和谐、友好的环境中工作。

◆ **身心健康**。有的人希望工作安全、劳逸适当，无紧张感和恐惧感，使自身身心健康不受工作影响。

◆ **环境因素**。有的人看中的是舒适安逸的工作环境，或对工作地域有特别的要求。

◆ **工作稳定**。有的人希望工作相对稳定，不用担心裁员和被辞退，免于经常奔波找工作。

◆ **社会需要**。有的人希望愿意根据组织和社会的需要响应号召，为集体和社会做贡献。

◆ **追求新意**。有的人希望工作的内容经常变换，有丰富多彩的工作和生活。

当然，因为每个人的条件和需求不同，表现出的职业价值观实际上是多样的，以上职业价值观都十分具有代表性，为我们分析自己的职业价值观指明了方向，对职业生涯规划有积极的意义。

2. 价值观与现实的冲突

任何一种职业要满足我们所有的职业价值观都是非常难的。比如，我们可能既有"高收入"的价值诉求，又有"舒适悠闲"的价值诉求，显然一种职业很难同时满足这两个要求。只有搞清各个价值诉求的主次，我们才能有效地进行职业决策。同时，只有我们在做出符合自身价值观的行为后，谈论职业价值观才能对我们的职业选择起帮助作用。

从本质上讲，价值观用于解决"为什么活着"这样的终极命题，涉及人的理想和追求。可在现实中，并不是所有的理想都能够实现。因为在现实生活环境中，我们除了要遵从价值观外，还需要承担起各种责任，如对家人与社会的责任。这种时候我们只能暂时放下自己的理想，将它延后实现。

课堂活动 ## 职业价值观测试与职业匹配

下面将通过测试来认识我们的职业价值观，以排出各种职业价值观在我们意识中的优先顺序。

本测试共有40道题目，代表10种不同的职业价值观，每道题目需根据自身实际的想法或要求进行衡量。为了便于统计分析，请将得分填入表2–12中对应的题号后（非常符合得5分，比较符合得4分，基本符合得3分，不太符合得2分，非常不符合得1分）。

1. 在工作中你能接触到各种不同的人。

2. 你的工作赋予你高于别人的权力。

3. 你的工作时间比较有弹性。

4. 只要努力，你的工资会高于其他同龄的人，或升级、加工资的可能性比其他工作大得多。

5. 你的工作能为增加社会福利带来看得见的效果。

6. 你的工作奖金很高。

7. 工作单位的同事和领导人品较好，相处比较随和。

8. 你能在工作中自由地发挥你的才能。

9. 在别人的眼中，你的工作是很重要的。

10. 你的工作在体力上比较轻松，在精神上也不紧张。

11. 你的同学朋友都非常羡慕你的工作。

12. 你的工作成果常常能得到上级、同事或社会的肯定。

13. 你的工作使你感觉到自己是团体中的一分子。

14. 无论你做得好还是不好，你总能和大多数人一样晋升和涨工资。

15. 你的工作使你很有成就感。

16. 你的工作使你有可能结识各行各业的知名人物。

17. 在工作中，你的新想法总能得到试行。

18. 在工作中，你不会因为身体或能力等因素被人瞧不起。

19. 在工作时，你需要组织和计划别人的工作。

20. 在工作中，你不必担心因为所做的事情使领导不满意而受到训斥或经济惩罚。

21. 你能从工作的成果中知道自己做得不错。

22. 你的工作需要经常出差，参加各种集体活动。

23. 你从事的工作经常在报刊、电视中被提到，因而你在人们的心目中有很高的地位。

24. 你只要干上这份工作，就不会再调到其他单位或工种上去。

25. 在你的工作中，不会有人常来打扰你。

26. 你的工作可以使你获得较多的额外好处，如公司常发实物、常可以购买打折的食品、常发购物券或有机会购买进口产品等。

27. 你的工作要求你把一切事情管理得井井有条。

28. 你的工作单位有舒适的休息室、更衣室、浴室及其他设备。

29. 你的工作有数目可观的夜班费、加班费、保健费或营养费等。

30. 在工作中，你和同事都能建立良好的关系。

31. 你的工作使你常常能帮助别人。

32. 你的工作作风使你被别人尊重。

33. 你的工作会使许多人认识你。

34. 在工作中，你为他人服务，使他人感到满意，你自己也就因此感到高兴。

35. 在工作中，你是不受别人差遣的。

36. 在工作中，你能和领导有融洽的关系。

37. 你可以看见自己努力工作的结果。

38. 经常有许多人由于你的工作来感谢你。

39. 你的工作场所很好，比如有适度的灯光、舒适的座椅，安静、清洁的环境，以及宽敞的工作空间等。

40. 在工作中你是一个负责人，虽然可能只领导几个人，但你也很乐意。

职业价值观分析

对表2-12的各行进行分数汇总，选出得分最高的3项，参照右侧二维码中的内容进行解读，就能对自己的职业价值取向有一个大致的了解和掌握。

表2-12　职业价值观测试得分表

职业价值观	对应的题号及得分				合计得分
高收入	4（　）	6（　）	26（　）	29（　）	
社会声望	9（　）	11（　）	23（　）	32（　）	
独立性	8（　）	17（　）	25（　）	35（　）	
奉献性	5（　）	31（　）	34（　）	38（　）	
稳定性	14（　）	18（　）	20（　）	24（　）	
多样性	1（　）	16（　）	22（　）	33（　）	
领导性	2（　）	19（　）	27（　）	40（　）	
成就感	12（　）	15（　）	21（　）	37（　）	
舒适性	3（　）	10（　）	28（　）	39（　）	
人际关系	7（　）	13（　）	30（　）	36（　）	
得分最高的3项	（1）	（2）	（3）		

　　从得分最高的3项中可以看出你的喜好，从而可以得出职业价值取向，在择业时就可以考虑这些职业价值取向。如果你倾向于多样性和高收入，营销员就是一个不错的选择；如果你倾向于帮助他人而不太看重收入，教师这个职业就是一个很好的选择。所以一个人的职业价值观在选择职业时起着重要的作用，只有客观地认识它，我们才能在就业时做出合理的选择。

第二节　认识职业

　　如果说自我探索是大学生对自己在主观上的认识，那么职业探索的目的就是让大学生建立起对职业、职业发展的客观认识。虽然大学生的求职从主观出发，但最终还是要落到客观上。大学生只有做好职业探索，做到主观与客观的统一，才能在求职过程中做到知己知彼，赢得最终的胜利。

一、认识职业世界

　　对于大学生来说，职业世界陌生而复杂，许多大学生担心由于不能对职业世界有一个全面的认识，而错失适合自己的职业岗位。事实上，大学生不可能、也没必要去了解所有职业、行业甚至企业的细节，而应从自身的特点出发，在正确认识自己的基础上，根据自己的需求缩小职业信息的搜集范围。

（一）了解行业与职业类型

　　要了解一个职业岗位，我们不能孤立地了解它本身，还需要将其置于行业、职业和用人单位中，进行系统的、全面的考量。同一份工作可能会从属于不同的行业，如人力资源规划师就会出现在各个行业中，但是在不同的行业中，人力资源规划师的工作内容各有不同。如果大学生没有清楚地认识到这一点，自以为找到了一份合适的工作，最终可能会发现实际的工作内容与想象的相差甚远。

在了解一个具体岗位时，大学生需要考虑两个方面：一是它隶属于什么行业，二是它隶属于什么职业类型。只有将二者结合起来，大学生才能有效地确定一个职业的具体工作重点。大学生可以借助表2-13所示的工作行业信息表来梳理不同行业、职业类型的工作重点。

表2-13   工作行业信息表

职业类型	行业								
	金融	服务	IT	教育	通信	餐饮	零售	矿业	……
技术									
市场									
管理									
行政									
……									

1. 如何选择行业

行业与职业有一个显著的区别。行业是从事国民经济中同性质的生产或其他经济社会的经营单位或个体的组织结构体系，而职业指具体所从事的某种工作。有的人可能在不同的行业或组织里从事相同的职业，有的人可能在相同的行业或组织里从事不同的职业。例如，同在教育行业，有的人的职业是教师，有的人的职业是招生顾问。了解自己以后希望从事的职业和行业，对大学生来说是非常有必要的，它不仅能帮助大学生认识未来可能接触的职业世界，还能使大学生在了解的过程中看看自己是否真正喜欢或者适合该行业和职业，对大学生制订与修改职业生涯规划有很大的帮助。在选择自己未来想要从事的行业时，大学生可以从以下3个方面来考虑。

（1）根据自身情况。在考虑将来想要从事的行业时，大学生一定要结合自身的情况。不同的行业对从业人员有不同的要求，如娱乐行业需要从业人员有创造性思维，喜欢接受新鲜事物且乐于挑战；咨询行业则需要从业人员乐于助人、热心开朗。前文中已经介绍过认识自我的相关知识，大学生对自己的性格、兴趣、价值观等都有了一定的了解，对自己未来的职业方向有了一个大概的认识。

（2）根据所学专业。虽然很多大学生会抱怨，现在所学的专业和以后找到的工作基本不对口，但是从某种程度上来说，专业对大学生未来从事的工作的影响还是很大的。大学生找工作时，最好还是以所学专业为基础，毕竟在学校里学到的知识、技能都是与自身专业有关的，在应聘与专业相关岗位的时候，它能增强你的竞争力。

很多大学生存在不喜欢所学专业的情况，表示以后也不想从事与该专业有关的工作。但是需要提醒的是，就算不喜欢所学专业，大学生也要努力学好专业知识和技能，不能完全放弃该专业，毕竟毕业时在没有任何工作经验的情况下，大家的专业就是社会与用人单位识别大家的标志。在学习专业知识的同时，大学生应积极地培养与提升自身兴趣所在方面的知识和技能，规划好自己的职业生涯发展道路。

（3）根据行业发展状况。在选择一个行业的时候，大学生首先要对该行业的发展状况进行评估。通常来说，发展前景较好、整体福利待遇较高的行业比较受大学生的青睐。如果大学生进入了发展前景一般，甚至开始走下坡路的行业，可能会给自己的职业生涯带来不好的影响。大学生在平时可以多关注新闻时事，多注意国家政策，要知道哪些是国家支持、鼓励发展的行业，哪些是国家限制与制约的行业。例如，我国政府着力于促进节能减排，力争于2030年前实现二氧化碳排放达到峰值，2060年前实现碳中和（在一定时间内，直接或间接产生的温室气体排放总量，通过植树造林、节能减排等形式，抵消自身产生的二氧化碳排放），新能源产业面临着前所未有的机遇，目前属于朝阳产业，很多民间资本受到政策的鼓励和引导，开始投入光伏发电、高性能电池、新能源车等领域，带来了大量的就业岗位。随着我国市场经济的进一步发展，产业结构会不断调整与变化，这就需要大学生平时自发关注一些权威的分析预测，对未来的行业发展趋势做到心中有数。

看待一个行业的发展趋势，其实可以从两个方面来进行：一是看该行业的企业或产品是否已经达到或接近供大于求的状态，是否趋于饱和；二是看该行业的持续性。所谓持续性就是预测该行业能存在多少年。有些行业的持续时间很长，如教育行业、医疗行业；有的行业则是在特定时期出现的，并不会长期存在。因此，大学生在选择未来从事的行业时，应尽量选择持续性长、未饱和、有很大发展空间的行业，这样才能让自己的职业生涯有一个较大的成长空间。

2. 如何确定职业类型

确定了自己未来要从事的行业之后，大学生还需要确定自己的职业类型。这里给大家介绍一个由美国大学入学考试中心（American College Test，ACT）在1985年建立的"工作世界地图"，它将职业分为6种类型、12个职业组和26个具体的职业类别。通过工作世界地图，我们能从理论上认识自己可以从事的职业类型，如图2-2所示。

工作世界地图包含两组维度和4个主要的象限，两组维度分别为"人－事物"和"数据－主意"，其具体含义如下。

◆ **人**。它指人与人之间存在互动，在工作过程中和其他人有所接触与沟通，存在一定的关系，如看护、教育、咨询、服务，以及领导、管理等。教师、导游等工作主要是与人打交道的。

◆ **事物**。它指人在工作过程中处理与人无关的事物，很少需要或者不需要与他人进行沟通与交流，如机械、制造、运输、维修等。农夫、工匠等工作主要是与事物打交道的。

◆ **数据**。它指人对文字、信息等资料进行收集、整理，比较重视客观事实与理性思维分析。会计、数据录入员等工作主要是与数据打交道的。

◆ **主意**。它指人充分发挥主观能动性，运用头脑进行工作，如对真理进行探究、创意的萌发等。科学家、哲学家等工作主要是与主意打交道的。

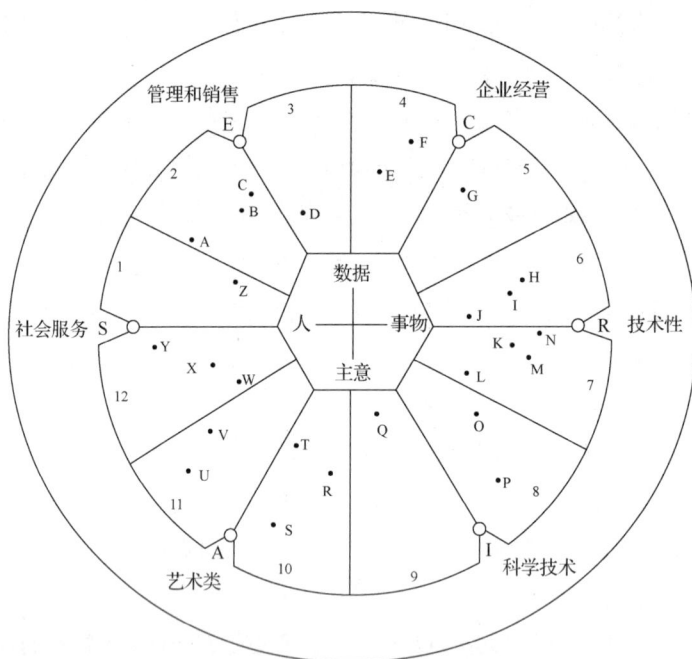

A：与就业相关的服务　　　B：市场与销售　　　　　　C：管理　　　　　　　D：监管和保卫
E：沟通和记录　　　　　　F：金融交易　　　　　　　G：物流　　　　　　　H：运输及相关行业
I：农业、林业及相关行业　J：计算机信息专业人员　　K：建筑和维护人员　　L：手工艺人
M：制造加工　　　　　　　N：机械电器专业人员　　　O：工程技术　　　　　P：自然科学和技术
Q：医疗技术　　　　　　　R：医疗诊断和治疗　　　　S：社会科学　　　　　T：实用艺术（视觉）
U：创造性和表演艺术　　　V：实用艺术（协作和口头）　W：卫生保健　　　　　X：教育
Y：社区服务　　　　　　　Z：私人服务

图2-2　工作世界地图

在工作世界地图里，与人有关的职业类型在左边，与事物有关的职业类型在右边，与数据有关的职业类型在上面，与主意有关的职业类型在下面。职业在工作世界地图上的不同位置，也是对这两组维度的不同体现，如X（教育）处于"人-主意"象限中，说明该职业类型主要是与人打交道的，且在工作过程中要运用分析与思考的能力；而H（运输及相关行业）处于"事物-数据"象限中，说明该职业类型强调秩序，与人交往较少，与事物交往较多。

（二）了解用人单位

用人单位指能运用劳动力组织生产劳动，并向劳动者支付报酬的单位组织。目前适用于《劳动法》的用人单位有企业、个体经济组织、国家机关、事业组织、社会团体。其中，企业指我国境内的所有企业组织，包括法人企业和非法人企业、国有企业和非国有企业、内资企业和外资企业；个体经济组织指在相关管理部门登记注册过，并聘用雇工的个体工商户；国家机关、事业组织和社会团体指通过劳动合同与其工作人员建立劳动关系的单位。用人单位按照不同的划分方法有不同的类型，企业法定分类的基本形态主要有独资企业、合伙企业和公司。

1. 不同用人单位的招聘差别

不同的用人单位对于人员的招聘要求不同，如学历水平、专业背景等方面。大学生找工作时常面对的企业类型有国有企业、民营企业和外资企业这3种。

（1）国有企业新进人员，除按干部管理权限由政府任命以及特殊岗位确需使用其他方法选拔任用的人员外，都要实行公开招聘。招聘员工应具备的基本条件包括身体健康，遵守国家法律、法规，能够履行企业员工的义务，遵守纪律、品行端正，具有专科及以上学历和相应的职业资格。

（2）民营企业招聘人才时，一般比较看重5项基本条件：以德为先；扎实的基础知识；认同企业文化；良好的团队精神；务实为本。

（3）外企一般都是比较规范的公司，其用人与选拔人才的标准都自成体系，即各有各的用人之道，但基本标准十分相似，一般包括教育背景、英语水平、计算机应用能力以及员工的职业操守等。

2. 选择用人单位的方法

在了解了国有企业、民营企业与外资企业之间的招聘差别之后，接下来我们就需要知道如何选择适合自己的用人单位。

很多大学生在初次就业的时候，会盲目偏好一些大企业、大公司，特别是外资企业。其实外资企业在选人、用人及培育人才方面有一套非常严格的体系，而且竞争压力很大，很多资质一般或发展不均衡的大学生往往通不过第一轮简历筛选，无疑徒增自己的就业成本。而在一些小公司、小企业的招聘中，公司往往看重的是有激情与特长的人。因此，对于大学生来说，面试此类公司成功的概率更大，而且在小公司中，分摊在每个人手里的工作更多，也能充分锻炼自己的能力。民营经济是国家经济发展的基石和代表，虽然最开始薪资可能不高，但是加入小公司、小企业，能够让自己跟随公司一起成长，也是一件非常有意义的事情。

不过，大学生对用人单位的具体选择见仁见智，需要结合自身情况，尤其是在学历、专业等方面存在劣势的同学，在求职时要尽可能地分析不同用人单位的特点和招聘规则，扬长避短，尽可能地在自己喜欢的、适合自己的用人单位中就业。

（三）职业发展通道

所谓职业发展通道，就是用人单位为内部员工设计的成长与晋升管理方案。大学生在职业生涯步入正轨后，自然会想谋求进一步的发展与晋升。职业发展通道分为双通道职业阶梯模式和多通道职业阶梯模式。下面将对这两种职业发展通道进行讲解。

1. 双通道职业阶梯模式

双通道职业阶梯模式在公司组织中有两种发展方向，每种发展方向都会对公司组织产生不同的作用。第一个通道为行政管理通道，大学生通过参与公司的行政管理工作并不断提升自己的能力，从而获得晋升机会；第二个通道为专业技术通道，大学生通过对公司做出技术能力方面的贡献来获得晋升机会，如图2-3所示。

其实传统的职业发展通道只有单通道，即行政管理通道。这样的晋升方式有一个缺陷，即高技术人员一旦

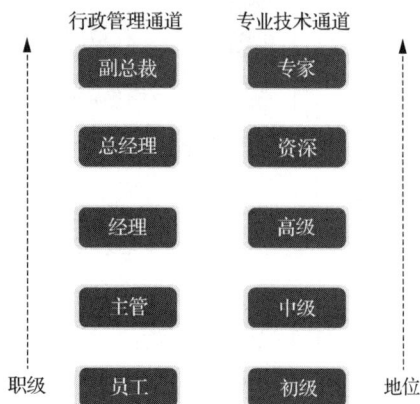

图2-3 双通道职业阶梯模式发展图

晋升就会转为管理岗，不仅无法发挥其技术优势，同时高技术人员还可能难以胜任管理岗位的工作，由此造成管理混乱及技术人员流失的情况。而双通道职业阶梯模式就解决了在某一领域中具有专业技能，且不期望或不适合升任管理岗位的员工的职业发展问题。

双通道职业阶梯模式使职业技术人员没有必要因为其专业技能的提升而必须从事管理工作，既保证了职业技术人员拥有晋升机会，也能够使其在晋升后依旧胜任自己的工作。在双通道职业阶梯模式中，同一等级的行政管理人员与专业技术人员的薪资和地位是相同的。不同的企业在对职位的具体设置上有自己的灵活安排，但是基本都遵循这两条发展道路。

施行双通道职业阶梯模式既能激励工程、技术、财务等领域中有突出贡献的员工，也能保证组织聘请到具有高技能的管理者，从根本上为员工增大了职业发展的可能性，其对职业发展的宽容度也远大于传统的职业发展通道。

现在许多公司在采用双通道职业阶梯模式时，还允许员工在不同的岗位之间进行轮岗工作，以培养复合型人才。这种轮岗制度将行政管理与专业技术进行融合，因此，仍被归纳到双通道职业阶梯模式当中。

2．多通道职业阶梯模式

多通道职业阶梯模式是指在用人单位中存在3种或3种以上的职业生涯发展通道，以满足不同类型员工的晋升需求。多通道职业阶梯模式多是将双通道职业阶梯模式中针对专业技术人员的通道划分为多个技术通道，给专业技术人员的职业发展带来了灵活性与更大的发展空间。某药业集团的多通道职业阶梯模式如图2-4所示。

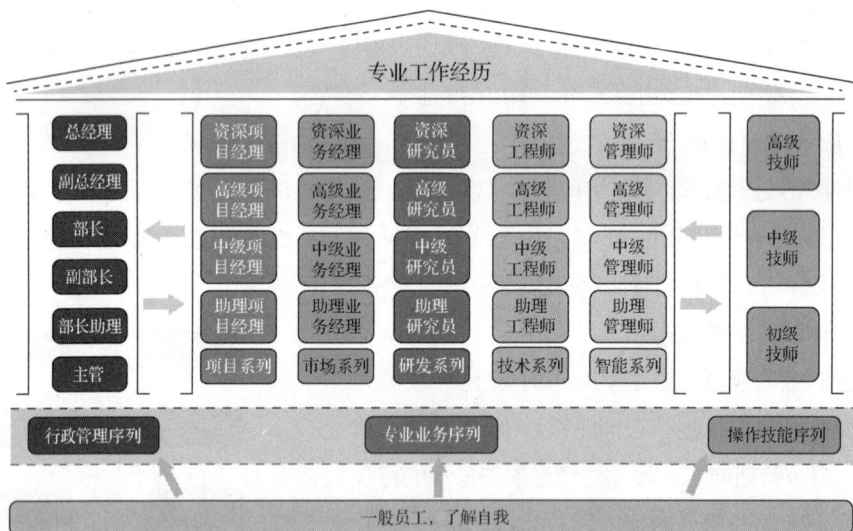

图2-4　某药业集团的多通道职业阶梯模式

在求职的过程中，大学生应当关注用人单位提供的职业发展晋升通道，了解相关信息，以便对未来的工作生活进行更好的安排，对自己的职业生涯进行更好的规划，从而争取获得更好的职业生涯成长与发展。

课堂活动

初步确定自己的职业发展通道

　　下面请同学们根据自己的意愿职业或意愿单位初步确定自己的职业发展通道。这里以会计人员的职业发展通道为例，给大家确定自己的职业发展通道提供参考。

　　会计人员可以从出纳做起，负责办理现金收付和票据结算，签发支票、本票、汇票后送交会计核准并盖印签章，报销差旅费及各项日常费用，登记现金额银行存款日记账，以及其他有关现金出纳有关的业务处理。业务熟练之后，可正式晋升到会计岗位。当然也可以从会计专业毕业之后，直接从事会计工作。

　　如果能及时调整自己的知识结构，培养管理团队的意识，总结成功的经验，不断改进工作中的问题，提高综合素质，会计人员将可以获得进一步的发展。

　　发展通道一：熟悉会计操作和会计核算流程，具备财务筹划技能后，可以成为会计经理。

　　发展通道二：具备一定的财务管理能力和实际操作能力后，可以发展成为财务分析师、预算分析师、核算专员，进而发展成为财务分析经理、预算经理、财务成本控制经理或财务经理。

　　发展通道三：积累一定的经验，熟悉所处行业和企业的业务管理状况之后，可以向审计方向发展，成为审计专员，进而向审计经理发展；也可以转而从事统计工作，成为统计经理。

二、认识职业环境

　　职业世界环境探索是大学生进行职业生涯规划的必然命题，起着承上启下的作用。正确认识社会形势，客观分析职业世界的环境要素，了解所处环境中的各种资源和限制，是大学生进行职业生涯规划的前提。职业环境要素包括社会环境、行业环境、企业环境和岗位环境，大学生需要一一进行分析。

（一）社会环境分析

　　每个人都生活、工作在社会这个大环境中，因此任何行为都会受到社会环境的影响。所以，无论大学生想要做什么，首先都需要对社会这个大环境进行分析。而所谓的社会环境分析，也就是对当前社会中的政治环境、经济环境、科技环境和文化环境等宏观因素进行分析。只有对社会环境进行分析并有了大体的把握后，大学生才能更好地抓住自身发展机会。

　　◆ **政治环境**。政治环境包括政治制度和政策方针。首先，大学生需要熟悉与职业世界有关的法律法规，如《劳动合同法》《就业促进法》等；若自身想要从事的行业职业有特殊的法律法规，则更需要进行研究和理解。其次，大学生需要了解国家和地方的政策方针，不同省市对于人才引进和就业培养的政策方针都不相同，因此，大学生在进行政治环境分析时需要有侧重地对政策方针进行研究。

　　◆ **经济环境**。经济环境包括国家经济发展的水平和所处的阶段、经济制度、国家财政收支情况、收入水平和国际贸易等宏观经济要素。随着全球经济一体化速度的加快和我国市场经济的高速发展，国家对人才有了更高、更严格的要求。因此，大学生要紧跟经济环境的变化速度，了解经济社会对于人才具体的新要求，并以此作为自己日常生活中的学习、培训目标，努力提升自身的知识和技能水平，以适应经济社会发展的需要。

◆ **科技环境**。科学技术的发展日新月异，其对职业的发展起着非常重要的作用。历史上3次科学技术革命的发生，都使职业结构产生了巨大的变化和发展。随着我国科学技术水平的不断提高，很多新兴职业产生了，同时也使得一些职业逐渐消亡。因此，大学生需要时刻关注科技环境的变化，尤其是那些与自身想要从事的行业有关的科技环境。

◆ **文化环境**。文化环境指一个国家从历史上传承下来并经过长期沉淀形成的，对人们的道德观念、价值观和行为习惯等有较大影响的环境。虽然提及文化环境，我们会觉得很抽象，但它实实在在影响着日常生活中的点点滴滴，包括我们的职业生涯。因此，大学生在规划职业生涯时，要认清文化环境对自身的影响和体现，对自己的价值观要有清晰的认识，做出符合自身状况的科学合理的职业生涯规划。

（二）行业环境分析

对行业环境进行分析，也就是要分析行业的发展阶段和未来的发展趋势，以及其在国民经济发展中所占的地位，从而对行业有全方位的了解。一般来说，大学生可以从以下7个方面来对行业环境进行分析。

◆ **该行业的定义**。大学生想要从事某个行业，首先需要全面地了解该行业是什么，也就是了解该行业的定义。不同的人或行业组织对同一个行业的定义不尽相同，因此在了解行业定义时，大学生应集各家所长，这能帮助自己加深对该行业的了解。

◆ **该行业目前所处阶段与前景**。大学生要明确该行业现在是处于萌芽阶段、快速上升发展阶段、平稳阶段还是衰落阶段。一个行业的兴衰是有客观规律的，并不会因人的意志而转移，对于那些处于衰落阶段的行业，大学生要考虑是否值得入行及之后的转行问题。而对于那些正处于萌芽阶段或快速上升发展阶段的行业，大学生要对其前景及发展趋势进行分析，结合其未来的发展确立自身未来的发展目标和方向。

◆ **该行业涉及的领域**。大学生可以根据政府或行业协会对该行业的分类，明确该行业涉及的具体领域范围，如房地产行业涉及房地产经营、房地产中介服务和物业管理等领域。

◆ **该行业对人才的需求与条件**。大学生了解该行业对人才的需求，如对哪些类型的人才需求量大，对哪些类型的人才的需求已经达到饱和。这样，大学生才能更好地进行自己的职业选择。

◆ **该行业具有代表性的公司和人物**。大学生可以对该行业中领先的公司和杰出人物进行详细了解，因为这些公司和个人往往具有该行业突出的特点和优势，通过对他们的了解，大学生可以进一步加深对该行业的总体把握。

◆ **该行业的入行条件**。入行条件指一个职业在发展过程中总结出的对新人员的入行要求，如具体的职业能力、相应的资格证书、某项特定的专业技能等。

◆ **权威人士对该行业的分析和评估**。大学生可以查阅权威人士对该行业的分析与评估报告。这类人士往往对该行业了解得比较透彻，看待行业的发展问题比普通人更具有前瞻性，因此大学生可以借鉴这些人士的分析，来完善自己对该行业环境的认识。

（三）企业环境分析

企业环境分析就是大学生通过理论分析和实际调研来对自己喜欢的企业进行全方位解读，在校期间有针对性地了解企业是大学生踏上职业之旅的重要一步。

1. 企业调研

大学生可以从以下10个方面去了解企业：历史简介（何时成立、对外的介绍是什么），产品服务（核心产品、产品线或服务是什么），经营战略（发展战略、经营策略是什么），组织机构（规模和部门设置是怎样的，都有哪些岗位），企业文化，人力资源战略（校园招聘的途径和职位是什么），薪酬福利（各级待遇是怎样的），人员结构（创始人、现任领导、现任高层、核心员工、目标部门主管和员工、企业以往员工），图片活动，其他文件。

2. 发展阶段

企业的发展如同人的职业生涯发展，也有诞生、成长、壮大、衰退到死亡的过程。一个企业从其诞生到死亡的生产经营活动的全部过程就是企业的生命周期。在生命周期的不同阶段，企业的发展战略、经营方针及人力资源制度都有着不同的特点。企业在不同的发展阶段有不同的特点。

◆ **"开发期"企业**。员工晋升的机会通常较多，短时间可能升到较高位置；但由于企业基础尚不够稳固，势必要承受较大的经营风险。

◆ **"成长前期"企业**。员工的晋升机会较多，但晋升速度略微缓慢。

◆ **"成长后期"企业**。企业的制度和体系具有稳定性，员工短期内难获得晋升或加薪的机会（大企业多处于此阶段）。

◆ **"成熟期"企业**。成熟期企业的人事相对固化，新进员工的晋升机会很少，很可能会长期处在基层职位上。

◆ **"衰退期"企业**。衰退期企业无益于大学生职业生涯的发展，大学生在该类型企业中难以稳定下来并获得相应的报酬和晋升，所以通常不予考虑。

3. 企业选择

当大学生以书写企业调研报告的形式完成对目标企业的调研时，可能会发现自己不喜欢目前所调研的企业，那么大学生就要重新开始企业调研，以确定自己喜欢的企业了。大学生可以通过了解世界500强企业、中国500强企业等方式来确定几个可能喜欢的行业，然后依照行业来选择喜欢的企业。

4. 确定企业

在对企业进行调研后，大学生就可以做出喜欢一个企业的选择了，但在衡量"喜欢"时有以下具体的标准：熟悉企业调查信息，能写作与企业相关的文章，知道企业及其行业的最新活动和进展，能和企业领域的相关人士对话，明确企业的校园招聘信息，喜欢看与企业相关的书，总去参与企业或行业的相关活动，愿意和别人分享你对企业及此领域的看法，愿意去企业工作并确定在企业中的长期发展目标。这些都是确定"喜欢"的一些表现，如果大学生具备3个以上的表现，那么基本上就能确定自己所喜欢的企业了。

（四）岗位环境分析

岗位环境分析是对岗位本身和影响岗位发展的因素进行的调研。岗位是你的阵地，当你要占领一片阵地时，一定要对阵地有全面、准确的了解，而了解的方式就是探索和调研。大学生可以从以下几个方面来进行岗位环境分析。

◆ **岗位描述**。岗位描述主要包括岗位的定义、工作内容及要具备的素质，这是理解岗位的基本内容，具体表现为：这个岗位是什么（岗位的一般定义），这个岗位做什么（核心工作内容—典型的一天工作），这个岗位要具备什么（岗位胜任素质），谁做过和谁在做着这个岗位（过来人的看法）。

◆ **岗位晋升通道**。岗位是在职能的基础上根据具体需要分化产生的，所以在同一部门、同一职能上一定会有多个类似的岗位，而了解这个岗位的晋升通道能为自己的岗位轮换、工作转换、升职等带来很大的方便。大学生对岗位晋升通道的了解包括两方面内容：和这个岗位相关的岗位是什么（为转换发展方向及为轮岗、转换工作做准备）；这个岗位的职业发展通道是什么（岗位的晋升方向）。

◆ **背景下的岗位要求**。岗位的通用要求加上不同背景下的岗位定义构成了岗位的最终描述，大学生在求职时要特别考虑以下因素，因为这些因素是制约你在公司发展的关键。具体因素包括3个方面：不同行业对这个岗位的理解是什么（行业背景下的岗位要求），不同类型企业及企业所处发展阶段对这个岗位的理解是什么（企业背景下的岗位要求），不同领导和上司对这个岗位的理解和要求是什么（人为背景下的岗位要求）。

◆ **个人与岗位的差距**。当大学生综合了解了岗位要求后，就可以进行差距量化和差距补充了。全面、准确地了解自己是量化个人与岗位差距的前提和基础。差距是可以量化的，如组织能力不强、英语口语较好等。如果不对差距进行量化，大学生就不能明确地行动，那么岗位环境分析也就没有针对性。

🔍 **案例**　　　　　　**职业探索不能靠空想**

秦红是某高职院校制冷与空调技术专业2016级学生，该生高考第一志愿报的是计算机应用专业，后来因分数低被调剂到制冷与空调技术专业。刚查询到录取结果时，她心里充满了沮丧，甚至考虑复读。秦红和父母对专业的第一印象就是安装及维修空调，需登高作业，工作危险性高。她认真咨询了学校在转专业方面的规定，带着转专业的愿望去学校报到了。

在入学教育的过程中，专业老师详细解读了制冷与空调技术专业的就业方向，给她带来了希望。专业老师还带她到校企合作企业进行职业体验，看到学长、学姐的工作内容和工作状态，她心里的大石终于落下了，并且对专业越来越感兴趣，专业成绩非常不错。毕业后在老师的推荐下，她在一家知名制冷设备公司担任设计师。

点评 职业探索时，不少大学生对自己所学专业不甚了解，往往通过主观臆断或非权威渠道获得与专业相关的只言片语，对职业产生了一定的误解。专业入学教育可以让大学生对专业及相关职业有感性认识，职业体验、生涯人物访谈、社会实践等活动可以让大学生对职业有全面深刻的理性认识。

（五）职业薪酬体系

工作需要取得回报，对于大学生来说，薪酬水平是选择工作的重要条件，也是认识职业世界的重要内容。

1. 薪酬的组成

薪酬是指在员工在雇佣关系下从事劳动、履行工作职责并完成工作任务后，所获得的各种形式的酬劳。薪酬的组成如表2-14所示。

表2-14 薪酬的组成

直接经济薪酬	间接经济薪酬
工资、薪金、佣金、奖金、红利等	保险、带薪节假日、补助、其他员工福利及特权等

经济薪酬一般由基本薪酬、奖金和福利构成，其中基本薪酬是指企业根据员工所从事的工作或所具备的技能、能力而向员工支付的相对稳定的报酬，是员工稳定的收入来源；奖金是一种浮动薪酬，是企业根据员工的工作绩效或工作目标的完成情况而支付的报酬，往往直接与员工的个人绩效挂钩，福利则是企业向员工支付的、不以员工向企业提供的工作时间为计算单位的、普遍性的非货币报酬。

2. 薪酬体系

对于薪酬，大学生绝不能仅仅关注入职薪酬，还要关注用人单位的薪酬体系，因为薪酬体系会影响后续职业生涯的薪酬变化情况。目前，企业大多采取5种主流的薪酬体系，这些薪酬体系分别具有以下特点。

◆ **基于岗位的薪酬体系**。基于岗位的薪酬体系是以岗位的价值作为支付工资的基础和依据确定员工薪酬。用人单位会事先对岗位本身的价值作出评价，然后再根据评价结果赋予承担这一岗位工作的人与该岗位价值相当的基本工资。

◆ **基于绩效的薪酬体系**。基于绩效的薪酬体系是以员工的工作业绩或劳动效率为依据确定薪酬。用人单位会制订标准，将员工的绩效同制订的标准相比较以确定其绩效工资的额度，形式有计件（工时）工资制、佣金制、年薪制等。

◆ **基于技能的薪酬体系**。基于技能的薪酬体系是以员工所具备的能力或技能作为决定薪酬的根本基础。这种模式认为员工获得薪酬的差异主要来自人本身能力水平的差异，而非职位等级的高低、职位价值的高低。

◆ **基于市场的薪酬体系**。基于市场的薪酬体系是根据市场价格确定企业薪酬水平，根据地区及行业人才市场的薪酬调查结果，来确定岗位员工的具体薪酬水平。

◆ **基于年功的薪酬体系**。基于年功的薪酬体系是一种简单而传统的薪酬制度，它是按照员工为企业服务时间的长短而支付或增加薪酬的一种管理制度；其基本特点是员工的企业工龄越长，工资越高。

课堂活动　　　　　　　**分析自己当前面临的职业环境**

请同学们从社会环境、行业环境、企业环境、岗位环境和职业薪酬体系等职业环境要素，分析自己当前面临的职业环境，将具体分析结果填入表2-15。然后总结有利条件和不利条件，以便合理利用优势条件，避开或调节不利因素。

表2-15　分析自己当前面临的职业环境

职业环境要素	分析
社会环境	
行业环境	
企业环境	
岗位环境	
职业薪酬体系	

第三节　做出职业决策

在对自己和职业有了准确认知后，大学生就能够在此基础上做出科学的职业决策，找到适合自己的职业。职业决策就是个人根据外在环境的特点进行全面探索和分析，从而对职业生涯的规划和发展进行综合考虑，最终制定和选择科学可行的职业发展方案。做出职业决策可以说是职业生涯规划过程中最重要的环节之一，在职业生涯规划的过程中起着导向性作用。

一、职业决策的影响因素

想要使职业决策科学合理，大学生首先应该认识影响职业决策的诸多因素，然后根据自己的实际条件，遵循一定的原则做出自己的职业决策。在此过程中，大学生对影响因素的认识和对原则的遵循缺一不可。

职业决策之所以受到多方面因素的影响，是因为个人与环境之间的关系是高度复杂的，个人对环境及对自身因素的判断与取舍，限制着其职业生涯发展的空间和高度。因此，大学生应该分析清楚职业决策的影响因素，以适应时代环境的整体发展趋势。

（一）个人因素

大学生是职业生涯规划的主体，在进行职业生涯规划的过程中，个人因素起着决定性作用。大学生在做职业决策时，一般会受个人的综合能力和素质、个人的经济需求的影响，其中也不乏个人身心即时状态等的影响。

1. 个人的综合能力和素质

个人的知识水平、道德修养及各种能力是社会发展的一般要求，在现今的知识经济社会中，增强个人的综合能力和素质尤为迫切，具体包括以下4个方面。

◆ **内在涵养**。个人修养、道德水平和文化涵养等内在层面，一般可概括为心理素质、文化素质，以及在体育、文艺、美术、音乐等方面的特长或天赋。

◆ **职业能力**。职业能力包括表达能力、处世能力、组织能力和办公效率，以及语言能力、公关能力和社交能力等。

◆ **决断能力**。决断能力包括认知能力、分析能力、逻辑思维和解决问题的能力等。

◆ **创造能力**。创造能力指敏锐与独特的观察力、活跃的思维能力和实践创新能力等。

当然，大学生通过有针对性的学习和提升，还能有效提升个人的决策能力。例如，通过专门的计算机操作的学习，大学生可以有效提升个人在软件开发和设计方面的兴趣和能力，从而促使职业决策往计算机领域靠拢，个人也更容易做出决策。但是，大学生更应该从根源上认识自身的综合素质，以加强对职业决策的宏观掌控。在进行职业生涯规划的过程中，大学生需要配合自身各个方面能力的发现和提升，做出最佳的职业决策。

2. 个人的经济需求

职业报酬决定人们的生活水平和事业发展的空间，在很大程度上影响着个人的精神生活和社会成就感。因此，经济收益是职业决策过程中应该考虑的重要因素。在进行职业生涯规划的过程中，大学生应在职业方向的选择上适当追求经济收入，以满足生活和发展需求。在做职业决策时，大学生要避免将来的经济收入不能满足实际需要的情况发生。

3. 个人身心的即时状态

在进行职业决策的过程中，每个人都会遇到各种各样的问题和障碍。要做出科学合理的决策，就需要保证个人的身体、情绪和精神都处于较佳状态。大学生处于快速成长阶段，身心状态容易发生较大的波动，面对职业决策这一人生重大选择时，可能会感到极大的压力和迷惘。所以在决定职业发展方向的过程中，大学生要及时调整好个人状态，处理好个人与职业生涯规划之间的矛盾，把握好个人的前途。

（二）社会因素

社会环境中的政治经济形式、产业结构变化和流行的价值观念，会形成不同的经济、历史和文化等社会条件，从而给个体带来不同的职业信息，这无疑会在不经意间给个体造成重大的影响。可见，与职业环境相关的社会因素，也是影响个体做出职业决策的因素。因此，大学生需要结合社会声望、政治因素及地域因素进行考虑，并根据实际情况适时调整策略，以满足职业生涯的整体发展要求。

◆ **社会声望**。职业的社会声望会对人们的价值观造成强烈的冲击，因此社会声望是影响个体做出职业决策的主要社会因素。社会声望潜移默化地影响着大学生的职业认知，包括大学生的职业观念、思维方式、价值取向。虽然追求社会声望无可厚非，但大学生应该充分了解自己的实际情况，避免因过分追求社会声望高的职业，而对职业生涯的整体规划造成不良影响。

◆ **政治因素**。从社会整体大环境来看，很多行业的未来发展趋势和政策导向是密切相关的，国家的政治和政策对大学生的职业决策有着不可忽视的影响。政治制度与经济是相互影响的，国家政策影响着一国的经济体制，而经济体制决定着企业的组织体制和发展状况，从而影响着个人的职业发展方向。

◆ **地域因素**。地域因素是大学生进行职业决策时需要考虑的一个重要因素。总体来讲，市场化水平和经济增长水平相对较高的长江三角洲区域、珠江三角洲区域和环渤海区域是大学生职业生涯发展的主要阵地。由此可见，地域因素对职业生涯规划的影响是普遍存在的，大学生在做职业决策时，应该结合区域经济的发展状况，选择或制定更加贴近自身状况的发展方案，以实现职业生涯良好有序地发展。

（三）其他因素

人们做出职业决策的能力是不断成长的，在职业决策的所有影响因素当中，除了个人因素和社会因素，还有家庭环境和教育环境的影响。充分整合影响职业决策的各个因素，有利于提高职业决策的合理性。

◆ **家庭环境**。家庭是造就个人素质、影响人生发展的重要因素之一，对个人制订职业生涯规划起着举足轻重的作用。一个人的价值观和行为模式的形成往往受家庭的潜移默化的影响，家庭经济状况、长辈的期望等都会对个人在择业、职业转换等方面产生很大影响。

◆ **教育环境**。个人受教育的层次不同，形成的知识结构、能力结构和职业素质结构也会有所不同，从而使个人形成不同的思维模式，进而影响到职业生涯规划的质量。另外，学校的软硬件配套也将影响个人职业生涯规划的实施。

大学生的能力和价值观是在实际的工作和学习中不断完善的，参考和借鉴就是一个学习和成长的过程。然而，每个人的具体条件和面临的环境因素是复杂多样的，不可能存在相同的职业生涯。在了解别人的成长历程和发展轨迹的过程中，我们不仅要借鉴他们的成功经历，而且应该多总结别人失败的原因，这样会有利于我们职业生涯的轨迹稳定和健康发展。在借鉴的过程中我们一定不能生搬硬套，而是要善于学习和利用他人正确的观点和办法，克服不利的影响因素，从而探索出最适合自己的发展方向和途径，这才是实现最佳职业决策的途径。

二、职业决策的方法

职业决策与大多数即时决策不同，这个过程中没有固定的选项和思维模式，所以，具体做出的选择在现实条件和要求之间可能存在不同程度的冲突。因此，大学生需要使用科学的方法，在现实条件和自身愿望中不断权衡，调和两者的冲突，以得到能够接受的职业决策。

（一）"5W"分析法

"5W"分析法是职业决策过程中经常采用的方法。国内外很多专业的职业咨询机构在辅助个人进行职业生涯规划时，通常采用提问的方式，协助个人逐次进行筛选。在实际运用中，个人依次回答下列5个问题并找到它们的交集，就可以确定职业生涯规划的大体方向。

Who am I?	我是谁？
What do I want?	我想做什么？
What can I do?	我能够做什么？
What can support me?	环境支持或允许我做什么？
What can I be in the end?	我最终的职业目标是什么？

在不同的情况或个体间，具体的提问内容可能有所差异，但大体的方向和原则是一致的，此处可以将这些问题分解成以下内容。

◆ **个人特征**。根据自身状况进行感知，这需要大学生对自己有一个清晰而深刻的认识，把个人的性格特征、特长、能力等方面的优势挖掘出来，从而可以更加清晰地明确职业目标范围。

◆ **个人兴趣**。虽然随着年龄和经历的增长，每个人在不同阶段的兴趣不完全相同，但兴趣对职业的发展有导向作用是毋庸置疑的，因而可据此来锁定一个人的职业发展方向。

◆ **个人潜能**。大学生除了要考虑个人的特征和兴趣等因素，对自身潜在能力的分析和预测也十分重要。职业的成功依赖于个人的能力，但职业发展的空间往往受个人潜能的限制。通过对个人潜能的考察，大学生可以进一步缩小职业决策的目标范围。

◆ **环境许可**。职业的发展与环境相适宜是十分必要的，大学生需考虑影响职业环境的各种因素，从政治环境、经济环境、法制环境、科技环境和文化环境等方面进行综合考量。

◆ **职业目标**。根据前4个方面进行筛选，大学生已经将可能的职业决策范围进一步缩小，这时候就需要有一个明确的目标来指引职业生涯规划的实施，从而确立个人职业生涯发展的最佳方向。

通过上述分析，大学生可以逐步缩小职业决策范围，结合实现过程中的各种条件，从而找到适合自己的最佳职业目标。在实际运用的过程中，大学生可以借助表2-16所示的表格，通过项目展现的形式回答每个问题，以找出它们之间的交集。

表2-16 "5W"分析法职业项目表

项目	个人特征	个人兴趣	个人潜能	环境许可	职业目标
符合条件的职业项目					
职业项目的交集					

（二）SWOT分析法

SWOT分析法是市场管理和营销中经常使用的决策方法，该方法通过对自身的优势（Strength）、劣势（Weakness）、机会（Opportunity）和威胁（Threat）进行分析判断来做出决策。因其兼顾内外因素（S、W为内部因素，O、T为外部因素），所以能够很好地将个人目标、个人条件和外部环境有机结合起来。其分析示意图如图2-5所示。

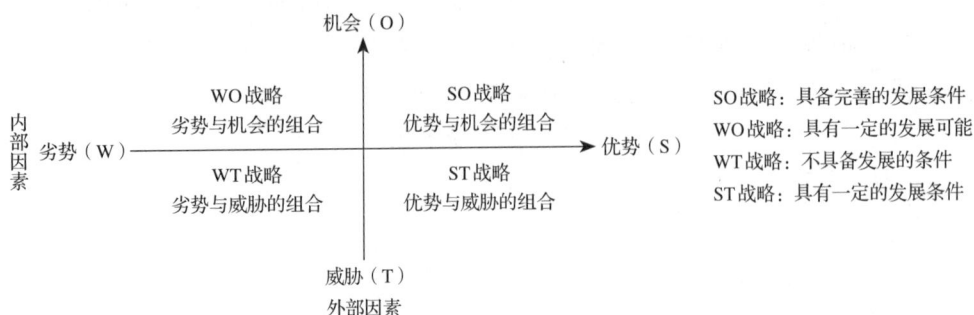

图2-5　SWOT分析示意图

1. SWOT分析法的作用

SWOT分析法具有两个维度，即内部因素的优势（S）、劣势（W）和外部因素的机会（O）、威胁（T）。运用SWOT分析法，大学生可以直观地找出对个人有利的、值得发扬的因素，以及对自己不利的、要避免的因素，从而快速地发现机会与优势的契合点，对契合点进行相应的分析，明确自身的发展方向。

根据SWOT分析法的结论，大学生还可以将问题按轻重缓急分类，明确哪些事情急需解决，哪些事情可以容后再议，哪些事情属于战略上的障碍，哪些事情属于战术上的问题。将这些需要研究的对象一一列举出来，即可形成如表2-17所示的SWOT分析表，然后用系统分析的方法把各种因素组合起来进行分析。

表2-17　SWOT分析表

个人存在的优势（S）	个人存在的劣势（W）
实际的机会（O）	潜在的威胁（T）

2. SWOT分析法的应用

大学生在实际应用SWOT分析法进行职业决策的过程中，可按照以下4个步骤进行。

◆ **评估自己的优劣势**。发现劣势与发现优势同等重要，大学生应根据个人的价值观、性格、兴趣和能力，在找出自身优势的同时，深入了解自己的缺陷与不足。这样做的作用与意义有两点：一是放弃那些不擅长的、技能要求不易达到的职业；二是规避自身的缺陷与短板，在完善自我的过程中提高自身素质。

◆ **分析机会和威胁**。大学生通过对个人所处的环境和情况进行全面、系统、准确的研究，能够分析自己可能会面临的职业机会和威胁。机会和威胁是并存的，且会在很大程度上影响职业生涯的发展，而对外界因素的分析和认识是大学生分析机会和威胁的必要条件和途径。

◆ **确立职业目标**。确立自己的中长期职业目标，从而根据目标制定相应的发展战略、计划及对策等。职业目标是职业者竭尽所能想要达到的理想位置，这就需要职业者充分利用外界环境和行业环境提供的优势，把自己的职业目标具体化。例如，大学生可以把职位的大小、薪资的高低或具体创造的社会价值和财富的多少进行量化，以进一步解决个体与外界环境之间的矛盾，从而找到最优的职业发展途径。

◆ **对职业目标进行论证**。大学生应对职业目标的可能性和可行性做系统的论证。大学生需要为上一步中所列出的职业目标制订一份具体的行动计划，并结合SWOT分析法得出的内外因素，详细论证达成这些目标的可能性，然后结合自身情况对职业计划和行动进行理性的分析。大学生在了解实现该职业目标需要的能力后，便可从实际出发，判断满足和达到这些条件的可能性。

（三）决策平衡单

职业决策的目的实际是为了平衡多方利弊，并最终做出符合自身利益的决断。而决策平衡单正是针对这一特点，根据个人的利益和需求，直接对预备选项进行筛选的方法。决策平衡单直接筛选预备选项，有效地针对了在职业选择过程中大学生游移不定的心理，因此被广泛应用于实际问题的解决和职业咨询中。前面提到的职业决策方法，都可以运用决策平衡单来进行最后的评估和筛选。

决策平衡单的主体框架包括内在物质层面的得失、外在物质层面的得失、自我赞许与否和社会赞许与否4个项目，运用起来简单直观。在实际运用中，因为"自我赞许与否"和"社会赞许与否"显得比较笼统，所以我们可以将这两项改为"内在精神层面的得失"与"外在精神层面的得失"，如表2-18所示。决策平衡单实际上是从"内在－外在""物质－精神"这两个维度进行考虑。

表2-18　决策平衡单

项目		权重系数	职业1：得分	职业2：得分	职业3：得分	职业4：得分
内在物质层面的得失	1. 经济收入					
	2. 升迁机会					
	3. 办公条件					
	4. 福利待遇					
	5. 休闲时间					
	6. 其他					
外在物质层面的得失	1. 家庭的经济利益					
	2. 对家庭生活的影响					
	3. 社会资源的获取					
	4. 家庭社会地位					
	5. 其他					

续表

项目		权重系数	职业1：得分	职业2：得分	职业3：得分	职业4：得分
内在精神层面的得失	1. 兴趣一致性					
	2. 个性的适应性					
	3. 价值观的契合度					
	4. 个人精神世界的发展					
	5. 其他					
外在精神层面的得失	1. 家庭关系的维系					
	2. 友谊的联络和维系					
	3. 社会关系的培养					
	4. 其他					

　　经过初步的职业筛选，大学生可以具体地对每个职业选项进行分析，分析各个方案实施后的利弊得失，结合自己在物质和精神层面的利弊，排列出各个预备选项的先后顺序，从而得出最优的结果。

　　决策平衡单的具体使用步骤如下。

　　◆ **列出预备的职业选项**。大学生需要列出有评估价值的预备职业选项。

　　◆ **各项考虑因素的加权计分**。大学生需要根据自身的实际情况进行考量，对各个项目的重要性进行权衡，即根据该项目的重要程度分别设定1~5的权重系数，进行加权计分。

　　◆ **判断各个职业选项的利弊**。大学生需要根据各个预备职业选项在物质和精神上的利弊，逐一检视各个职业选项，用0~10的分值来给各个职业选项在对应项目下的表现打分。

　　◆ **计算出各个职业选项的总分**。大学生需要结合各个项目的权重系数，计算出各个职业选项的加权总分。

　　◆ **排列出各个职业选项的优先顺序**。大学生需要依据各个职业选项的总分高低，排列出各个职业选项的优先顺序。职业选项的优先顺序可作为大学生做出职业生涯决策的依据。

🔍 案例　　**科学方法助力职业决策**

　　李云是某高职院校学生，毕业于文秘专业，在校期间成绩优异，多次获得校奖学金。李云担任过学生干部，工作表现也很突出，曾获得校优秀学生干部荣誉称号和三好学生称号，是一名中共党员。在校期间，李云多次参加专业实习，曾在某大型公司中实习过两个月，毕业后想进入一家知名的人力资源公司从事人事管理工作。李云在上完职业生涯规划课后，想要利用SWOT分析法做出更好的决策和准备。在正确的职业生涯规划指导下，李云找到了自己比较满意的人力资源管理行业中的工作。

张鹏是某高职院校旅游管理专业的在校学生，他从小就对旅游很感兴趣，性格外向，但大一入校以后一开始也很迷茫。为了更好地帮助自己，张鹏通过学习职业生涯规划，利用老师在职业生涯规划课中讲解的决策平衡单的方法，为自己的未来做出了更加科学合理的分析。最终依靠这次分析，他后续在求职过程中找到了满意的工作，目前已经成为旅游公司的专职旅游定制师。

点评　案例中两位同学通过多方面探索，并利用以上SWOT分析法和决策平衡单帮助自己做出了科学的职业决策，取得了满意的结果。

课堂活动　　制订职业决策方案

在本节中，我们已经学习了3种进行职业决策的方法和策略。现在，让我们一起来制定自己的职业决策方案。

（1）运用"5W"分析法确定自己的职业目标，具体操作可参考表2-15。

（2）运用SWOT分析法分析自己的优势和劣势、环境中的机会与威胁，具体操作可参考表2-16。

（3）根据（1）和（2）中的分析结果，确定自己的备选职业，通常备选职业应不超过5个。

（4）利用决策平衡单来评价这些所有的备选职业，并将其中总分最高的作为目标职业，具体操作可参考表2-17。

第四节　进行职业生涯规划

完成了对自己、对职业的认识，做好了职业决策，大学生就可以开始着手制订和实施自己的职业生涯规划了。大学生首先要从现在开始，规划好自己的学习生活，在大学里不断提升自己，为职业发展做准备，还需要为自己未来的职业生涯画好蓝图。

一、做好学业规划

学习生涯是职业生涯的准备，职业生涯是学习生涯的延续。大学时期是职业生涯规划的萌芽时期，对大学生的职业发展来说至关重要。大学生必须对自己的学业进行有效的管理，夯实自己的学业知识技能基础，同时培养自身能力，打造自己的核心竞争力，以便在就业时增强自身就业竞争力，这样才能获得更好的职业发展。

（一）培养学习兴趣

学业规划的重点在于学生最基本的任务之一——学习。俗话说，"兴趣是最好的老师"，只有大学生对学习产生兴趣才会产生驱动力，驱使自己去学习、去探索。在最开始培养学习兴趣的过程中，大学生可以想想父母对自己的期望、专业势态的良好发展、杰出校友取得的成绩以及自身就业优势等方面，先从外部获得一部分学习的动力，进而在学习过程当中始终保持积极乐观的态度。

大学生要善于发现学习的乐趣，当学习遇到困难时，不要急于放弃或寻求帮助，而要勇于挑战，享受战胜困难的快感。久而久之，大学生就会不知不觉地爱上学习，变得勤奋有毅力，学习效率也会变高。

（二）确定学习目标

学习需要目标，有一个切实可行的学习目标可以防止我们在学习过程中感到迷茫。确定学习目标时，大学生可以分别确定长期学习目标和阶段学习目标。长期学习目标是指你在大学4年期间学习的总目标，阶段学习目标可以以一学期或一学年来作为阶段划分的时限。

确定的学习目标要符合大学生的能力、兴趣、所学专业等情况，不要脱离实际。学习目标越详细越好，比如长期学习目标不要宽泛地设置为拿到学位、提高自身水平，而应该设置为毕业时平均成绩在85分以上，阅读过30本和专业相关的书籍，参加过8次校内外实践活动等。这既是一个详细的目标设定过程，同时大学生也给自己的学习目标完成情况确立了评估标准。

（三）制订学习计划

在确定了学习目标之后，大学生应该制订相应的学习计划来实现这个目标。学习计划一般针对阶段学习目标来制订。阶段学习目标有各自的重点和难点，如大一时应该尽快适应学校生活，在学好学校公共基础课的同时，打好专业学科知识的学习基础，还要适当根据自己的兴趣爱好参加一些社团组织或参选班干部、学生会干事等；而大二则需要强化对专业知识的学习，并且开始准备英语四级考试等。

因此，大学生要针对各阶段的重点来制订自己的学习计划。下面是小杨同学在大二上学期针对英语四级考试制订的复习计划，如表2-19所示。

表2-19　小杨同学的英语四级考试复习计划

月份	学习内容
9月	买一本专门的四级单词书，每天背诵60个单词 买一本四级完形填空训练题集，每周完成3篇完形填空的训练 每周看1~2部英文电影，练习自己的听力
10月	在9月学习内容的基础上，增强对阅读理解题型的练习。买一本四级英语美文阅读，每周完成3篇美文阅读练习，熟读并背诵精美句子
11月	在9月和10月学习内容的基础上，增加对作文写作的训练。每周练习两篇作文写作，并购买一本四级英语作文范文书，熟读且背诵其中优秀的范文和句子
12月	进行查漏补缺，每天做一套真题试卷或模拟试卷

在制订完学习计划过后，大学生需要具体安排时间来执行。这时候就需要详细地布置每周的学习任务，制作周学习计划。制作周学习计划的好处在于可以保证每天的学习任务有秩序地开展，减少紧张与忙乱，同时也能加强对自身行为的引导和对意志的控制，减少学习过程中的懒散和随意。目标的具体与明朗化，也能够让大学生以热情饱满的态度投身于实现该目标的过程当中，有助于大学生高效地解决问题和完成任务。

案例

计划很好，但执行更重要

吴钰是某高职院校一名环境艺术设计专业的学生，她刚入校就制订了学习计划，希望学好专业课之余努力学习专转本知识，参加专转本考试以提升学历。大一大二时，吴钰认为准备专转本考试还早，就和舍友一起用课余时间刷剧、逛街、聊天，觉得时间还很充足。转眼大二结束，暑期吴钰开始着手备考，自学时发现自律性不够、学习能力不强，加上自己的专业课知识学得不扎实，学习很吃力，一度想放弃。接下来吴钰就开启"三天打鱼两天晒网"的学习模式，结果可想而知，吴钰没有成功。

张颖是某高职院校商检技术专业的学生，在专科毕业、自学考试本科毕业的同时，她还考取了江苏大学"美术史论"专业硕士研究生，仅用3年时间就完成了从专科生到本科生再到研究生的"变身"。张颖对升学政策的了解以及自我时间的管理是她成功的法宝。专科学生考研的前提是必须通过本科自考，因此对自考的时间节点的把握尤其重要。张颖刚入校就制订了学习计划，在学好专业知识的同时为考研做准备。大三上学期，张颖递交毕业论文答辩申请并成功通过了论文答辩。大三下学期，张颖在学校教务处申请开具预毕业证明，同时参加研究生考试。大三毕业季，张颖在专科毕业、自学考试本科毕业的同时，拿到研究生录取通知书。

点评 两位大学生都在进校初期就制订了学习计划，但二者最终的境遇大相径庭。吴钰受外部环境的干扰，自律性不强，加上自身的拖延，没能落实自己的学习计划，最终未能成功专转本；而张颖很好地落实了自己的学习计划，取得了成功。

周学习计划表的时间段一般根据各个学校的上课时间段进行划分，这样既可以清楚地知道自己每天上课的时间，也能对空闲时间一目了然，然后大学生可以根据自身状况合理安排学习计划，如清晨适合背书朗诵，晚上适合做题或看英语电影等。不过，在设计周学习计划表的时候，同学们不必把每天每个时间段都安排得很满，要给自己留一定的调整空间来防止意外情况的出现；还要每周对自己的学习计划进行反思总结，看看自己哪些任务没有完成、为什么没有完成以及如何解决这一问题。通过当周的完成情况对下周的学习计划做出调整修改，大学生能使自己每天都处于井然有序的生活中，让自己感受到生活的充实，并时刻对学习保持十分饱满的热情。

（四）总结学习方法

在平时的学习生活中，大家能发现这么一个现象：有些同学平时认认真真听讲，努力完成老师布置的作业，可是考试成绩总是不太理想；而有的同学平时学习并不是特别努力，但是学习成绩却十分优异。

正确的学习方法对每个人来说都十分重要，以下是一些常用的学习方法，希望对大学生探寻适合自身的学习方法有一定的帮助。

◆ **问题学习法**。问题学习法是以提出问题、分析问题、解决问题为线索，在预习的时候，学生先翻阅课后练习题，带着问题去学习，使学习方向有明确的指向性。

◆ **目标学习法**。目标学习法是美国心理学家布卢姆所倡导的学习方法。该学习方法需要首先明确学习目标，其核心在于必须形成自我测验、自我矫正和自我补救的自我约束习惯。目标学习法能让学生在学习过程中明确学习重点，增强学习的注意力。

◆ **联系学习法**。知识之间存在普遍的联系，在学习的过程中，学生不要把所有的知识按板块划分，而应该将前后的知识融会贯通、联系起来，这样才能确保知识体系的完整性和连贯性，避免出现因死记硬背造成的"知识断点"问题。

◆ **归纳学习法**。归纳学习法是指将所学习的内容按不同属性加以归纳，然后分门别类地记住这些内容及其属性的学习方法。比如，在学英语语法的时候，我们经常采用归纳学习法来记忆。

◆ **合作学习法**。学生可以和几个同学组成学习小组，大家互相监督。正所谓"三人行，必有我师焉"，大家互相取长补短，共同进步；并且在学习时，还能培养和提升自身的语言表达能力和人际交往能力。

在如今科学技术快速发展的时代里，各个学科日趋融合，社会对人才的需求也随之发生了变化，拥有多种专业学科基本知识技能的人才越来越受到用人单位的青睐，这种人才被称为复合型人才。因此，想要增强自己的就业竞争力，大学生就应该做好自身的学业规划，将自己培养为复合型人才，以满足企业和社会的需要。

🔍 案例　　　　　**加入科研项目，提升学习效果**

李曦是某高职院校2018级物联网应用技术专业的学生。刚入校时，李曦对专业也不是很了解，很担心自己无法适应学习，无法学好专业知识。通过开学专业教育，李曦对专业的主干课程、就业方向等有了初步了解。为了保证自己的学习效果，他主动提出加入专业导师的科研项目，进入智能机器人团队，专业导师考虑再三，答应了他的请求。

进入智能机器人团队后，李曦不仅上课认真，而且课余时间几乎都在实验室里学习代码和硬件连线，希望学会用代码控制机器人。组装智能车时，他一次次试运行失败，一次次查找原因，再一次次改变代码设置，还给智能车增添了很多功能，如远程无线控制、视角实时传播、镜头识别颜色等，俨然成了本专业的"专家"。

2020年，李曦和团队一起获得了专业技能竞赛全国总决赛学生组一等奖，个人完成了一篇省级刊物论文，获得了两个计算机软件著作权，彰显了新时代青年的工匠精神。也正因为个人的不懈努力和出色表现，李曦实习期间就被一家知名物联网企业录用。

点评　要想学好专业知识，加入专业导师的科研项目是一个理想的方法。加入科研项目后，项目的高要求会倒逼大学生学好专业课，同时也便于大学生对专业知识的实践和应用。在本案例中，李曦在智能机器人团队中的工作对其学习掌握专业知识就起到了重要作用。

二、确立职业生涯目标

职业生涯目标是个体一生的职业发展方向、设想和希望达到的具体目标。设立明确的、符合大学生期望的职业生涯目标，有利于大学生主动、自发地朝着目标努力。同时，职业生涯目标是否合适，也将在很大程度上影响职业生涯规划的完成情况。

（一）职业生涯目标概述

职业生涯目标是个体在职业生涯中期望达成的成就，是人生目标的具体化。美国麻省理工学院斯隆商学院教授、职业心理学家艾德佳·沙因（Edgar Schein）最早把职业生涯分为外职业生涯和内职业生涯，因此职业生涯目标也可分为外职业生涯目标和内职业生涯目标。

◆ **外职业生涯目标**。外职业生涯目标一般包括工作单位、工作内容、工作地点、工作环境及薪资目标等内容，通常是不可控的。在职业生涯初期，由于职业能力有待提升，外职业生涯目标往往不容易被满足，使得一些刚毕业的大学生容易产生挫败感。同时，这也容易让部分大学生将外职业生涯目标视作职业生涯目标的全部。

◆ **内职业生涯目标**。内职业生涯目标指从事某项职业时所要具备的知识、经验、技能、心理素质及内心感受等因素的组合及其变化过程。内职业生涯目标是可控的，它可以随着大学生的自身努力而变化。内职业生涯目标常被忽略，但它是实现外职业生涯目标的前提，所以大学生应该努力实现自身的内职业生涯目标。

不论是外职业生涯目标还是内职业生涯目标，都对大学生的职业生涯有重大的影响。对于即将步入职业世界的大学生而言，职业生涯目标具有以下3个方面的作用。

◆ **方向作用**。职业生涯目标代表着大学生职业发展的最高成就，它是建立在充分认识自己、了解职业的基础之上的，是大学生成熟、理性、有责任感以及有强烈进取意识的集中反映。

◆ **激励作用**。职业生涯目标是大学生职业发展的不竭动力和指路航标，它激励着大学生克服重重困难、抵御各种干扰与诱惑，向着明确的方向不懈地前进，直到实现目标。

◆ **约束作用**。一个人事业的成败很大程度上取决于其有无正确、适当的职业生涯目标。正确、适当的职业生涯目标会时刻提醒大学生努力奋发、不断拼搏。

案例　　　追求目标，改变自我

张鹏是某高职院校国贸专业的学生，刚进校园时，他腼腆羞怯，不敢在人前讲话，但他内心很渴望改变现状，希望利用3年大学时光让自己成为一名自信、幽默、健谈、给别人带去欢乐的人，于是他去请教了辅导员。了解张鹏的情况后，辅导员结合其期望、家庭环境、兴趣等自身条件，指导他制订了一个"大胆"的职业生涯目标——成为一名脱口秀演员，同时帮助他规划了实施路径：一年级参加表演社团，积累舞台表演经验；二年级参加各类技能竞赛，在竞赛中锻炼自己；三年级尝试参加商业性质的脱口秀表演。

张鹏根据此实施路径撰写了一份职业生涯规划书，包含了对自己兴趣爱好的测评分析、脱口秀演员职业探索和调研、近10年的实施计划及职业生涯评估等内容。之后，张鹏按照制定的实施路径，脚踏实地往前走。大一，他参加了话剧社，努力排练；大二，他积极参加江苏省"互联网+"创新创业大赛、江苏省大学生职业规划大赛，并取得了优异成绩。现在，他经常活跃于各类脱口秀舞台，提前实现了自己的职业生涯目标。

点评　一方面，张鹏一进校门就有明确的目标——改变自己，并勇于面对自己的缺点，积极寻求辅导员的帮助。另一方面，在辅导员的指导下，张鹏根据自身条件制定了职业生涯目标，并通过科学的方法、清晰的路径、切实的行动成长为理想中的自己，实现了人生价值。

（二）职业生涯目标的确立原则

只有科学、合理、适合大学生的职业生涯目标才能够发挥其作用，太高的目标会磨灭大学生的意志，过低的目标则会让个别大学生倦怠。要保证职业生涯目标的科学性，大学生在确立职业生涯目标时需要遵循一定的原则。SMART原则被广泛运用于职业生涯目标的确立，具备很强的可操作性，其具体要求如下。

◆ **明确性（Specific）**。目标务必清晰而具体，要能明确描述出每一项工作职责所需要完成的行动，并充分了解每一个行动的目的，不能含糊不清。例如"我要挣很多钱"这样的目标显然就是模糊的，而"我要成为上市公司总裁"这个目标就相对明确。

◆ **可衡量性（Measurable）**。大学生要设定一组明确的数据，以此作为衡量目标完成进度的依据。如果制定的目标没有办法进行衡量，就无法判断这个目标能否实现。例如"我要挣很多钱"这个目标就不好衡量，而"我要实现年薪百万"这个目标就很好衡量。

◆ **可达成性（Attainable）**。目标的确立不能超过大学生自身的能力范围，既不能太容易，也不能难以达成，否则就没有意义。

◆ **相关性（Realistic）**。相关性指此目标与其他目标的关联情况，如"考取英语等级证书"和"从事对外贸易工作"这两个目标的相关性就很高。如果一个目标与其他的目标完全不相关，或者相关性很低，那即便达成了此目标，意义也不是很大。

◆ **时限性（Time-based）**。目标应有时间限制，这样才能提高效率，否则就容易出现"一拖再拖"、最终也没有完成的情况。

课堂活动　　　　　**寻找自己的职业锚**

职业锚是指当一个人不得不做出选择的时候，他无论如何都不会放弃的职业中那些至关重要的东西或价值观，也称职业系留点。了解自己的职业锚有利于大学生更有效地确立职业生涯目标。下面给出了40个问题，请根据你的实际情况，从"1~6"中选择一个数字来回答问题。数字越大，表示该描述越符合你的实际情况。

1. 我希望做我擅长的工作，这样我的内行建议可以不断被采纳。

2. 当我整合并管理其他人的工作时，我非常有成就感。

3. 我希望我的工作能让我用自己的方式，按自己的计划去开展。

4. 对我而言，安定与稳定比自由和自主更重要。

5. 我一直在寻找可以让我创立自己事业（公司）的创意（点子）。

6. 我认为只有对社会做出真正贡献的职业才算是成功的职业。

7. 在工作中，我希望去解决那些有挑战性的问题，并且获得成功。

8. 我宁愿离开公司，也不愿从事需要个人和家庭做出一定牺牲的工作。

9. 将技术和专业水平发展到一个更具有竞争力的层次是我在职业方面成功的必要条件。

10. 我希望能够管理一个大的公司（组织），我的决策将会影响许多人。

11. 如果职业允许我自由地决定自己的工作内容、计划、过程，我会非常满意。

12. 如果工作的结果使我丧失了自己在组织中的安全稳定感，我宁愿离开这个工作岗位。

13. 对我而言，创办自己的公司比在其他公司中争取一个高的管理职位更有意义。

14. 我的职业满足感来自我可以用自己的才能去为他人提供服务。

15. 我认为职业的成就感来自克服自己面临的非常有挑战性的困难。

16. 我希望我的职业能够兼顾个人、家庭和工作的需要。

17. 对我而言，在我喜欢的专业领域内做资深专家比当总经理更具有吸引力。

18. 只有在我成为公司的总经理后，我才认为自己的职业人生是成功的。

19. 成功的职业应该允许我有完全的自主与自由。

20. 我愿意在能给我安全感、稳定感的公司中工作。

21. 当通过自己的努力或想法完成工作时，我的工作成就感最强。

22. 对我而言，利用自己的才能使这个世界变得更适合生活或居住，比争取一个高的管理职位更重要。

23. 当我解决了看上去不可能解决的问题，或者在必输无疑的竞赛中胜出时，我会非常有成就感。

24. 我认为只有很好地平衡个人、家庭、职业三者之间的关系，生活才能算是成功的。

25. 我宁愿离开公司，也不愿频繁地做那些不属于我专业领域的工作。

26. 做一个全面管理者比在我喜欢的专业领域内做资深专家对我更有吸引力。

27. 对我而言，用我自己的方式不受约束地完成工作，比安全、稳定更加重要。

28. 只有当我的收入和工作有保障时，我才会对工作感到满意。

29. 在我的职业生涯中，如果我能成功地创造或实现完全属于自己的产品或点子，我会感到非常成功。

30. 我希望从事对人类和社会真正有贡献的工作。

31. 我希望工作中有很多的机会，可以不断提升我解决问题的能力（或竞争力）。

32. 对我而言，能很好地平衡个人生活与工作，比获得一个高的管理职位更重要。

33. 如果在工作中能经常用到我特别的技巧和才能，我会感到特别满意。

34. 我宁愿离开公司，也不愿意接受让我离开全面管理的工作

35. 我宁愿离开公司，也不愿意接受约束我的自由和自主控制权的工作。

36. 我希望有一份让我有安全感和稳定感的工作。

37. 我梦想着创建属于自己的事业。

38. 如果工作限制了我为他人提供帮助或服务，我宁愿离开公司。

39. 我认为去解决那些几乎无法解决的难题，比获得一个高的管理职位更有意义。

40. 我一直在寻找一份能最小化个人和家庭之间冲突的工作。

重新看一下你给分较高的描述，从中挑出与你日常想法最为吻合的3个，在原来评分的基础上，将这3个题目的得分再各加上4分，然后将所有的分数填入表2–20中。

表2–20　职业锚测试得分表

职能型	得分	管理型	得分	独立型	得分	稳定型	得分	创业型	得分	服务型	得分	挑战型	得分	生活型	得分
1		2		3		4		5		6		7		8	
9		10		11		12		13		14		15		16	
17		18		19		20		21		22		23		24	
25		26		27		28		29		30		31		32	
33		34		35		36		37		38		39		40	

在表2-20中，每一列的题目都属于同一职业锚类型，将每列的平均分计算出来，得分最高的一列就是测试者的职业锚类型。扫描右侧二维码，即可查看自己的职业锚类型的具体内容。值得注意的是，职业锚本身也可能发生变化，大学生在职业生涯的中后期，可能需要根据变化情况重新测试自己的职业锚。

职业锚类型

三、拟定职业生涯规划书

确定好职业生涯目标后，大学生就可以着手拟定自己的职业生涯规划书了。职业生涯规划书是个人在职业生涯规划过程中思考和总结的书面呈现，可以方便大学生理顺总体思路，并对整个职业生涯的发展方向进行把握，可以随时进行参考、评估和修正。拟定职业生涯规划书包括以下几个步骤。

（一）拟定标题和封面

在写任何东西的时候，都需要先拟定标题，这样才能让人清楚这是关于什么的文书。大学生也可以为自己的职业生涯规划书设计一个喜欢的封面。

职业生涯规划书的封面一般需要包含姓名、规划的年限和起止时间等信息。职业生涯发展的规划年限一般不做硬性要求，可以根据自身的具体情况而定，可以分为1年、3年、5年和10年等。大学生拟定的职业生涯规划书不管规划年限有多长，都应该以开始职业生涯规划到毕业的这段时间为规划的重点时段，这是由大学生的特殊身份所决定的。

职业生涯规划书
（范文）

（二）撰写个人生平简历

个人生平简历是职业生涯规划的基础，应提前撰写。个人生平简历主要是简单地描写自己所受过的教育、培训、实习或工作经历。将这些经历记录下来，以使自己对过往所学知识和技能有总体的把握，也能让我们对自己的成长过程有清楚的认识。

（三）分析自我特质

大学生应在职业生涯规划书中简要罗列自我特质并对其进行分析。这里需运用进行自我认识时分析得出的结果，将个人的生理、兴趣、性格、能力和价值观等特质分别罗列出来并进行分析，这里可重点对兴趣、性格、能力进行分析。

（四）分析外部环境

大学生应简要罗列外部环境因素并对其进行分析，可以结合前面所总结的具体外部环境因素，分析哪些外部环境对自身职业发展有利、哪些不利，分析其可能带来的机遇和挑战，以及可能对自身职业生涯发展形成的障碍。

（五）明确职业生涯目标

大学生应罗列自己的外职业生涯目标和内职业生涯目标。同时，和在学业规划中确定学习目标一样，大学生需要在职业生涯规划书中按照时间对自己的职业生涯目标进行分解，近期的职业生涯目标应尽量详细、具体。例如，在两年内要花多长时间去掌握某种知识技能，在工作中如何提升工作技能等。而对于中期和长期目标，大学生不必过于详细地描述。

（六）实现目标的方案

大学生应根据指定的各阶段职业生涯目标，制定出具体的实施方案，即找出自身与职业实际需求之间的所有差距，并针对性地制订具体的方案措施来缩小此差距。例如，职业生涯目标中有"两年内掌握Java编程技能"，其实施方案可以是"购买并阅读相关书籍，观看相关网课，并使用自己的计算机进行编程实践"。

（七）评估结果的标准

大学生应设定一个科学客观的参考标准来评估目标是否达成、职业生涯是否成功，便于日后评估目标的达成效果，及时对自己的行动和实施方案做出调整。

课堂活动   进行职业生涯规划

请根据自己的实际情况，补全下面的内容，完成职业生涯规划。

我叫＿＿＿，是＿＿＿大学＿＿＿专业＿＿年级的学生。我时常在憧憬自己的未来，我未来能够＿＿＿＿＿就好了，如果不能，做＿＿＿＿＿和＿＿＿＿＿也不错。等我将来工作了，我一定要＿＿＿＿＿＿＿＿＿＿。

我现在还是一名学生，但是我已经掌握了＿＿＿＿＿＿技能，拥有了＿＿＿＿＿能力，这些都能够为我以后实现梦想提供帮助。要实现梦想，我还需要＿＿＿＿＿，这并不容易，但只要我学习＿＿＿＿＿方面的知识，积累＿＿＿＿＿方面的经验，就能够胜任这份工作。在毕业时，我希望自己拥有不错的专业成绩，年级排名达到＿＿＿＿＿。同时，在校期间，我还希望考取＿＿＿＿＿、＿＿＿＿＿、＿＿＿＿＿证书，为自己的履历添砖加瓦。

毕业实习，我希望进入＿＿＿＿＿企业担任＿＿＿＿＿岗位，这将是我职业生涯成功的第一站。在这份实习工作中，我会掌握＿＿＿＿＿技能，积累对行业和社会的新的认识，锻炼自己的职业适应能力，了解行业规范，同时积累一定的社会关系。在毕业后，我的目标企业是＿＿＿＿＿、＿＿＿＿＿和＿＿＿＿＿。

在岗位上，我不仅会做好本职工作，还会不断提升自己的能力和素质，在专业技能和管理才能上取得突破，争取晋升。我为自己规划了一条明确的晋升路线，即＿＿＿＿＿→＿＿＿＿＿→＿＿＿＿＿→＿＿＿＿＿→＿＿＿＿＿→＿＿＿＿＿。同时，我也会谋求职称上的进步，争取在工作＿＿＿＿＿年内评到中级职称。

今天的规划，是为了明天的自己。我将从当下开始，努力学习，积极参加社会实践，时时关注社会环境的变化趋势，为自己今后的职业发展打下基础。最后，我想对自己说：＿＿＿＿＿＿＿＿＿＿。

实践与应用

1. 用3个词来形容你的性格，并且说说这些性格给你带来的帮助或困惑。

_____

2. 对自己所学专业适合从事的职业进行调查，调查后，根据调查结果列出自己所学专业适合从事的职业（至少列出5个职业），并说出不同的职业所需具备的主要的知识和能力有哪些。

_____

3. 选择自己想要进入的行业，收集该行业的相关信息，填入表2-21中。

表2-21　行业职位信息表

该行业规模最大的公司	该公司有哪些重要职位	该公司在哪个城市发展最好

4.阅读下面的材料，说说小吴该怎么做。

小吴是新闻专业的毕业生，毕业后在一家报社当记者，他的业务能力受到大家的一致认可。但小吴工作得并不顺心，因为他们报社的记者出去采访回来后，往往需要两人合作写一篇稿子。小吴的性格倾向于自我表现型，在MBTI性格分类中倾向于INFJ型（内向、直觉、情感、判断型）。基于这种性格类型，小吴在写稿子的过程中不喜欢与他人合作，希望别人能服从他的想法，很容易与同事产生分歧。

_____

_____

5.根据自身情况，撰写一份职业生涯规划书。

第三章
实施与管理职业生涯规划

职业生涯规划是伴随大学生的一生而不断发展变化的，之前所制订的职业生涯规划只是整个职业生涯规划的前期准备和开始。大学生要想拥有一个成功的职业生涯，必定少不了对职业生涯规划进行实施与管理。

知识要点

◆ 培养自我管理能力、人际交往能力、思维分析能力和组织协调能力

◆ 管理职业生涯规划的意义

◆ 管理职业生涯规划的方法

◆ 评估职业生涯规划的方法

◆ 调整职业生涯规划的方法

引导案例

李一鸣的军人梦

李一鸣有着浓厚的军人情结，一直有入伍从军的想法，但是他的成绩一般，生活自理能力较差。为了提升自我管理能力，李一鸣找到辅导员寻求帮助。

辅导员引导他积极参与各项活动，在辅导员的鼓励和帮助下，李一鸣利用课余时间参与社区的志愿服务，尽自己所能帮助福利院的爷爷奶奶。辅导员还邀请身为退伍大学生的班长担任他的生活导师，提前把部队的生活和军人的规范要求讲给他听。在与生活委员的沟通中，李一鸣又了解到了学校提出的"每间宿舍都洁净"的要求，主动担任起宿舍"卫生大使"的责任，每天保持宿舍卫生环境的干净整洁。

在入伍从军这个目标的引导、朋辈的引领和学校制度的联合作用下，李一鸣发生了蜕变，他之后再也没有发生旷课的情况，也很少有迟到的现象，还经常与退伍大学生一起到操场跑步锻炼。辅导员多次在线上线下跟进李一鸣的日常表现，并把他的蜕变告诉了家长，也经常在同宿舍同学面前表扬他，这给了他更多的正向激励。通过辅导员的指导和帮助，以及自己的努力，在大一学年结束以后，李一鸣毅然报名参军并且顺利入伍，达成了自己的目标。

点评 所谓"知易行难"，职业生涯规划总是很美好，但还需要持续的努力和行动。案例中的李一鸣正是在辅导员、同学、学校制度的帮助下，较好地实施了自己的职业生涯规划，最终实现了自己的军人梦。

第一节 实施职业生涯规划

一旦确定职业生涯目标，行动便成了关键。没有行动，职业生涯目标就难以实现，更谈不上取得成功。大学生需要安排实现职业生涯目标的具体措施，主要包括学习安排、实践活动、训练培训等。具体而言，大学生首先要衡量自己与职业生涯目标的差距，然后不断地增强自我管理能力、人际交往能力、思维分析能力、组织协调能力，循序渐进地达成职业生涯目标。同时，大学生还应注意避免职业生涯规划实施过程中的常见问题。

一、衡量与职业生涯目标的差距

要实施职业生涯规划，大学生首先需要衡量自己与职业生涯目标的差距，这样才能够有的放矢地通过行动来缩小差距，最终达到职业生涯目标。

（一）差距的体现

大学生与职业生涯目标之间存在差距，本质上是因为大学生的现状不符合目标职业的要求。目标职业的要求通常体现在知识、技术、能力上，因此大学生与职业生涯目标之间的差距，也通常体现为知识、技术和能力等内容。

◆ **知识**。知识是人们开展某项工作的必要条件，从事任何职业都对知识有一定的要求。由于职业工作内容、接触的事物、需要的技能不同，不同职业对知识的要求也不同。例如，一位汽车工程师需要掌握燃料、材料、机械原理、质量评定等专业知识，而一名销售人员则需要了解产品、服务的相关知识。因此，大学生应该首先了解目标职业对知识的要求，通过学习来弥补知识方面的差距。

◆ **技术**。技术是解决问题的方法及方法原理，是人们进行某项特定工作的必要条件。大学生要意识到，并非只有高精尖的职业才需要技术，一些普通的职业，如厨师、维修师等也需要技术。一些技术还能同时服务于多项职业，如驾驶技术、通信技术等。大学生要了解目标职业的技术要求，有意识地培养自己的相关技术。

◆ **能力**。能力直接影响活动的效率，是完成任务或达到目标的必备条件。与知识、技术不同，能力具有一定的先天特征，每个人先天都会有一些优势能力。但职业对能力的要求是多方面的，很少有人的先天能力能完全满足职业需要，因此大学生也要注意对自己能力的培养，以满足目标职业的要求。

（二）衡量差距的方法

有些大学生可能会感到疑惑：目标职业离自己还很遥远，如何准确判断其在知识、技术和能力方面的要求，以准确衡量差距呢？对此，大学生可以参照以下方法。

◆ **根据招聘条件衡量**。如果大学生的目标职业正在招聘中，那么大学生就可以通过招聘公告上罗列的具体要求来衡量自己与职业生涯目标的差距。通常，招聘要求包括学历、专业、经验、技能证书、从业资格等。需要注意的是，招聘公告中提出的要求通常是从事该职业的最低要求，大学生不能"到此止步"，而要达到并超过标准。

◆ **根据目标人物衡量**。大学生可以选择一个从事目标职业的人作为"目标人物"，然后在知识、技术、能力上努力向目标人物看齐，即将"自身与职业生涯目标的差距"转化为"自身与目标人物的差距"。但是，这些目标人物从事该职业可能是在数年甚至十数年前，其标准可能与如今的职位要求有一定偏差。

课堂活动　　　　　　衡量与职业生涯目标的差距

分析自身现状与目标职业要求，衡量自己与职业生涯目标的差距，完成表3-1。

表3-1　衡量与职业生涯目标的差距

	知识	技术	能力
自身现状			
目标职业要求			
差距			

二、强化自我管理能力

自我管理能力是指依靠主观能动性按照社会目标，有意识、有目的地对自己的思想、行为进行转化控制的能力，对大学生的职业生涯乃至整个人生都具有重要的意义。对大学生而言，自我管理又包括学习管理、生活管理和时间管理3个方面。大学生要加强自我管理意识，通过和同学互相监督，以强化自我管理能力。

◆ **学习管理**。学习管理是指大学生对自己学习生活的管理。要提升自我学习管理能力，大学生需要努力地规划好自己的学习生活，在应该学习的场合（如上课时）高效地掌握需要学习的知识，并能及时发现自己在学习上的不足并加以弥补。

◆ **生活管理**。生活管理是指大学生对自己课余生活的管理。通常，大学生要想提升自我生活管理能力，需要保证自己有合理的饮食习惯和充足的休息时间，并能利用好自己的课余时间开展体育运动、社交、娱乐休闲等活动，强健身心。

◆ **时间管理**。时间管理是为提高时间的利用率和有效性而对时间进行合理计划与控制、有效安排与运用的过程。通过时间管理，大学生可以合理地安排自己的个人时间，并有效利用任何可以支配的时间。大学生可以事先为自己进行明确的时间规划，制定时间分配表并遵照执行，长此以往，就能提升自己的时间管理能力。

三、锻炼人际交往能力

人际交往能力的强弱是衡量一个人能否适应现代社会需求的标准之一，直接影响大学生人际关系网络的建设和全面发展，其至会影响个人未来的发展走向。

　　人际交往能力由人际感受能力、人事记忆力、人际理解力、人际想象力、风度和表达力、合作能力与协调能力6方面构成。大学生可以通过学习社会交往知识、参加校园活动等与人建立良好关系，锻炼自己的人际交往能力。同时，大学生还应学会与人合理地化解或解决矛盾，维护好人际关系和自己的利益。

🔍 案例　　　　　　　　　　**人际交往能力很重要**

　　王倩倩是某高职学院会计专业学生，通过努力，她在大二获得了一等奖学金和国家奖学金。学校组织各个学院的国家奖学金获得者参加汇报会，站在讲台上的倩倩仿佛变了一个人，紧张到说不出话来，磕磕巴巴地读完了演讲稿。下台之后，倩倩哭着找到了辅导员。

　　据了解，倩倩虽然学习很好，但平常不善与人交往，也不太爱参加学校组织的集体活动，很少在公众面前展示自己。辅导员鼓励倩倩，要积极主动展示自己，多和周围同学沟通，锻炼自己的人际交往能力。倩倩擦干眼泪，在辅导员和班委的引导帮助下，第一次组织并主持了以交流学习方法为主题的班会，真诚地向同学们交流自己备考英语四级考试的方法。这次班会后，倩倩更加自信了，也更愿意在大家面前勇敢展示自己了。倩倩主动邀请英语不错的几位同学，在班级组成了英语帮扶小组，主动帮助班级中英语学习困难的同学。倩倩更加开朗了，与同学的相处也更加融洽。

　　点评　人际交往能力看起来可能不是特别重要，但是如果大学生人际交往能力较差，自己的优势能力也就无从展现，因此锻炼自己的人际交往能力对大学生而言非常重要。

四、增强思维分析能力

　　思维分析能力是人在思维中把客观对象分解为若干部分进行研究、认识的技能和本领。思维分析能力是非常重要的能力，只有通过思维分析，大学生才能将零碎的知识整理成系统的知识，并将整理好的系统知识转化为自身的能力。在工作中，思维分析能力能帮助大学生处理繁杂的日常事务。

　　对于大学生来说，社会竞争的加剧和知识的爆炸式增长，需要其具有良好的思维分析能力。对思维分析能力的培养要求大学生加强对逻辑思维知识的学习、学会批判性思考，全面、客观地解决问题。要增强思维分析能力，大学生可以借助智力游戏、辩论等工具，也可以留心生活中的问题并利用思维分析能力加以解决。

五、培养组织协调能力

　　组织协调能力指根据工作要求对资源进行合理配置，同时协调不同个体使之相互配合，从而实现组织目标的能力。现代职场讲究合作与协同，大学生只有拥有较好的组织协调能力，才能胜任以后的工作。

大学生如果能成为班级干部、学生会成员等，将有助于培养自己的组织协调能力。具体而言，大学生通过对日常工作的分配、对接、安排，使班级或学生会的工作得以有序开展。同时，会演、会议、运动会等集体活动也是大学生培养组织协调能力的重要场合。

六、循序渐进地达成职业生涯目标

大学生与职业生涯目标的差距可能会很大，因此不可能一步到位地达成职业生涯目标。所以，大学生应该循序渐进地实施自己的职业生涯规划。具体而言，大学生可以选择分时间段依次达成、按阶段分步达成这两种方法来达成自己的职业生涯目标。

（一）分时间段依次达成

大学生制订了自己的职业生涯规划后，虽然雄心满满，但是往往会因为目标太过遥远而无从下手。这时候，大学生需要将目标分解为若干个存在递进关系的小目标，为每个小目标设置相应的时间段，然后分时间段依次达成自己的职业生涯目标。

使用这一方法时，大学生需要写出每个时间段对应目标的具体实施方案和评估标准，距现在越近的时间段的目标，实施方案和评估标准就需要越详细。因为时间越近，大学生就越清楚自己需要做什么，很少进行调整；而时间越远，可能发生的变数越大，需要大学生不断进行调整和修改。大学生往往需要把职业生涯目标划分为短期目标、中期目标和长期目标，这也是大学生在职业生涯规划中最常见的目标划分方式之一。

◆ **短期目标**。短期目标的时限一般为1~3年。短期目标通常是在短期内需要掌握的知识技能和工作能力等。在这个阶段，大学生需找出自身与短期目标之间的差距，并制定出切实可行的详细实施方案和评估标准。

◆ **中期目标**。中期目标的时限一般为4~5年或4~10年。中期目标通常要求大学生对自己的职业晋升有一个初步的定位，比如要做到公司业务部门的总经理。中期目标可根据短期目标的完成评估情况适当进行调整，但同时要对长期目标的设定和实现做好铺垫、打好基础。

◆ **长期目标**。长期目标的时限一般为5年或10年以上。长期目标主要指比较长远的目标，如在40岁时成为公司的负责人。长期目标与职业生涯的总体目标在一定程度上很接近，是实现总体目标的最后阶段。

当然，这些时间段的划分不是唯一和固定的，大学生可以根据自身的需要进行调整。

（二）按阶段分步达成

许多人在实现目标的过程中经常半途而废，究其原因，是在长期追梦的过程中，认为目标和梦想较远，觉得看不到希望，因此产生懈怠和自暴自弃的消极情绪。如果大学生把达成职业生涯目标的路途划分成若干个小阶段，并将每个小阶段当成目前需要完成的目标，那么职业生涯目标完成起来的难度将大大降低。并且通过不断地完成小阶段的目标，大学生能获得成功和满足感，这更能化为激励自己前进的动力。因此大学生在实现自己职业生涯目标的时候，可以将其分解成若干小阶段。不过这些小阶段需要设置时限和评估标准，大学生若花10年、20年来完成设立的第一个小阶段的目标，这对实现职业生涯总体目标来说就可谓是得不偿失了。

　　例如，大学生所学的专业是人力资源管理，职业生涯目标是成为某公司的首席人才官，那就可以将成为首席人才官这一目标分解为多个小阶段，这时候需要画出职业晋升路线，如表3-2所示。

表3-2　成为首席人才官的职业晋升路线

职位	业绩	知识	人才培养	目标评估标准
人力资源专员	完成工作要求，进行考核、招聘、薪酬、培训的组织工作，纪律检查合格、业绩考核在良好或以上	了解《劳动法》《公司法》，掌握考核、招聘、培训、劳动关系等人力资源知识及应用	使新员工的培训考试合格率为100%	目标完成度在80%以上，遵守纪律，差错每月不超过2次，服务满意度在中等以上
人力资源主管	管理员工满意度合格，考勤、招聘、薪酬、培训等专业工作能力及组织能力强	精确了解国家企业相关法律法规，具有应用人力资源管理知识的能力，能拿出某一方面工作的具体方案并实施，以产生效果	培养人力资源专员1名	目标完成度在80%以上，遵守纪律，差错每月不超过2次，服务满意度在中等以上
人力资源副经理	管理员工满意度合格，考核、招聘、薪酬、培训等专业工作能力及组织能力强，部门运作支持力度大	精确了解国家企业相关法律法规，具有应用人力资源管理知识的能力，能拿出某一方面工作的具体方案并实施，以产生效果	培养人力资源主管2名	目标完成度在80%以上，遵守纪律，差错每月不超过1次，服务满意度在中等以上
人力资源经理	制定公司基本制度，设计招聘、培训、绩效、福利等规则，并合理合适地在企业中应用	精确了解国家企业相关法律法规，具有应用人力资源管理知识的能力、报告和方案的制定能力、制度的规划能力	培养人力资源主管2名，培养其他管理人员5名	人才达成率不低于80%，年人才流失率在10%以内，人力资源工作满意度为优秀，品行良好
人力资源高级经理	制定公司基本制度，设计招聘、培训、绩效、福利等规则，并合理合适地在企业中应用。具有担任培训讲师的能力，具有人才测评能力和胜任考核能力	精确了解国家企业相关法律法规，具有应用人力资源管理知识的能力、报告和方案的制定能力、制度的规划能力	培养人力资源主管2名，培养其他管理人员5名	人才达成率不低于80%，年人才流失率在10%以内，人力资源工作满意度为优秀，品行良好
人力资源总监	公司员工成长计划正常开展，公司人力资源达成率达到目标，企业人力资源管理及企业文化建设符合预期，制度合适	具有文化建设及导入的能力、培训的能力、制度建设的能力	培养人力资源经理2名，培养其他管理人员7名	人才达成率不低于80%，年人才流失率在10%以内，人力资源体系健全，品行良好
首席人才官	根据公司绩效，由董事会决定任命			

第二节　管理职业生涯规划

大学生不能机械地实施自己的职业生涯规划，在职业生涯不断发展的过程中，也不能忽视对职业生涯规划的管理。如果大学生不能有效地管理自己的职业生涯规划，就无法应对各种不断变化的内外部因素，进而无法取得职业生涯的成功。

一、管理职业生涯规划的意义

大学生在步入职场生活后，随着对职场环境认识的逐步加深，开始对自己的职业生涯规划进行管理，这是一种对前期职业生涯规划的延伸和完善行为。职业生涯规划管理于大学生个人来说至关重要，从某种程度上说，它是影响大学生职业生涯成功的关键因素之一。

（一）能够逐步提升自己的工作能力

通过职业生涯规划管理，尤其是在有了一定的职业生涯目标后，大学生能够对照职业生涯目标认识自己的优缺点，并努力改正自己的缺点，逐步提升自己的工作能力，使自己符合职业生涯目标的要求。在这一过程当中，大学生的工作能力也就随之得到提升。

（二）能够不断提升自我价值追求

有的大学生最初工作可能是为了让自己不再待业，有的可能是为了养活自己。随着职业生涯规划的实施和对职业生涯规划的管理，大学生的价值追求可能会慢慢提升，从追求财富、地位、名望，到追求更高层次的自我价值的实现。

二、管理职业生涯规划的方法

只有亲自步入职场生活，对职场环境有充分的认识后，大学生才能反过头来完善之前拟定的职业生涯规划，使得职业生涯规划与职业环境相匹配。大学生管理自己的职业生涯规划的方法有以下几种。

◆ **积极配合用人单位的安排**。用人单位也会参与员工的职业生涯发展，如为员工做好能力评估和反馈工作，为员工提供多种职业发展道路，为员工提供培训等学习发展机会。大学生进入职场后，应该积极配合用人单位的安排，不断提升自己。

◆ **不断提升自己的能力**。只有不断提升自己的专业知识技能和工作能力，大学生才能确保职业生涯后续的顺利发展。因此无论处于职业生涯的哪一阶段，大学生都要本着"学无止境"的想法去提升自己的能力。

◆ **遵循职业生涯是在发展变化的客观规律**。很多大学生在大学期间完成了初次职业生涯规划后，再也没有对职业生涯规划进行过修改，导致当初拟定的职业生涯规划与现实脱轨，忽略了职业生涯都是在发展变化的。因此，大学生应当增强个人的职业规划意识，对职业生涯规划进行适时的修改，遵循职业生涯发展变化的客观规律。

◆ **采取积极行动去争取职业生涯目标的实现**。大学生可向用人单位说明自己的职业生涯规划，与用人单位共同制订双方都能接受的目标达成实施方案。

◆ **实时关注行业信息**。无论在校期间还是毕业后，大学生都应该对行业信息保持密切关注，实时掌握行业动态，为自己管理职业生涯提供依据。

🔍 **案例**　　　　　　　**根据实习经历进行职业生涯规划管理**

　　陈虹是某高职院校市场营销专业大二的学生，为了减轻家庭的经济负担，入校之后她便立志找一份薪水不错的工作。在校期间，她扎扎实实学习并获得了优异的成绩，打算一毕业就投入工作。

　　在室友都在准备专转本的时候，陈虹通过努力，成功进入了一家优秀的企业进行销售岗位的实习，并打算认真工作争取转正。陈虹在这家公司认识了许多学历和能力都很优秀的同事。在与直接主管的沟通中，陈虹了解到，学历是销售岗位发展路径上的重要砝码，于是她萌生了专转本的想法。

　　陈虹跟父母认真沟通了自考的想法并得到了父母的支持。在同老师和学长咨询后，陈虹确定了自考的想法并制订了详细的学习计划。在陈虹的努力下，她在大三下学期成功考过了13门考试，获得了本科学历。通过这次职业生涯规划的评估调整，陈虹最后确定了销售策划岗的职业生涯目标，并重新投入校招中。

　　点评　陈虹本打算一毕业就投入工作，但是在实习的过程中，发现自己的学历并不能满足理想工作的需要，于是调整了自己的职业生涯规划，决定专转本。最终，陈虹成功获得了本科学历，得以继续向实现自己的职业生涯目标努力。

三、评估职业生涯规划

　　实践是检验真理的唯一标准，对职业生涯规划进行评估也需要大学生通过亲身经历来进行。在实施职业生涯规划的过程当中，无论是外部环境中的社会环境、行业环境，还是内部环境中的个人兴趣、价值观等都会产生变化，有许多变化是大学生无法事先预测和设想到的，因此大学生要对自身的职业生涯规划不断进行评估与调整，通过修订职业生涯规划来确保职业生涯规划的可行性，从而完成职业生涯目标。

　　职业生涯规划评估指用一套客观的方法或措施去检测一个人在职业生涯发展过程中的发展状况和行为表现等。这就需要大学生在实践过程当中，根据主客观情况的变化来进行职业生涯规划的评估与修订，并且要运用科学系统的评估方法来认识自我的发展状况，评估方法理性、客观与否决定着其整个职业生涯的发展质量。

（一）职业生涯规划评估的内容

　　职业生涯规划评估一般包含以下几点内容。

◆ **对职业生涯目标的评估**。对职业生涯目标的评估即大学生要思考是否需要更改当前的职业生涯目标。如果大学生一直无法找到和自己目标职业相关的实践实习活动，没能获得所希望的学习和工作机会；或是在实践实习活动过程当中发现自身一直无法适应或胜任该职业，此时就应该考虑更换和调整所设定的职业生涯目标，使其更符合自身成长发展的规律。

◆ **对职业生涯规划前景的评估**。对职业生涯规划前景的评估指大学生要思考是否需要调整自身职业发展的方向。当原先规划的职业发展方向随着社会环境的变化而变得不太明朗时，或是大学生在实践活动过程当中找到了更适合自己的职业发展方向和选择时，就应当考虑是否应该对自己的职业发展方向进行调整。

◆ **对职业生涯规划实施方法的评估**。对职业生涯规划实施方法的评估指大学生要思考是否需要改变达成目标的方法。如果大学生发现自己的目标达成方法在实施过程中有难度或阶段目标设置不合理，或是现实中客观因素的变化导致自己不得不修改职业发展方向时，则需要相应地修改职业生涯规划实施方法。

◆ **对其他因素的评估**。对其他因素的评估指大学生需要对诸如家庭情况、身体健康状况、意外突发事件因素做出及时的评估。如果发现家庭需要我们投入更多的精力去经营照顾，大学生就要在家庭和工作之间进行权衡；如果自身身体健康状况不大好，大学生就不得不调整自己的职业生涯目标和要求。

（二）职业生涯规划评估的作用

职业生涯规划评估与职业生涯规划实施是相辅相成的关系，在实施过程中出现的问题能够帮助大学生更好地评估与修改职业生涯规划，而评估与修改职业生涯规划能够帮助大学生更好地规避更多问题的产生。具体而言，职业生涯规划评估对大学生来说具有以下作用。

1. 能够让大学生更加全面地认识自我

评估是一个不断深化对自我的认识的过程。它能使大学生在自己动态的成长过程当中正确而全面地认识自己。随着大学生心智的不断成熟和阅历的丰富，以及兴趣、价值观的变化，原本的自我认识已经具有滞后性，进行职业生涯规划评估能让大学生进一步认识自己。同时，在评估的过程中，大学生能够更加清楚地看到自身优势与劣势，对自己认知的不断丰富能刺激自身潜能的激发。因此，大学生要及时在各个阶段对自己进行职业生涯规划评估，明确自己在不同阶段的发展方向和目标，明确自身需要进一步加强的知识、技能和能力，从而激发自身潜力，促使个人不断成长，增加个人职业生涯成功的概率。

2. 能够让大学生抓住职业生涯发展中的重点

职业生涯规划评估是一个全方位的评估，它不仅只是对自身进行评估，还要对整个职业生涯发展过程中的方方面面进行分析，因此能帮助大学生科学、客观地分析职业生涯发展过程中出现的问题和困惑，让大学生在职业生涯发展的各个阶段趋利避害，找到每个阶段应该完成的重点任务，激发大学生的工作潜力与动力。大学生按照主次、轻重来完成规划的任务，能够使自己有顺序、有条理地实现规划内容，促使自己以最佳的状态来成功地实现职业生涯规划，并更上一层楼。

3．能够让大学生调整职业生涯发展的方向与目标

大学生在实践活动中对自身的职业生涯规划进行评估，能更加深刻地了解和认识自己。在制作职业生涯规划时，大学生就要对自己有一个充分的认识。然而一切事物都是变化发展的，大学生只有通过不断的自我评估来认识动态变化的自己，完善对自己的认知从而对职业生涯发展的方向与目标进行相应的调整，才能制作最适合自己的职业生涯规划，为自己职业生涯的成功奠定基础。

4．有助于落实职业生涯发展过程中的具体措施

制作了职业生涯规划后，大学生还需要采取具体的行动措施去实现职业生涯目标。大学生通过对所采取的行动措施进行评估，可以对自身起到监督、提醒、调整、修改的作用，有助于改进自己的方式方法，从而用最优的方式方法去达成自己的职业生涯目标。

（三）职业生涯规划评估的方法

想要对职业生涯规划进行客观理性的评估，大学生需要运用正确、科学的评估方法。不管是自我评估、他人评估还是过程与结果评估、内外部评估，评估的要点都是判断自己与现实环境、职业目标的兼容性，并找出其中的差距，提高评估的客观准确性。

1．对比反思法

对比反思法指在评估职业生涯规划的过程中，要善于思考和向他人学习。每个人都有自己不同的职业生涯规划方法，对他人的职业生涯规划进行分析，吸取别人有用的方法，再对自己的职业生涯规划进行反思，看是否出现了他人在做职业生涯规划时出现的同样的问题，有则改之，这样有助于评估和修改自己的职业生涯规划。

在开展职业生涯规划评估的过程中，大学生也需要对自身的职业生涯规划进行不断的反思，比如职业生涯规划中的某些计划按时完成了没有？在实践活动中有没有收获？与预期效果的差距是什么？为什么会产生这些差距？这些都是大学生需要不断自问的问题，并再根据回答和客观事实对自身的职业生涯规划进行调整与修改。

2．分析总结法

分析总结法指大学生对自己的职业生涯规划进行分类别分析，该方法往往可以借用表3-3所示的表格来完成。

表3-3　分类别分析职业生涯规划

类别	分析问题
1．分析基准	1．我的人生价值观是否发生了变化？
	2．外部环境是否发生了变化？
	3．我目前遇到的最大问题是什么？
	4．我在实践过程当中发现了自己的哪些不足？
2．目标与标准	1．我现在处在职业生涯的哪一阶段？这一阶段的特点是什么？
	2．先前所制定的职业生涯目标是否可行？有没有更优的目标出现？
	3．如何来判断自己是否获得成功？

续表

类别	分析问题
3. 生涯策略	1. 是否需要调整职业生涯发展规划的实施策略？
	2. 我对相应职业能力的获取和吸收情况如何？
	3. 我在职业目标的角色转变方面有什么问题吗？
	4. 对我而言现在还有什么问题是暂时无法解决的？
4. 生涯行动计划	1. 我的生涯行动计划是否合理？
	2. 我的目标达成需要哪些人的帮助？
	3. 在达成目标的过程中最大的障碍是什么？
5. 生涯考核	1. 在职业生涯规划开展过程中，我有哪些地方做得好，哪些地方做得不够好？
	2. 我现在最欠缺的是什么？是知识水平、技能，还是人脉？
	3. 我应该如何应用自己所学到的知识技能？
	4. 我现在应该立刻去做的是什么？应该停止做什么？
6. 生涯调整	1. 我是否需要对职业方向进行重新选择？
	2. 我是否需要对职业生涯目标的实施路线进行重新安排？
	3. 我是否需要更换人生目标？
	4. 我是否有其他需要更正的方面？

对自己进行系统的分析总结，能够帮助大学生深层次地认识和思考自己在职业生涯规划中的若干问题。只有在分析出问题后，大学生才能进一步地去解决，从而完善自己的职业生涯规划。

四、调整职业生涯规划

对职业生涯规划的各方面进行评估后，若有必要，大学生需要对其进行调整，使其满足自己的实际需要和适应现实条件。对职业生涯规划的调整包括对职业生涯目标的调整、对职业生涯实施策略的调整和对阶段目标的调整等。但是，这并不意味着大学生在每次评估过后都要对目标和方向有所改动。对职业生涯规划进行评估与调整是为了帮助大学生更好地获得职业生涯的成功，而不是为了调整而不停地评估。大学生在进行职业生涯规划的评估与调整过程中，切莫本末倒置。

（一）调整职业生涯规划的目的

对职业生涯规划进行调整，通常是为了达到以下几个目的。

◆ **清楚自己的优势**。在进行职业生涯规划调整的过程中，大学生应该清楚自己所具备的优势和强项，并对自己所具有的优势充满自信。

◆ **了解自己的不足**。大学生应找到自己的不足，对这些不足做出相应的调整或完善，了解自己还有什么方面值得改进，还有哪些方面可以有进一步的提升。

◆ **找出重点需要改进的地方**。重点需要改进的地方是大学生调整职业生涯规划的关键部分。只有对重点需要改进的内容有一个正确的认识，大学生才能完善与优化自己的职业生涯规划。

◆ **做出具体的改进计划**。大学生既然找出了职业生涯规划中需要修正的地方，就需要拿出具体的改进计划。这个计划的制订要科学合理、从实际出发，确保通过一定的努力该计划可以实现，具有可行性。

（二）调整职业生涯规划需要考虑的因素

在调整职业生涯规划的过程当中，大学生需要考虑一定的因素。其中最基本的因素为外部环境因素和自身实际情况。在考虑两点因素的基础上，大学生可根据个人需要来结合更多的因素进行考虑。

◆ **考虑外部环境因素**。在之前的章节中，我们已经对环境因素进行了详细的讲解和分析，知道外部环境主要包括社会环境、行业环境、职业环境。由于外部环境一直处于不断变化，大学生需要从宏观的角度来认识和把握这些变化。因为外部环境的变化并非个人能力所能改变，所以大学生需要使自己努力适应这些变化。

◆ **考虑自身实际情况**。在调整职业生涯规划时，大学生要密切联系自身的实际状况，不要脱离现实，不要想当然地给自己定一个很渺茫的目标；要充分联系个人的实践实习经历、学历、家庭背景、兴趣爱好和价值观等因素。同时这也要求大学生对自己有更正确的认识，并且要不断地完善自己。

需要注意的是，虽然大学生的职业生涯受到诸多外界因素的影响，但是大学生需要知道，内因才是事物发展变化的依据，要想自己的职业生涯取得成功，就需要不断地提升个人素质并朝着目标努力。

🔍 案例　　　　　　　　　　　**季方的困境**

季方高中时的成绩不错，但高考失误让他与本科院校擦肩而过。进入专科院校学习后，他一蹶不振，旷课对他而言是家常便饭。

来到大三后，眼看秋招在即，季方也和大部分同学一样开始积极求职。他也为自己规划了一个美好的未来，但由于自己的专业知识水平和实践技能都难以达到企业的要求，他没能找到一份满意的工作。

毕业后，为了谋生，没有一技之长的季方选择进入一家工厂。工厂流水线的工作简单而枯燥，每天都是日复一日的重复性劳动，让季方一下班就只想睡觉。他对这份工作并不感兴趣，想要换一份工作，但是经历了之前求职的挫败，他已经没有精力，也没有热情再重新评估自己的兴趣和能力，调整自己的职业生涯规划。目前，季方仍然在工厂工作，他感觉自己每一天的生活都是前一天的重复，自己已经适应了工厂的生活，虽然心有不甘，但也没有改变的动力了。

点评　季方的经历给各位大学生敲响了警钟，对职业生涯规划的调整是需要付出时间和精力的，如果没有及时进行调整，就可能因为生活的"惯性"导致后续难以对职业生涯规划进行调整。

实践与应用

1. 请你对自己的自我管理能力、人际交往能力、思维分析能力和组织协调能力进行自评，说说自己相应能力的水平。

_____

2. 你将如何达成自己的职业生涯目标？请使用分时间段依次达成、按阶段分步达成或两种方法并行的方式进行规划，将你的设想写在下面。

_____

3. 如果你的职业生涯规划中的某一目标一直无法达成，你会如何应对？请和同学交流，谈谈各自的看法。

_____

第四章
认识创新创业

自主创业是大学生取得职业生涯成功、实现自身价值的重要途径。但是，相比于其他工作，创新创业活动更加特殊，具有更大的不确定性和风险性，这就需要大学生对此进行深入学习。因此，增强大学生的创新创业意识，对大学生进行创业指导，对于提升大学生的个人创新创业能力、促进大学生创新创业成功有着十分重要的意义。

知识要点

- ◆ 创新与创意的含义
- ◆ 创业的含义与创业的逻辑
- ◆ 创新与创业的关系
- ◆ 创新创业活动的一般进程

引导案例　　　　大学生小戴的创业路

就读于软件工程专业的小戴，从小就有诸多奇思妙想，擅长用自己卓越的软件技术解决学习、生活中的各类小问题。某日，小戴独自外出，发现手机电量不足，待找到充电宝时，手机已自动关机，无法正常扫码使用。这使得他十分狼狈，只得步行回校。在路上，他逐渐有了更多新奇的想法：电子支付已经普及，但还是依赖于手机，如果能在刷脸底层技术的基础上开发出新的软件系统，是否能帮助大家过上"一脸走天下"的便利生活？于是，小戴联系了几位同专业的伙伴，开始了自主研发工作。当技术成熟时，小戴带着伙伴们正式开始了创业生涯。

然而，创业的实际过程比小戴设想的要复杂得多：跟大的软件公司谈，对方只在意他们的核心技术是什么；与有资金实力的企业谈，对方担心相关技术尚不成熟，不想介入孵化阶段……但小戴和团队不愿放弃，在政府和学校的支持下，他们终于在人脸识别技术领域开辟出了属于自己的新天地。小戴带领团队持续推进人工智能、聚合支付、刷脸支付、物联网多场景应用开发，最终成为数字门店解决方案、数字校园、智慧医疗、5G应用技术软硬件开发解决方案的优质提供商，先后取得多项专利和技术创新成果，团队在人脸识别应用行业中处于领先地位。

第一节　创新创业概述

当代大学生富有创业激情，不少大学生将创新创业作为一种挑战，以证明自己的能力，实现人生价值。但是，大学生往往缺乏对于创新创业的科学认识和社会实践，创新创业的成功率较低。大学生要想成功创业，首先应该了解与创新创业相关的知识。

一、创新与创意

创新是一种古老的现象，人类能够从大自然残酷的生存竞争中脱颖而出，建立起璀璨的文明，依靠的就是创新的力量。而创意则是创新的直接产物，很多知名企业的发迹都得益于创意。大发明家爱迪生更是以自己的发明专利为基础建立了通用电气公司。

（一）创新的含义和特征

创新一词有着悠久的历史，它最初起源于拉丁语，有着3层含义：一是更新，二是创造新的事物，三是改变。由此可见，创新就是创造新事物，这些新事物既可以是具体的，也可以是抽象的。

在哲学上，创新被表述为一种人的创造性实践行为，进行这种实践行为的目的是增加利益总量。因此，我们需要对事物、发现进行利用和再创造，特别是对物质世界矛盾进行利用和再创造。人类通过对物质世界的利用和再创造，可以制造新的矛盾关系，形成新的物质形态。

我们可以这样理解，创新就是根据一定的目的，利用现有资源，运用新的知识或方法，创造出新颖的、有价值的、前所未有的事物，或者在已有事物的基础上提出新的见解，做出某些改进。

创新是一种特殊的实践活动，它具有超前性、普遍性、目的性、新颖性、价值性和风险性等特征。

◆ **超前性**。创新往往超越当前的思维和认识，是在对事物变化具有前瞻性的理解下实施的行为。这种超前性并非空想，而是在对当下情况有把握后进行的预料。例如人工智能的理念起源于1950年，而现在人工智能正在变成现实。

◆ **普遍性**。创新的普遍性体现在两个方面。其一，创新存在于人类活动的所有领域并且贯穿于人类活动的各个阶段，可以说人类的历史就是一部创新的历史。其二，创新是每个人都会参与的活动，人人都有创新的能力。

◆ **目的性**。任何创新活动总是围绕需要解决的问题、需要完成的任务而进行，这就是创新的目的性，这一特征贯穿于整个创新过程。这个目的既可能是社会需要，如电报的发明是为了满足沟通的需要；也可能是实现自我的愿景，如电视游戏的发明源于发明者希望和电视机进行"互动"。

◆ **新颖性**。新颖性是指创新的本质是求异、求新，即创新将摒弃现有不合理的事物，革除过时的内容，然后再确立新事物。用新颖性来判断创新成果时，要注意区分绝对新颖性和相对新颖性。人们通过创新得到全新事物即具有绝对新颖性，如电子计算机的诞生；而对已有事物进行部分改造则具有相对新颖性，如数码相机相比胶卷相机也是创新。

◆ **价值性**。价值性是指创新得到的成果一定要具有价值，能够对人类生活和社会产生影响。一般来说，创新成果满足人类社会需要的程度越大，其价值就越大。一些创新能够即时生效，而另一些创新，如理论创新，则会对人类生活产生潜移默化的影响。

◆ **风险性**。风险性是指创新自身具有不确定性。这种不确定性一般包括市场的不确定性、技术的不确定性和经济的不确定性等。一般而言，不确定性越大，风险性就越高。

案例　　　　　　　　　　**意外的产物**

　　卡罗瑟斯博士是杜邦公司基础化学研究所有机化学部门的负责人，致力于缩合聚合反应方面的研究。1930年的一天，卡罗瑟斯博士的一个助手在清理实验后的残渣时，无意中发现一些丝状的残留聚合物具有很高的韧性和弹力，能被拉得很长，但一松手就会变回原状。这引起了卡罗瑟斯博士的注意。经过几年的探索和试验，在1935年，人造纤维聚酰胺66被发明了出来。这种纤维具有丝的外观和光泽，在结构和性质上也接近天然丝，但其耐磨性和强度超过当时的任何一种纤维。这种纤维被命名为"尼龙"。尼龙的出现使纺织品的面貌焕然一新，人们形容它"像蛛丝一样细，像钢丝一样强，像绢丝一样美"。

　　点评　尼龙的发明源于一次偶然的发现，是否就不具备创新的目的性呢？其实不然，研究者前期进行的工作带有研究聚合反应的明确的目的性，而在之后也专心研究了尼龙数年，因而也具有明确的目的性。同时，尼龙的出现也证明了创新成果不一定符合预期。

（二）创意的含义和特征

创意的英文名称为"Creativity"，是一个外来词，其对应的名词是创造力或创新力。创意就是我们平常所说的"点子""主意""想法"，也可扩展为"策划""设计""科学研究""技术开发"等。

创意是具有新颖性和创造性的想法，是一种能够让用户产生共鸣的独特思路。其中，"创"是指创新、创作、创造，"意"是指意识、观念、智慧、思维。任何创意都应该具有个人性、独创性和深远意义3个特征。

◆ **具有个人性**。创意需要个人观察某些物品表面或深层的东西，然后将观察结果进行整合。

◆ **具有独创性**。创意可以是全新的"从无中形成"，也可以是赋予某物新的特征，即"崭新"或"独特"。

◆ **具有深远意义**。创意不仅可以满足人们创造的需求，还会经由知识产权和市场转变成创意产品，实现创意的商业化、市场化，对于社会的发展有促进作用，因而具有深远的意义。

创新是一个思维与实践、市场与效益紧密联系的发展过程，创新离不开创意，二者之间相互依存、密切相关。没有创意就不会有创新，创新的发展又会进一步推动创意的升级。创意基于个体，是比较自由的创造性行为，而创新以创意为前提，更注重把创意付诸实践的过程。在进行创新活动的过程中，创新能否成功取决于创意的选择、发展和市场化运作的好坏。

> **课堂活动**　　　　　　　　**探索创新的历程**

日常生活中每一件不起眼的物品，都可能是人类长久创新的产物，其背后都有一段漫长的创新历程。请大学生仿照示例的格式，选取身边的一些物品，查找相关资料，分析这些物品的创新历程。

示例：镜子的创新历程

（1）"水镜"。远古时期，人们并没有自我观察的方法，为了观察用眼睛直观看不到的身体部位，他们只好到小溪旁、大江边和湖畔，通过水中的倒影来观察自己。后来人们发现用盆子之类的容器盛上水也可以达到这种效果，这就是最初的"水镜"。

（2）铜镜。后来，人类逐渐发现光滑的物体表面可以替代水面，映照出自身形象，于是将黑曜石、天然水晶等矿物打磨光滑后当作镜子使用。但是这些天然矿物非常稀缺，不能稳定生产。随着技术的进步和社会的发展，人类逐渐掌握了金属的提炼与制造方法。人类最先使用的金属之一是铜，铜镜的出现使得镜子得到了初步的普及。

（3）玻璃镜。后来，人们逐渐掌握了玻璃的制造方法，玻璃的透明度和清晰度更高，能制作出更好的镜子。12世纪末，出现了以银片或铁片为背面的玻璃镜。17世纪，威尼斯的制镜者将亮闪闪的锡箔贴在玻璃背后，水银能够溶解锡，将其变成黏稠的银白色液体，紧紧地贴在玻璃上，这样就制作出了一面清晰的玻璃镜。

（4）镀银玻璃镜。19世纪，德国有机化学家尤斯图斯·冯·李比希（Justus Von Liebig）发明了镀银玻璃镜，即通过银镜反应（银化合物的溶液被还原为金属银的化学反应，由于生成的金属银附着在容器内壁上，光亮如镜，故称银镜反应）来制作镜子。

（5）铝镜。20世纪70年代，科学家发明了便宜且耐用的铝镜，镜子真正从昂贵的工艺品变成了廉价的消费品。今天，人们日常使用的镜子大多为铝镜。

二、创业与创业逻辑

创业活动伴随着人类的整个文明发展历程，对人类社会的维系与发展做出了巨大的贡献。如今，世界各地又掀起了新的创业热潮，吸引无数大学生投身其中。大学生创业的第一步，就是了解创业的含义和创业的逻辑。

（一）创业的含义

"君子创业垂统，为可继也"（语出《孟子·梁惠王章句下》）是我国古人对创业这一概念的早期表达。在当时，创业的词义为"创建功业"或"创立基业"。随着时间的推移，创业逐渐专指在商业领域创办事业。成书于西汉的《史记》中有一篇《货殖列传》，其中专门记叙了从事"货殖"的人物的故事。"货殖"便是经商营利。可见在当时，商业活动已经十分繁荣，很多人已经成为商业领域的"创业者"。

现代对创业的定义大部分来源于美国经济学家杰弗里·蒂蒙斯（Jeffry Timmons）。他在所著的《创业创造》中提出：创业是一种思考、品行素质，是杰出才干的行为方式，需要在方法上全盘考虑并拥有和谐的领导能力。哈佛大学教授霍华德·斯蒂文森（Howard Stevenson）则将创业表述为"在不拘泥于资源约束的前提下，追逐机会并创造价值的过程"。

现代管理学认为，创业是创业者对自己拥有的资源或对通过努力能够拥有的资源进行优化整合，从而创造出更大的经济或社会价值的过程。这是对于创业相对规范和标准的阐述，本书也采用这一说法。

（二）创业的逻辑

创业的逻辑可以简单地理解为创业的思路。创业好比一道复杂的开放式题目，不同的创业者往往有不同的解题思路，这就是创业的逻辑。创业者必须拥有清晰的创业逻辑，才能领导企业向着目标前进。主流的创业逻辑包括因果逻辑和效果逻辑两种。

1. 创业的因果逻辑

因果逻辑最早由美国哲学家、计算机科学家阿瑟·勃克斯（Arthur Burks）于1977年提出，后来被引入创业领域。因果逻辑就是"原因－结果"的推理，即只要知道所有相关信息，就可以推导出未来必然会出现的结果。

因果逻辑是最直观的创业逻辑，其基本思路是将未来看作过去的延续，认为未来是可以预测的。因此只要预测了未来的需求，创业者就有了一个明确的目标并可以为之持续努力。基于因果逻辑，创业者首先需要发现潜在的商品市场，然后通过市场调查和数据分析确定整个创业计划，根据计划组织相关的资源，最后进入市场，通过竞争占据足够的市场份额，最终获得收益。在这样的思路中，创业者需要关注创业过程中的各种不确定性，尽力规避意外。而对于无法控制和改变的环境，创业者则需要不断进行自我调整来适应环境。因果逻辑有以下特点。

◆ **从目标出发**。一个明确的、可实现的目标对创业活动具有指导作用，因此创业者一定要具有明确的目标，且目标越详细越好，做到从目标出发。

◆ **规避风险**。为了使创业活动向着目标前进，创业者需要尽量规避风险，以科学的方法预测未来可能出现的风险和损失。

◆ **收益最大化**。创业者应该广泛地收集有用的信息，评估所有可能方案的预期收益和风险，综合衡量后选择收益最大的方案执行。

◆ **考虑竞争**。目标确定后，目标市场也就随之确定了，创业者应该充分考虑市场中的竞争，着力发挥自身的优势，以求获得更多的市场份额。

2. 创业的效果逻辑

美国弗吉尼亚大学达顿商学院的教授萨阿斯·萨阿斯娃斯（Saras Sarasvathy）进行了一项针对成功创业者的研究。她选取了销售额不等的27家企业的创始人作为研究对象，最终提出了效果逻辑。

她通过研究发现，成功的创业者并非在创业伊始就有明确的愿景或产品创意，而是首先思考自身的条件与资源，然后联系潜在利益的相关群体，寻找合作机会。面对意外情况，这些创业者会设法利用意外来寻找新的机会。同时，在创业的过程中，他们会召集一些愿意加入自己创业活动的人，如把最初的客户变成合作伙伴，把最初的供应商变成投资者，把最初的投资者变成客户、员工等。

效果逻辑理论认为，环境中充满不确定性，因此未来也是不可预测的。在这样的情况下，因果逻辑将会失效，创业者身处不确定性极强的环境中，目标也会随着时间与环境的突发变化而不断变化。此时创业者最好的一种策略是利用已有的资源及可利用的手段进行创业实践，采取试错的方式摸索前进，并依赖与相关利益者的联盟来降低风险。效果逻辑的特点如下。

◆ **从拥有的资源出发**。创业活动起始于创业者对自身拥有的资源和可利用手段的分析，创业者应该调集各种资源来创造新企业，而不是在既定的目标下寻找新手段。

◆ **考虑可承受损失**。创业者在评估创业机会时应更多地考虑"可承受损失"，将潜在损失降低至自己可以接受的范围。这样即使没有完全取得创业成功，相对那些凭借猜测潜在收益而进行大胆投资的创业者来说，损失也要小得多。这种基于"可承受损失"的实验为创业者获取宝贵的新资源创造了机会，增大了创业成功的概率。

◆ **拥抱不确定性**。创业者需要以积极的心态主动接纳和巧妙利用各种风险。在创业过程中，创业者很可能不会得到期望的结果，这样的不确定性无法避免，创业者需要理性看待这些情况并尝试从中发现新的创业机会。

◆ **建立广泛的合作关系**。创业者应该寻找那些愿意为创业项目实际投入资源的人，与他们建立广泛的合作关系并缔结创业联盟，建立一个利益相关的联盟网络。这个联盟网络的构成决定了创业的目标，随着联盟网络的扩大，创业的目标也会不断地发生变化。

课堂活动　　　　　**因果逻辑与效果逻辑的比较**

因果逻辑与效果逻辑是创业中两个不同的思路，试比较因果逻辑与效果逻辑，将结果填入表4-1中。

表4-1　因果逻辑与效果逻辑的比较

比较项目	因果逻辑	效果逻辑
出发点		
决策方式		
对风险的态度		
对利益相关者的态度		
对未来的态度		

三、创新与创业的关系

创业的主要目的是获取利润，而利润就是通过对资源进行创造性整合和使用，产出的超过资源本身的价值。因此，创新是实现利润的主要方式，是创业的灵魂。创业者以新人的姿态进入市场，在资金、资源、信息、经验等条件都不如行业前辈的情况下，想要在市场上立足，赢得市场竞争，就必须依靠创新。

创新是创业的原动力，创新的作用在于能够帮助创业者开拓市场、获得竞争优势并赢得消费者。

◆ **创新帮助创业者开拓市场**。创新能够帮助创业者开拓新的市场，这主要体现在两个方面。一是创新可以满足消费者的新需求，比如为了满足"淘金客"的需要发明了结实耐磨的牛仔裤，从而开辟了工装裤的新市场。二是创新能够解决以前未能解决的问题，比如为了解决鱼类在长途运输中死亡的问题使用人工增氧的手段，从而将鱼类产品投放到更远的市场上。

◆ **创新帮助创业者获得竞争优势**。创新能够帮助创业者获得竞争优势，这主要体现在3个方面。一是创新能提升产品使用价值，增强产品竞争力。二是创新能降低生产、储存、运输等成本，提高利润率。三是通过创新的方式进行宣传，可以提高产品知名度。

◆ **创新帮助创业者赢得消费者**。创新能够帮助创业者赢得消费者，主要体现在很多消费者有"求新""求异"的心理，新颖的产品和服务能够吸引消费者关注并增强其消费欲望。

第二节 创新创业活动的一般进程

所谓创新创业活动，即由创业者发掘创业机会、激发创意以获得创新解决方案，然后不断完善产品与服务，从而设计一整套商业模式，最终达到持续盈利状态的过程。了解创新创业活动的一般过程，有利于大学生对创新创业活动建立整体、系统的认识。

一、发掘创业机会

创业机会来自有商业价值的创意。所谓商业价值，是指创业机会能够开发出可以把握市场机会的产品或服务，而且市场上存在对产品或服务的真实需求，或可以找到让潜在消费者接受产品或服务的方法。

（一）创业机会的含义和特征

创业机会是指在市场经济条件下，在社会经济活动过程中形成和产生的一种有利于企业经营成功的因素，是一种带有偶然性并能被创业者认识和利用的契机。创业者可以据此为消费者提供有价值的产品或服务，同时使创业者自身获益。创业机会具有以下特征。

◆ **普遍性**。凡是有市场、有经营的地方，客观上就存在创业机会。创业机会普遍存在于各种经营活动过程之中。

◆ **偶然性**。对一个企业来说，创业机会的发现和捕捉带有很大的不确定性，任何创业机会的产生都具有偶然性。

◆ **价值性**。创业机会必须具有价值性，能够满足消费者的某种（潜在）需求。

◆ **消逝性**。创业机会存在于一定的时空范围之内，创业者必须在其存续时间内发现并将其转化为创业项目。随着产生创业机会的客观条件发生变化，创业机会也会相应地消逝或流失。

（二）发掘创业机会的方法

创业机会客观存在于生活中，取之不尽，用之不竭，但要在纷繁的事物中准确识别出创业机会，大学生创业者需要掌握一定的方法。通常，大学生创业者可以尝试从以下方面识别创业机会。

1. 在变化中寻找创业机会

被誉为"现代管理学之父"的彼得·德鲁克（Peter Drucker）将创业者定义为"能寻找变化并积极反应，把它当作机会充分利用起来的人"，该定义充分说明了变化和创业机会之间的联系。创业机会是多种因素变化联系的产物，在变化中产生，也在变化中消亡，因此在变化中寻找创业机会是一种有效的方法。

大学生创业者可以重点关注以下变化。

◆ **市场环境变化**。市场环境直接影响着所有企业的经营，生产材料、人工、交通等因素的变化都会引起市场环境的变化，这些变化中很可能蕴藏着新的创业机会。例如，汽油的价格下跌，那么运输成本就会下降，物流行业就会有更高的利润。

◆ **社会经济变化**。社会经济的发展或衰退会带来需求及潜在需求的变化。例如，社会经济发展，人们的收入提高，人们对于产品的品牌、外观等属性的要求就会提高；反之，人们则会关注产品的价格和耐用性等属性。

◆ **人口结构变化**。个人的需求是多样的、变化的，但是一个固定人群的消费需求是相对稳定的。例如，随着三孩生育政策的实施，母婴产品市场得到了拓展。

◆ **生活观念变化**。生活观念引导人们的行为，满足消费者生活观念的产品和服务能够得到消费者的认可。例如，随着家长对孩子才艺和特长培养的重视，各种艺术培训和体育培育事业得到了发展。

◆ **政策法规变化**。政策法规对经济发展有限制和规范的作用，政策鼓励的创业活动往往更有机会，而政策禁止的创业活动则无法开展。例如，对新能源的扶持政策引领了新能源车行业的发展。

除此以外，产业结构的调整、消费者对个性化服务的追求、科技通信的进步等变化，都会催生各种创业机会。

2. 从消费者需求出发寻找创业机会

从消费者身上觅得创业机会是商业领域中流传已久的法则，因为创业者销售的产品或服务最终都会提供给消费者。分析调研消费者的需求，可以让创业者从中识别出创业机会。创业者想要从消费者身上识别创业机会，就需要观察消费者的生活和工作。由于消费者的需求不同，大学生创业者可对消费者进行分类，根据不同的分类来研究某一类消费群体的需求。例如，父母注重子女的教育，子女则担心父母的健康。

值得注意的是，如果大学生创业者能够发掘出消费者隐藏的需求并率先提供能够满足其需求的产品或服务，往往能够在市场竞争中获得优势，率先占领利润较高的新兴市场，取得较大的收益。

二、激发创意以获得创新解决方案

发掘创业机会完成了"找出问题"的主要任务，那么如何"解决问题"呢？创业者需要发挥自己的创新意识，产出创意，提出创新解决方案。创意是创新解决方案的基础和原点。我国学者刘仲林在其著作《美与创造》中将创意分为联想、类比、组合和臻美4类，创业者可以通过与之相对应的4种方法激发创意以获得创新解决方案。

（一）联想方法

联想方法是以联想为主导的创意方法，提倡抛弃陈规旧律，大开想象之门，由此及彼，不断进行思维的发散。例如，夏天看到火热的太阳，就会联想到树荫，再联想到森林及山顶，最后联想到滑翔翼，于是便可以在太阳和滑翔翼这两个似乎毫不相关的物体之间建立联系，这就是联想的表现。常见的联想方法包括纵向联想、横向联想与关联联想3种。

1. 纵向联想

纵向联想是从前及后，按逻辑顺序思考的一种传统思维方式，遵循由低到高、由浅到深、由因到果、由始到终的层递式思维原则，能得出当前各种情况下较为合理的结果。

例如，生产线上的机器老是停转，多次维修都无效，要想解决这个问题，就要探寻机器停转的原因；得出的结果是因为超负荷，保险丝烧断了；然后继续寻找超负荷的原因，原来是轴承的润滑不够，而润滑不够的原因在于润滑泵吸不上来油，吸不上来油是因为油泵轴磨损，松动了……这样一层层进行推理，最后得出的结论是：因为没有安装过滤器，混入油中的杂质使机器阻塞，只要安装过滤器，一切将迎刃而解。这就是纵向联想的思考方式。

2. 横向联想

横向联想指摆脱原有的纵向思维方式，思考问题时从其他角度、领域寻求突破，从而激发更多新观点、新想法的方法。其特点在于打破原有的思维定式，从多点切入，这样可以捕捉到新的见解，产生新的构思与创意。进行横向联想时，创业者可以参考以下创意思考方式。

◆ **对现有的一些假定提出挑战**。创业者通过质疑当前事物来产生联想创新。例如，黎曼质疑欧几里得关于三角形内角之和等于180度的定律，并得出在非平面上，这条几何原理并不适用，由此实现了几何学上的突破；牛顿对苹果垂直下落的质疑促进了万有引力的发现。

◆ **展开逆向思维**。创业者可以反其道而行之，让思维往事物的对立面发展，即展开逆向思维。

◆ **凭借直觉、内在感知、潜意识来提出设想**。例如，爱因斯坦利用直接思维观察自然，从牛顿的"绝对时间"和"绝对空间"的观念中解脱出来，顿悟时间是可变的，从而创立了狭义相对论。

3. 关联联想

关联联想主要围绕事物之间的关联性展开联想，联想到其他与之有关联的事物，如君子与竹、风与火等，由此激发创意。这种联想比较适用于多主题的设计。

（二）类比方法

类比方法是以两个不同事物的类比为主导的创意方法。该方法建立在大量联想的基础上，以不同事物的相似点或相同点为基础来寻找创意的突破口。相比联想方法，类比方法更为具体。常见的类比方法包括以下几种。

◆ **拟人类比**。这又可称为"亲身类比"，指在解决问题时将自己设想为问题中的某些事物，或者说将创新发明的对象拟人化，从而深刻体会问题本质的一种创意思考方法。例如，挖掘机的挖掘臂就是模仿人体手臂设计的，既灵活又稳定。

◆ **直接类比**。这是指从自然界的现象中或人类社会已有的发明成果中寻找与创造对象相类似的事物，并通过比较启发出创造性设想的一种方法。例如，从鸟的飞行姿态获得设计飞机的灵感；从升降电风扇中得到灵感，发明了升降篮球架等。

◆ **象征类比**。这是一种用具体事物来表示某种抽象概念或思想情感的创意思考方法。例如，橄榄枝象征和平，从而以此进行产品设计。

◆ **仿生类比**。这是利用仿生学对自然生物进行分析和类比以进行创造的方法。例如，根据青蛙发明的电子蛙眼、根据壁虎脚趾发明的黏性录音带等。

◆ **幻想类比**。这是指根据创造对象的要求，以最狂热的一种幻想提出自己的愿望，然后想象出一些在现实中并不存在的能够满足愿望的可能方式，以此启发解决问题的思路的创意思考方法。例如，对外星生物及其生存环境的幻想推动了人类向外太空的探索等。

◆ **因果类比**。这是根据已掌握事物的因果关系与正在研究改进事物的因果关系的相似之处寻找创新思路的方法。例如，为解决牛黄（牛的胆结石）供应不足的问题，医药公司从人工育珠（人工将异物放入珍珠蚌体内培育珍珠）的因果关系中得到启发，将异物放入牛的胆囊中，成功培育出了人工牛黄。

（三）组合方法

组合方法就是将两种或两种以上事物的部分或全部进行有机的组合、变革、重组，从而诞生新产品、产生新思路或形成独一无二的新技术。

据统计，在现代技术创新成果中，组合型成果已经占到了60%～70%。这也验证了晶体管发明者之一威廉·肖克莱（William Shockley）所说的一句话："所谓创造，就是把以前独立的发明组合起来。"

组合创新是常见的创新活动，许许多多的发明和革新都是组合的结晶。且不说领域与领域之间的组合（如机电一体化）及高精尖的科技成果的组合，单看大学生的生活中，组合创新的产品随处可见。例如，电话＋视频采集＋视频接收＝可视电话，毛毯＋电热丝＝电热毯，台秤＋微型计算器＝电子秤，自行车＋蓄电池＋电机＝电动自行车，机械技术＋电子技术＝数控机床。

（四）臻美方法

臻美方法是指以达到理想中的完美性为目标的创意方法，是对创意作品的全面审视和开发，属于创意方法的最高层次。这类创意方法主要是找出作品或产品的缺点，并对其进行改进，使其更完美、更有吸引力。希望点列举法、缺点列举法等都属于臻美方法。

1. 希望点列举法

希望点列举法是一种不断以"希望……"的句式提出理想与愿望，进而探求问题解决方案或改善策略的创意思考方法。该方法可聚合对事物各种属性的要求，以寻求新的发明目标。希望点列举法的实施分为3个主要步骤：一是确定课题，利用观察联想、会议列举、抽样调查等激发与收集消费者的希望；二是仔细研究这些希望，以形成"希望点"；三是以"希望点"为依据创造新产品。

希望点的列举可以分为两类。一类是目标固定，即目标集中在已确定的创造对象上，列举其希望点，形成对其的创新改进方案。例如，某制笔公司想要改进钢笔，通过列举对钢笔的希望，如书写流利、省去笔套、不用加墨水等，设计出一款可伸缩的钢笔，获得了市场的认可。另一类是目标离散，即没有固定的创造目标和对象，创业者此时可收集全方位、各层次的人在不同条件下的希望点来找到创新点，形成有价值的创造课题，由此进行创造性的设计。例如，医疗公司通过对自己客户的分析，选择满足肢体残疾患者的需求，研发多功能义肢。

2. 缺点列举法

所谓缺点列举法，就是通过对已有的、熟悉的事物进行深入的分析，在一一列举其缺点的基础上找出相应的解决方案，从而进行创新的方法。缺点列举法可以帮助创业者突破"问题感知障碍"，启发其发现问题，找出事物的缺点和不足，从而有针对性地进行创新和发明。创业者如果能站在消费者的立场上，切实改进产品的缺点，就能进一步满足消费者的需求，赢得市场的认可，从而获得可观的经济效益。

三、完善产品与服务

得到了创新解决方案，创业者就可以以此为根据，设计出创业产品与服务，并着手将其推向市场。但是，此时的产品与服务仅仅是创业者根据自己的创意"闭门造车"的产物，市场接受度与消费者满意度都不能确定，盲目推广可能效果不佳。因此，创业者需要开展多轮小规模测试，不断完善产品与服务，最终使产品与服务能够赢得市场。

（一）最小可行性产品

最小可行性产品（Minimum Viable Product，MVP）即创业者将新产品的创意用最快、最简洁的方式实现，只展示其必要的功能。使用MVP，创业者能够以最低成本和最小的代价测试用户对产品的接受度，并可以在MVP的基础上直接进行改进。

MVP是一种具有刚好满足早期目标用户需求的功能，并能为未来产品开发提供反馈的产品。其核心是聚焦，要求抓住产品核心的功能或流程，去掉多余或高级功能。例如，产品要满足"坐"的需求，那么其MVP就是凳子，而非椅子或沙发。MVP通常具有以下特点。

◆ **能体现项目创意**。MVP建立在产品思路之上，自然应体现项目创意。

◆ **功能核心**。MVP是能帮助创业者表达产品核心概念的产品。例如，要检测汽车这一产品是否可行，将一个或两个轮子作为MVP根本无法检测出用户对其的接受度，因为汽车背后的真实需求是出行，仅靠轮子无法实现。但滑板、自行车等却可以作为MVP，因为用户对它们的使用可以证明该需求确实存在，产品思路可行。

◆ **功能极简**。MVP只需保证产品基本满足用户需求，其他冗余部分可能会导致用户判断失误，进而导致产品决策失误。

◆ **能够演示和测试**。MVP需要用于收集用户反馈，往往会经历多次迭代，因此必须具有能够演示和测试的功能。

◆ **开发成本尽可能低，甚至为零**。MVP主要用于实现低成本快速试错，从而以较低成本尽快推出完善的产品。

（二）迭代开发

在推出MVP后，创业者需要对产品进行迭代开发。迭代开发流程如图4-1所示，即创业者快速建立MVP，然后将MVP推向特定的测试用户，收集用户反馈后完善产品，之后将完善后的产品再推向用户，获取反馈，重复这一过程，直到完善后的产品正式发布。

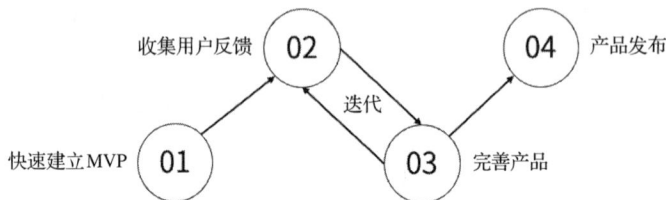

图4-1　迭代开发流程

通常来说，如果创业者要在半年内推出一个产品，根据迭代开发流程，则需要在一个月内拿出第一个MVP。当然，这个MVP往往是极简的、不完善的，所以在之后的几个月里，创业者需要进行用户测试，根据用户反馈获得修改意见，设计出一个更完善的产品，并不断重复这一过程、完善产品功能，最后推出的产品将在质量和功能上无限接近用户的需求。

四、设计商业模式

商业模式是企业在一定的动态环境中为实现企业价值最大化，把能使企业运行的内外各要素整合起来，形成一个完整的、高效率的、具有独特核心竞争力的运行系统，并通过最优实现形式满足消费者需求、实现消费者价值，同时使运行系统达成持续赢利目标的整体解决方案。它包含企业特定的一系列管理理念、方式和方法。

商业模式是连接消费者价值与企业价值的桥梁，它为企业的各种利益相关者，如供应商、消费者、其他合作伙伴、企业内的部门和员工等提供了一个将各方交易活动相互链接的纽带。一个好的商业模式能够为企业得到资本和产品市场认同提供价值。企业必须选择一个适合自己的、有效的商业模式，把各种有形和无形的资源都整合其中，并且随着客观情况的变化不断对其加以创新，这样才能持续获得竞争优势。

（一）商业模式的要素

创业者可以将商业模式理解成一个系统，这个系统组织管理着企业的各种资源，使企业得以提供满足消费者需求的产品或服务。同时，这个系统还需要保证，对于这种产品或服务，自己能复制而别人不能复制，或者自己在复制中占据市场优势地位。只有如此，商业模式才能够长久地产出利润，创业者才能够获得收益。设计商业模式就是要设计出一个这样的系统。在设计商业模式时，创业者要充分考虑其中的各种要素及其相互关系。商业模式的六要素及其关系如图4-2所示。

图4-2 商业模式的六要素及其关系

◆ **定位**。一个企业要想有生存空间并实现持续盈利，必须首先明确自身的定位。定位是指企业应该做什么，它决定了企业应该提供什么样的产品或服务来满足消费者的需求。定位是商业模式体系中其他有机部分的起点，也是企业战略选择的结果。

◆ **业务系统**。业务系统是指企业实现定位所需要设立的业务环节、各合作伙伴扮演的角色及利益相关者合作与交易的内容和方式。业务系统是商业模式的核心。

◆ **关键资源能力**。关键资源能力是指让业务系统运转所需要的重要资源和能力，不同的商业模式所需要的关键资源能力不同。

◆ **盈利模式**。盈利模式是指企业获得收入、分配成本、赚取利润的方法。具体来说，它是指在给定的业务系统中，在各价值链所有权和价值链结构已经确定的前提下，企业利益在企业利益相关者的利益分配格局中的表现。

◆ **自由现金流结构**。自由现金流结构是指企业在经营过程中产生的现金收入扣除现金投资后的状况，其贴现值反映了采用该商业模式的企业的投资价值。不同的自由现金流结构反映了企业在定位、业务系统、关键资源能力及盈利模式等方面的差异，体现了企业商业模式的不同特征，决定了企业投资价值的高低、企业投资价值递增速度及受资本市场青睐的程度。

◆ **企业价值**。企业价值即企业的投资价值，是企业未来可以产生的现金流的预期贴现值，它是评判企业商业模式优劣的标准。

（二）商业模式画布

亚历山大·奥斯特瓦德（Alexander Osterwalder）与伊夫·皮尼厄（Yves Pigneur）创造了商业模式画布，以帮助企业设计自己的商业模式。商业模式画布如图4-3所示。

商业模式画布包括重要伙伴、关键业务、核心资源、价值主张、客户关系、渠道通路、客户细分、成本结构、收入来源9个部分，创业者将自己对于创业的设想分别填入对应的区域，即可初步设计出自己的商业模式。

重要伙伴	关键业务	价值主张	客户关系	客户细分
	核心资源		渠道通路	
成本结构		收入来源		

图4-3　商业模式画布

◆ **重要伙伴**。重要伙伴是指保证一个商业模式顺利运行所需要的供应商和合作伙伴网络，包括供应商、经销商、广告服务商等。

◆ **关键业务**。关键业务描述的是为保障商业模式正常运行所需要做的最重要的事情。每一个商业模式都有着一系列的关键业务。

◆ **核心资源**。核心资源也称关键资源，描述的是保证一个商业模式顺利运行所需要的最重要的资产。不同的商业模式所需的核心资源不同。

◆ **价值主张**。价值主张描述的是企业通过其产品和服务为某一客户群体提供的独特价值，可以视作一家企业为客户提供的利益的集合或组合。

◆ **客户关系**。客户关系描述的是一家企业针对某一个客户群体所建立的关系。成功的企业需要与客户保持良好的客户关系。

◆ **渠道通路**。渠道通路描述的是一家企业如何同它的客户群体达成沟通并建立联系，以向对方传递自身的价值主张。

◆ **客户细分**。客户细分描绘了一个企业想要获得的和期望服务的不同目标人群或机构，即明确企业所瞄准的使用服务或购买产品的消费者群体。

◆ **成本结构**。成本结构描述的是运营一个商业模式所发生的最重要的成本。

◆ **收入来源**。收入来源是指企业从每个客户群体中获取的现金收益的形式及其金额。

🔍 案例   **杨雪梅的创业设计**

　　杨雪梅所在的乡村自古就有以手艺精湛而闻名的银器匠人，但是由于该乡村地理位置偏僻，当地的收入水平较低，银器生意越来越难做，银器匠人也大多转行。杨雪梅是村里少有的大学生，在大城市上大学的她觉得村里的银器手艺流失非常可惜，想要利用这一优势创业，同时帮助村民致富。

　　杨雪梅了解到最近"古风""汉服"等文化在城市里流行，觉得这是将家乡银器发扬光大的好机会，于是决定使用商业模式画布来设计自己的商业模式。很快她就完成了商业模式画布的制作，如图4-4所示。

　　完成商业模式画布后，杨雪梅更有信心了，她决定回乡整合银器匠人，并聘请一位专业设计师，通过网店售卖原创手工银器，将家乡的手艺传向全国。

重要伙伴： 银器匠人、设计师、电商平台、淘宝网主播、短视频达人	关键业务： 产品设计、产品制作、产品营销		价值主张： 文创制品，拥有高雅的审美趣味，每一件都是独创设计，不可复制，具有收藏价值	客户关系： 付费、认同产品设计	客户细分： 古风爱好者，喜欢饰品的年轻女性
	核心资源： 设计能力、营销能力、制作工艺			渠道通路： 淘宝网直播、短视频	
成本结构： 主要成本为设计师薪资、工人工资、贷款利息、原料成本、运费			收入来源： 产品利润		

图4-4　杨雪梅的商业模式画布

点评　杨雪梅在萌生创业的想法后，利用商业模式画布对整个商业模式进行了设计和梳理，并针对性地安排了后续的措施，增加了自身对创业的把握。

实践与应用

1. 下面是一些考查创新能力的趣味题目，请尝试解答。

（1）一个长方形透明容器里装满了水，容器上没有刻度，在不使用任何其他工具的情况下，如何将其中的水去掉一半？

（2）现有24个人，要求每5个人为一列，排成6列，请问应该怎么排列？

（3）现在需要种植4棵树，要求4棵树之间两两距离相等，请问应该怎样栽种？

（4）试将图4-5所示的图形分为4份，要求每份都包含4个完整的小方块且形状相同。（一共有5种分法）

（5）试用连续的4条直线连接图4-6所示的9个点。

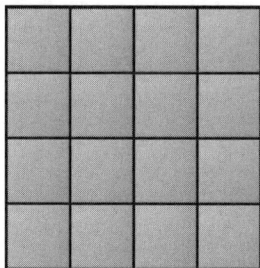

图4-5　第（4）题图

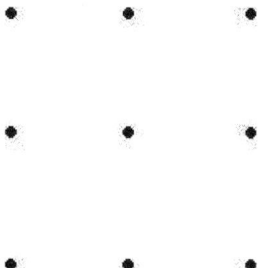

图4-6　第（5）题图

2. 请收集一个自己喜欢的大学生创业故事（既可以是成功的，也可以是失败的），与同学分享。

第五章
开展创业探索

05

在建立起对创新创业的系统性认识后，大学生就可以着手开展创业探索。创业探索是大学生在正式运营创业项目前的必要行动。创业是一项复杂的活动，大学生首先需要做好创业准备，然后通过各种方法增强自己的创业能力。只有这样，大学生才能有效地开展创业实践。最后，大学生可以根据实践情况来选择适合自己的创业方式。

知识要点

- ◆ 做好创业准备的方法
- ◆ 增强创业能力的方法
- ◆ 开展创业实践的途径
- ◆ 如何选择创业方式

引导案例　　　　　　不断探索的朱泉

朱泉自小不安于现状、喜欢挑战，于2013年进入某高职学院市场营销专业就读。初入大学，朱泉便组建了一个3人团队，兼职做天翼校园代理。不久后，朱泉手握通过天翼校园代理赚取的第一桶金，在某国际教育园汇金商业广场开了一家属于自己的营业厅，并收编校园其他团队，拓展业务范围。同时，朱泉的业务范围还拓展到家庭宽带、办号卡等，并且通过电商渠道进行推销，慢慢向省外开拓，做全国代理。

2015年，4G流量营销开始兴起，客户对手机流量的需求越发增大，朱泉决定将营业厅转型，代理电信线上渠道业务，与3家运营商同时开展合作，代理流量充值业务。当时朱泉的月营业收入曾一度突破5000万元。

2017年，流量市场进一步转型，运营商改革，不限量套餐盛行，但存在限速、流量资费高、覆盖有盲点等问题。面对新的市场发展，朱泉整合资源成立了一家网络科技有限公司。面对巨额的资金投入、研发人员流失和技术瓶颈等难题，他通过银行贷款、与科研院所合作等方式进行了一轮轮技术攻关，终于研发出云SIM解决方案，并成功将其推向市场。

点评　随着社会的发展和进步，创业的机会不断涌现。案例中的朱泉正是看准了机会，勇敢地开展了创业活动。在这一过程中，他深入挖掘市场需求，不断研发新技术，解决市场痛点并进行推广，最终获得了成功。

第一节　做好创业准备

创业是一项复杂的活动，对创业者的综合素质及资源储备的要求较高。有创业潜质的大学生要明确在创业过程中个人条件、能力、团队、资金等因素对创业成果的重要影响。大学生要想成为一个成功的创业者，在创业准备期就必须培养创业精神、了解创业政策，同时还要建设创业团队、筹集创业资金，这样才能应对竞争激烈的市场，提高自己创业的成功率。

一、培养创业精神

创业精神是创业者的心理基础，是指在创业者的主观世界中，那些具有开创性的思想、观念、个性、意志、作风和品质等。大学生要想成功创业，首先要注重创业精神的培养。创业精神是大学生创业的必备心理素质，也是创业的核心。

（一）创业精神的要素

创业精神对于创业者创办新企业尤为重要。大学生如果没有创业精神，就会失去创业的动力，从根本上陷入创业的瓶颈。大学生如果具备全面的创业精神，就将在创业的路途上勇往直前。

创业精神的要素可以归纳为以下9点。

1. 强烈的创业意识

创业意识是指在创业过程中起动力作用的个性倾向，包括需要、动机、兴趣、理想、信念和世界观等心理成分。创业意识支配着创业者的态度和行为。

需要是创业活动的最初诱因，当需要上升为动机时，标志着创业活动即将开始。

当前不少大学生不明白创业的真谛，因此大学生创业首先要树立正确的创业意识，使自己具备创造梦想、发现机遇，凝聚梦想、不懈追求，学习新知、进取提升，突破陈规、创新创造，敢于担当、直面挑战，居安思危、自省自警的意识。

2. 充满创业激情

创业的过程总是充满艰辛曲折，创业者需要以极大的创业激情，将创业团队凝聚在一起克服困难。

3. 鲜明的创业个性

创业成功者一般具有鲜明独特的个性品质：一是敢冒风险，敢于走前人和别人没有走过的路，更容易抓住创业机会，创造出自己独特的东西；二是执着，能够全身心地投入创业活动；三是独立自主，能够独自解决困难和问题，不受外来因素的干扰。

4. 顽强的创业意志

创业者要拥有顽强的创业意志，永不言败，百折不挠地把创业行动坚持到底。创业意志包括创业目的明确，决断果敢，具有恒心和毅力等。

5. 工匠精神

工匠们对细节往往有很高的要求，追求完美和极致，对精品有执着的坚持和追求，喜欢不断雕琢自己的产品，不断改善自己的工艺。工匠精神就是对细节的高度专注、对完美的不懈追求。大学生如果能够始终秉持工匠精神，就能够将自己的产品和服务打造成精品，从而凭借过硬的品质在市场上站稳脚跟。反之，大学生如果一味追求"短平快"，过于看重短期利润，就可能忽视产品和服务的质量，失去市场。

6. 批判精神

批判精神是十分宝贵的一种创业精神。一个成功的创业者需要具备相应的批判精神。要想成为优秀的创业者，大学生首先就要敢于走出经验的舒适区，大胆地构思创意并实践，从而捕捉到商业机会。

7. 环境适应能力

具有独立创业精神的现代人，必然具有较强的环境适应能力。在人与环境的互动过程中，个体能够以前瞻性的思维与眼光做出预测与判断，并及时改进、提升或按照客户意愿定制产品或服务，以持续满足客户的需求，而不是被动地等待时机。

8. 领导力和亲和力

创业者在充当领导这一角色时，一定要具有很强的领导力和亲和力，这样才能更好地凝聚创业团队，成为创业团队的精神力量和榜样。

9. 合作精神

这是一个团队合作的时代。没有合作精神，大学生单纯依靠个人的力量创业会非常困难。只有具备合作精神，大学生才能够寻找到更多创业机会，拥有更多创业资源。

（二）创业精神的培养

缺乏创业精神的人必然难以成功创业，大学生需要着重培养自己的创业精神。具体而言，大学生可以通过模仿、历练、实践和培训这4条途径来培养自己的创业精神。

1. 模仿

模仿是培养创业精神最便捷的方法之一，大学生可以选择一个创业成功者作为自己模仿的榜样，然后揣摩他的行为、分析他的言论，从中吸取经验，学习其创业精神。很多创业成功者都有这样的经历：他们在创业的过程中会有一个"偶像"，自己会自觉或不自觉地以这个"偶像"的言行来要求自己、鞭策自己。

2. 历练

大学生培养创业精神最有效的一种方法就是在真正的社会环境中历练。优秀的创业者不仅不会被压力压垮，反而会在压力之下创造出惊人的事业。很多企业家都曾经在社会环境中历练，从而得到了极大的锻炼。大学生也可以通过兼职等方式来历练自己。

3. 实践

实践是大学生培养创业精神最直接的方法。积极的实践能带来良好的反馈，实践经验的积累能够让大学生对创业形成逐渐深入的、全面的认识。实践对大学生培养创业精神的作用是其他途径不可替代的。大学生受时间、资金等条件的限制，往往只能做一些小生意，但从这些小生意中大学生也能培养创业精神。总之，只有通过创业实践，大学生才能更加明确创业目标、制订创业计划，才会更加坚定创业信念，更有效地培养创业精神。

4. 培训

大学生参加创业培训可以得到更加专业和科学的指导，这是通过其他途径难以实现的。通常，各高校和地方人民政府都会开展创业培训活动，一些社会机构也会提供相关服务，大学生可以通过这些渠道来参加创业培训。

二、了解创业政策

了解各级人民政府的相关创业政策对大学生成功创业而言具有重要意义，大学生应该在创业前主动了解相关创业政策。我国各级人民政府一直重视大学生创业工作，早在2014年，国务院办公厅就公开发布了《关于做好2014年全国普通高等学校毕业生就业创业工作的通知》，显示出对大学生创业工作的高度重视。之后每一年，国家都有发布关于大学生创业工作的文件。比如，2020年7月的《国务院推出四条举措力促大众创业万众创新》，2020年12月国务院办公厅印发的《关于建设第三批大众创业万众创新示范基地的通知》等政策的实施，标志着我国的创新创业工作发展到了一个新阶段。现阶段，我国各级人民政府发布的大学生创业扶持政策主要体现在以下几个方面。

◆ **创业担保贷款**。针对有创业要求、具备一定创业条件但缺乏创业资金的就业重点群体和困难人员提供创业担保贷款。同时鼓励金融机构参照贷款基础利率，结合风险分担情况，合理确定贷款利率水平，对个人发放的创业担保贷款由财政部门在一定范围内给予贴息。

◆ **整合发展就业创业基金**。整合发展高校毕业生就业创业基金，完善管理体制和市场化运行机制，实现基金滚动使用，为高校毕业生就业创业提供支持。

◆ **减免税收**。高校毕业生创办个体工商户、个人独资企业的，可依法享受税收减免政策。同时全面减免涉企行政事业性收费、政府性基金、具有强制垄断性的经营服务性收费、行业协会商会涉企收费，落实涉企收费清单管理制度和创业负担举报反馈机制。

◆ **众创空间税收优惠**。落实科技企业孵化器、大学科技园的税收扶持政策，对符合条件的众创空间等新型孵化机构使用科技企业孵化器税收扶持政策。有条件的地方可对众创空间的房租、宽带网络、公共软件等给予适当补贴。

◆ **优先转移科技成果**。鼓励利用财政性资金设立的科研机构、普通高校、职业院校，通过合作实施、转让、许可和投资等方式，向高校毕业生创设的小微企业优先转移科技成果。

◆ **支持举办创新创业活动**。支持举办创业训练营、创新创业大赛、创新成果和创业项目展示推介等活动，搭建创业者交流平台，培育创业文化，营造鼓励创业、宽容失败的良好社会氛围，让大众创业、万众创新蔚然成风。对劳动者创办社会组织、从事网络创业符合条件的，给予相应创业扶持政策。

◆ **大力加强创业教育**。把创新创业课程纳入国民教育体系，从健全创新创业教育课程体系、创新人才培养机制、改进创业指导服务等9个方面促进大学生创新创业。

◆ **免收有关行政事业性收费**。除国家限制的行业外，高校毕业生创办的个体工商户、个人独资企业，自其在企业登记机关首次注册登记之日起3年内，免收管理类、登记类和证照类等相关行政事业性收费。

◆ **免费创业服务**。有创业意愿的大学生，可免费获得公共就业和人才服务机构提供的创业服务，包括政策咨询、信息服务、项目开发、风险评估、开业指导、融资服务、跟踪扶持等"一条龙"创业服务。

我国各级人民政府颁布的大学生创业扶持政策涵盖了创业活动的方方面面，不仅有实际的资金支持和税收减免，提供创业空间、创业教育等各种优惠，还动员了高校、众创空间、研究机构等相关组织为大学生创业提供支持，真正做到了全方位、多角度、有深度的创业帮扶，为大学生创业提供了巨大助力。

🔍 案例　　　　　　搭上政策的东风

陈鸣是苏州市晨煊纺织科技有限公司的创始人，提起创业，他说自己的成功和学校、当地人民政府的支持和优惠政策密不可分，自己是"搭上了政策的东风"。

陈鸣是某高职学院染整技术专业的毕业生，在学院产教园的苏州市数码印花工程技术研究中心实习实践的过程中对专业、行业都有了更深层次的了解，萌生了创业的想法。在学院老师的帮助下，他建立起了自己的科研支撑团队。2015年，他获得的江苏省大学生优秀创业项目奖为其提供了创业启动资金。公司选址在江苏省苏州市吴江区盛泽镇，该地区的新兴纺织纤维与面料特色产业基地已经发展成为具备创新驱动、集聚发展、产业融合、特色鲜明的产业集群，同时，吴江区人民政府出台的"大众创业圆梦吴江"等创业优惠政策，为陈鸣公司的落地奠定了基础。

目前，陈鸣公司旗下拥有多个自主品牌，拥有发明专利2项、实用新型专利23项、软件著作权72项、外观专利50项。公司所研制并生产的光变、水变、温变、遇水开花、驱蚊驱虫等快时尚功能型面料和高端数码印花丝绸产品等销往美国、英国、日本、韩国等国家和地区。

点评　一方面，陈鸣依托学校的产教研平台解决产业难题，形成了自己的科研支撑团队。同时，他的公司落地盛泽，也是充分考虑到了盛泽当地的产业环境和吴江区人民政府的相关优惠政策。另一方面，他申报的江苏省大学生优秀创业项目奖也为其提供了创业启动资金。这些因素最终促成了他的成功。

课堂活动 **了解当地大学生创业的相关政策**

除了中央人民政府以外，我国各级人民政府及各高校几乎都发布了大学生创业的扶持政策。同时，各大高校也纷纷建立起了大学生创业产业园、创业实践基地等设施。

请通过网络搜集、采访教师等方式了解你们当地有关大学生创业的相关政策，并与同学交流，最终形成班级的"创业政策库"。

三、建设创业团队

创业是一项复杂的、长期性的活动，有很多不同类型和领域的具体事务需要处理。因此，大学生创业者难以仅靠自己完成创业活动，而需要寻找自己的"左膀右臂"，共同开展创业活动。事实证明，与个人创业者相比，创业团队往往有更高的成功率。

（一）创业团队的成员构成

创业团队是指在创业初期，由一群才能互补、责任共担、愿为共同的创业目标而奋斗的人所组成的特殊群体。创业团队由不同的成员构成，团队中的成员各有特长和优势，只有每位成员的工作都符合自身特质，同时所有成员的分工又具有良好的结构，团队才能高效运作。

贝尔宾团队角色理论提出："一个结构合理的团队应该由9种角色组成，每位团队成员必须清楚自己和其他人所扮演的角色，了解如何相互弥补不足，发挥各自的优势。"

贝尔宾团队角色理论提出的这9种团队角色分别为审议员/监督者、专家、智多星/创新者、协调者、凝聚者、外交家/信息者、执行者、完成者、鞭策者。其中，审议员/监督者、专家、智多星/创新者为谋略导向型人才，负责提供创意和专业建议；协调者、凝聚者、外交家/信息者为人际导向型人才，负责团队内外的人际交往和客户关系培养；执行者、完成者、鞭策者为行动导向型人才，负责执行团队任务，达成团队目标。贝尔宾团队角色理论中各角色的特征和作用如表5-1所示。

表5-1 贝尔宾团队角色理论中各角色的特征和作用

类型	角色	特征	在团队中的作用
谋略导向	审议员/监督者	优点：理智谨慎，判断力和分辨力强，讲求实际	分析问题和情景；对繁杂的材料予以简化，并澄清模糊不清的问题；对重要的决策进行评估判断；对他人的判读和作用做出评价
		缺点：缺乏鼓动和激发他人与自己的能力	
	专家	优点：主动自觉，全情投入，能够提供不易掌握的专业知识和技能	提供专业建议
		缺点：能够做出的贡献范围有限，沉迷于个人兴趣	

续表

类型	角色	特征		在团队中的作用
谋略导向	智多星/创新者	优点：思维活跃，想象丰富，知识面广，具有创新精神		出谋划策，提供建议；提出批评并有助于引出相反意见；对已经形成的行动方案提出新的看法
		缺点：高高在上，不注重细节，不拘礼仪		
人际导向	协调者	优点：沉着自信，看待问题比较客观，拥有控制局面的能力		协助明确团队目标和方向；帮助确定团队中的角色分工、责任和工作界限
		缺点：在智能及创造力方面稍逊一筹		
	凝聚者	优点：擅长人际交往，性情温和、敏感，具有较强的环境适应能力和团队凝聚能力		给予他人支持与帮助，消除或克服团队中出现的分歧
		缺点：危急时刻优柔寡断		
	外交家/信息者	优点：外向热情、好奇心强、人际关系广泛、消息灵通		提出建议，并引入外部信息；发掘可以获得并可利用的资源
		缺点：兴趣转移快		
行动导向	执行者	优点：保守、务实、可靠、勤奋		将计划转换为实际步骤
		缺点：缺乏灵活性，对没有把握的主意不感兴趣		
	完成者	优点：勤奋有序，有紧迫感，理想主义，完美主义		强调任务的目标要求；查漏补缺，督促他人完成
		缺点：拘泥于细节，容易焦虑，不洒脱		
	鞭策者	优点：思维敏捷，开朗，主动探索，有干劲，爱挑战		寻找和发现方案，推动团队达成一致意见，并朝向决策行动
		缺点：好挑起争端，易冲动，易急躁		

（二）创业团队的组建原则

大学生创业者组建创业团队，实际上就是为创业吸纳核心人才。人才越多、越优质，人才结构越合理，创业团队的生存能力及获取资源、利用资源的能力也就越强。而要想使自己的创业团队人才多、人才结构合理，大学生创业者在组建创业团队时就需要遵循一定的原则。

◆ **目标明确合理原则**。创业目标必须明确、合理、切实可行，这样才能使团队成员清楚地认识到共同的奋斗方向，才能真正发挥目标的激励作用。

◆ **互补原则**。大学生创业者寻求团队合作的主要目的，在于弥补创业目标与自身能力之间的差距。只有当团队成员在知识、技能、经验等方面实现互补时，才有可能通过相互协作发挥出"1+1>2"的协同效应。因此，团队成员之间要做到互相信任、取长补短、分工协作、权责明确。

◆ **精简高效原则**。为了减少创业期的运作成本，使各团队成员最大限度地分享成果，创业团队人员构成应在保证企业高效运作的前提下尽量精简。

◆ **动态开放原则**。创业是一个充满不确定性的过程，因能力、观念等方面的原因，团队中可能会有人选择离开，但同时也会有人加入。因此，大学生创业者在组建创业团队时，应注意保持团队的动态性和开放性，使真正完美匹配的人员能被吸纳到创业团队中来。

课堂活动　　　　　　　**贝尔宾团队角色自我测评**

　　扫描右侧二维码，获取测评题目。对这些题目的回答，可能在不同程度上描绘了你的行为。每题有9句话，请将总分10分分配给每道题的9个句子。分配的原则是：最能体现你行为的句子得分最高，以此类推；最极端的情况也可能是10分全部分配给其中的某一个句子。

贝尔宾团队角色
自我测评题目

　　打分完毕后，请根据你的实际打分情况，将每道题每个选项的分数填入表5-2中。计算每一个角色的总分，得分最高的角色就是最适合你的角色。

表5-2　贝尔宾团队角色自我测评

	执行者	协调者	鞭策者	智多星/创新者	外交家/信息者	审议员/监督者	凝聚者	完成者	专家
1	G	E	G	D	A	I	H	F	B
2	A	B	F	H	D	E	G	I	C
3	I	B	D	E	G	H	F	C	A
4	D	I	B	E	H	C	A	F	G
5	C	G	E	I	F	B	D	H	A
6	G	D	H	A	I	F	B	E	C
7	E	H	A	G	D	B	I	C	F
总计									

四、筹集创业资金

　　创业活动需要资金作为支撑。据共青团中央的一项调查数据显示，80.1%的大学生认为"缺乏启动资金"是创业最大的障碍。可见对于大部分大学生创业者来说，创业的成本超出了其能负担的范围，筹集企业所需资金成为大学生创业前必须考虑的事项。

（一）创业融资原则

　　大学生筹集创业起步生产经营和发展所需资金的行为和过程称为创业融资。由于缺少可供抵押的资产、社会关系单薄、难以取得信任等原因，大学生进行创业融资往往面临一些困难。同时，创业融资需要企业付出代价，如向银行贷款需要支付利息，向投资者融资需要分配企业的股权等。因此，大学生创业者应该遵循一定的融资原则来进行融资，以降低融资成本、规避融资风险。

　　◆ **规模适当原则**。一方面，企业对于资金的需求会不断变化，大学生创业者应该根据创业计划和所处创业阶段，运用财务手段合理地预测资金需求量。新创企业的融资规模应该保持在一定的水平，以平衡融资额度与资金需求，避免应融资过剩支出不必要的成本，或因融资不足影响正常的经营活动。

　　◆ **融通及时原则**。新创企业的融资活动应该根据企业自身的资金安排来进行，使企业的融资与资金使用在时间上相匹配。融资过早会造成资金的闲置，产生不必要的资金成本；融资滞后则可能错过有利的资金使用窗口期，影响企业的正常生产经营。企业融资越及时，资金的使用效率越高，资金成本越低。

◆ **来源合理原则**。新创企业的融资活动不仅影响企业自身，也影响着社会资源的流向和流量，涉及相关利益主体的经济利益。因此，大学生创业者在融资时一定要遵守国家的相关法律法规，选择来源合理的融资渠道，避免因非法融资行为给企业自身及其他相关利益主体造成损失。

◆ **融资方式经济原则**。新创企业在融资上需要讲究效益。一方面，由于资金的筹集与使用都会产生成本，因此大学生创业者在融资前必须要事先确定该笔资金的使用方式及其收益，只有在资金使用收益大于资金成本的情况下才能够进行融资。另一方面，不同的融资方式，其资金成本也有高有低，大学生创业者应该对各种融资方式进行分析、对比，选择经济、可行的融资方式。

（二）创业融资方式

对于还未正式开始创业的大学生而言，创业融资的主要方式有向家人及亲戚朋友借款、大学生创业贷款、银行商业贷款、天使投资和风险投资等。这些方式各有特点，大学生需要根据自己的实际情况加以选择。

1. 向家人及亲戚朋友借款

新创企业早期所需的资金具有高度的不确定性，但是需求量较少，因此在这一阶段，除了大学生创业者本人的个人积蓄外，向家人及亲戚朋友借款就是最为常见的创业融资方式。大学生同家人及亲戚朋友之间有一定的亲情、友情关系，更容易建立起信赖感。

向家人及亲戚朋友借款也具有一定的局限性，其只适用于家庭物质条件较好的大学生创业者，并且如果创业失败，还可能影响双方关系。因此，大学生创业者应该在对方自愿的情况下借款，并以公事公办的态度将家人及亲戚朋友的借款与其他投资者的资金同等对待。

2. 大学生创业贷款

大学生创业贷款是银行等资金发放机构对各高校学生（专科生、本科生、研究生等）创业者发放的无抵押、无担保的大学生信用贷款。

大学生创业贷款是一项重要的创业扶持政策，相比于银行商业贷款，大学生创业贷款通常具有利率低（甚至无息）、审核宽松、放款速度快等优点，是一种理想的融资手段。同时，大学生创业贷款也有额度较低、限制条件较多、需要向政府部门申请等缺点。

3. 银行商业贷款

如果大学生创业者需要的创业启动资金无法通过大学生创业贷款的方式满足，也可以向银行申请商业贷款。银行是依法成立的经营货币信贷业务的金融机构，向银行申请商业贷款是最普遍的一种融资手段。银行商业贷款主要有以下几种形式。

◆ **担保贷款**。担保贷款是指以担保人的信用为担保而发放的贷款。随着国内中小企业信用担保体系的建立和完善，目前各地均有专业的信用担保机构。大学生创业者如果缺乏合格的抵押物品，就可以向信用担保机构申请担保贷款。

◆ **抵押贷款**。抵押贷款是指按照《民法典第四分编担保物权》规定的抵押方式，以借款人或第三人的财产作为抵押物发放的贷款。办理抵押贷款时，由银行保管抵押物的有关产权证明（所有权不变更），且抵押贷款的金额一般不会超过抵押物现值的70%。

◆ **质押贷款**。质押贷款是指以借款人或第三人的动产或权利作为质押物发放的贷款。大学生创业者可用自己甚至亲朋好友（需要本人书面同意）未到期的存单、国债、国库券等作为抵押物，从银行申请有价证券面值80%～90%的贷款。与抵押贷款相比，质押贷款中，借款人或第三人的动产或权利凭证被转移给了银行。

◆ **信用贷款**。信用贷款是指银行仅凭对借款人资信的信任而发放的贷款，借款人无须向银行提供抵押物或担保。信用贷款具有无抵押、手续便捷的优点，借款门槛也比较低，只要工作稳定，征信记录良好，如信用报告、信用评估、信用信息良好就能获得贷款。但银行对信用贷款的信用审核严格，贷款额度相对较低，所以只适用于大学生创业者的短期小额贷款。

4. 天使投资

天使投资是自由投资者或非正式风险投资机构对原创项目构思或小型新创企业进行的一次性的前期投资。

天使投资一词起源于纽约百老汇的演出捐助。"天使"一词是由百老汇的内部人员创造出来的，用以形容百老汇演出的富有资助者，他们为演出进行了高风险的投资。后来，那些给创业者带来投资和帮助的投资者都被称为"天使投资人"。目前，国内也有很多专门从事个人投资的"天使投资人"。天使投资通常是投资者以自己的积蓄投资，融资程序简单、迅捷，但是投资者往往只进行短期投资，且只提供"第一轮"融资。

5. 风险投资

风险投资指由创业资本家或其他出资人将资金投入拟创立的新企业或刚刚诞生的创业企业，向创业项目或新创企业提供资本支持，并通过提供资本经营等一系列的服务来帮助创业者完成创业，在创业成功后投资者会卖出股份套取现金的过程。

风险投资的投资额一般较大，创业资本家或其他出资人在投入资金的同时也会拥有一定的管理权限，并且会随着所投资企业的发展而逐步增加投入。部分风险投资者在投资的时候还会要求在董事会中占有一定席位，以及拥有一些特定的否决权。

无论是天使投资还是风险投资，投资者的目的都是追求投资收益，实现资产增值，因此，他们只会选择自己认为有前途的创业者。大学生创业者获取天使投资和风险投资的要点在于向投资者展示自己创业项目的前景，以打动投资者。

❁ 第二节　增强创业能力

创业活动对大学生的能力提出了很高的要求。大学生如果想在创业方面取得一定的成功，至少应具备五大能力：发现市场的能力、创新能力、专业技术能力、资源整合能力、团队管理能力。大学生只有具备这五大能力，才可能在竞争激烈的市场上立足。

一、发现市场的能力

成功的创业者通常具有敏锐的发现市场的能力，能够提前抓住商机。例如，我国"弄潮"互联网的创业者们，从最初的门户网站、网上商城创业，到后来的短视频、直播创业，他们的成功无一不是由于他们敏锐地发现了市场，并把握住了行业的先机。发现市场的能力一般建立在创业者对市场环境的了解之上，创业者必须了解市场规律、了解消费者消费趋势、了解金融运转规律等，在不断变化的市场环境中分析市场，再根据市场对自己的创业项目进行准确定位。

二、创新能力

创业活动具有复杂性和多变性，不懂得变通的创业者往往无法跟上市场变化的趋势，只能处于被动创业的地步，使创业陷入僵局。在这个信息瞬息万变的市场环境下，创业活动的不可预测性较大，这就要求创业者善于思考、积极创新。

创新能力是一项综合能力，包括思维创新和实践创新两个方面。思维创新即创造性的思维，具有创新能力的创业者更愿意独立思考，也更容易捕捉到创业灵感。实践创新即创业者在创新活动、创新思维的辅助下完成创新任务的能力。

每个人的创新能力都有不一样的构成要素，但是在通常情况下，创新能力强的人在以下方面的表现往往也更加优秀。

◆ **学习能力**。学习能力主要指获取和掌握知识、方法和经验的能力，包括阅读、写作、理解、表达、记忆、搜集资料、使用工具、对话和讨论等能力。

◆ **分析能力**。分析能力指把事物的整体分解为若干部分进行研究的技能和本领。

◆ **综合能力**。综合能力强调把研究对象的各个部分结合成一个有机整体进行考查和认识的技能和本领，是将事物的各个要素、层次用一定线索联系起来，以此发现其本质关系和发展规律的能力。

◆ **想象能力**。想象能力以一定知识和经验为基础，表现为直觉、形象思维或组合思维，不受已有结论、观点、框架和理论的限制，是提出新设想、新创意的能力。

◆ **批判能力**。在学习、吸收已有知识和经验时，批判能力能够保证人们批判性地、选择性地吸收和接受知识、经验，从而做到去粗取精、去伪存真。

◆ **实践能力**。提出创造发明成果只是创新活动的第一阶段，要使成果得到承认、传播、应用，实现其学术价值、经济价值和社会价值，我们必须要和社会打交道。实践能力就是为实现这一目标而进行各种社会实践活动的能力。

◆ **组织协调能力**。组织协调能力是指合理调配系统内的各种要素，通过发挥系统的整体功能以实现目标。对于创新人才来说，要想完成创新活动，就要协调各方，当拥有一定资源时，就可通过沟通、说服、资源分配和荣誉分配等手段来组织协调各方以实现创新目标。

大学生创业者应该有意识地培养自己的创新能力，增加自己的知识、技能、经验、阅历，摆正自己的心态，通过专业的知识和技术、开阔的思维和心态、丰富的实践能力等来开拓自身的事业，并进一步形成创新能力。

三、专业技术能力

利用专业技术能力进行创业是大学生创业的一条特色之路。对于打算创业，但创业资金不够雄厚的大学生来说，通过加强技术创新和开发具有独立知识产权的产品的方式，可以吸引投资者投资，从而获取资金进行创业。同时，从自己熟悉的、掌握力强的行业入手，也有利于提高大学生创业的成功率。

案例　　专业是成功的桥梁

卜飞毕业于某高职学院服装设计专业，并在毕业前期前往苏州某婚纱城实习，从事服装助理相关工作。在实习实践期间，他发现定制婚纱的过程中最为关键的一个步骤是裁剪。卜飞联系了武汉、广州、厦门等多地的服装制造商，调研现有服装企业裁剪设备的市场现状，发现大型服装企业均使用国外的裁剪设备，非常昂贵，中小型服装企业难以负担这笔费用，于是他立志研发适合国内服装企业的智能裁剪设备。

他在母校相关老师的帮助下，组建了从事软件系统开发和专注于机电一体化研究的专业团队，同时还聘请了行业企业的专家顾问，将自动裁剪切割系统、版型数据库与激光裁剪设备相结合，提出了产品设备和软件匹配的一体化服装裁剪解决方案。

目前，他创办的公司专注于解决服装企业的裁剪智能化难题，整条生产线只需一个人操作，自动拉布，边拉边裁，裁片一次成片，直接进入缝制环节。公司至今已经研发了5代智能裁剪生产线，每年投入利润的15%用于研发新的技术，以提升裁剪精度和裁剪速度。

点评　卜飞结合自己的专业，深入了解行业，在提升自我专业技术能力的基础上积累行业经验，挖掘市场空白点，并整合实习单位、母校师资等资源，组建创业团队，提升团队科研能力，最终取得了创业成功。

专业技术能力的构成有许多种，大学生需要根据自己的特长、能利用的资源来增强自己的专业技术能力。要增强自己的专业技术能力，大学生可以尝试从以下角度出发。

◆ **学习专业知识**。如果创业需要的专业技术能力恰好属于大学生自己的专业范畴，那么大学生应该努力学习专业课程，同时积极参加学校的科研项目，提高自己的专业理论水平。如果大学生创业需要的专业技术能力与自身专业不符，那么大学生可以通过公选课、网课、旁听课等形式来学习相关知识。

◆ **积极与专业人士交流沟通**。和本身具有相应专业技术能力的人交流，能够有效增加大学生对知识的掌握，同时还能帮助大学生了解专业技术的应用实际和应用痛点。大学生可以利用网络平台与专业技术人员交流，通常不同行业的人会聚集在不同的网络社区，如数码行业的中关村在线、太平洋电脑网，编程行业的IT技术之家、CSDN、开源中国。

◆ 参与技术实践。专业技术能力还要在实践中锻炼，否则就成为"纸上谈兵"，大学生应该积极参与学校组织的实训、实习等活动。同时，大学生还可以在校外寻找实践机会，有条件的甚至可以自己购买相应原料和器材，动手实践。

四、资源整合能力

美国麻省理工学院管理科学教授伯格·沃纳菲尔特（Birger Wernerfelt）在1984年提出了资源基础理论，认为企业是各种资源的集合体，资源是企业的基础。事实确实如此，大学生想要创业，必须要有足够的资源作为支撑。

但是，大学生在创业初期普遍存在资源不足、资源配置不当等问题，为此，大学生必须拥有资源整合的能力。整合是指把零散的东西彼此衔接，从而实现信息系统的资源共享和协同工作，形成有价值、有效率的一个整体。创业资源本身都存在各自的价值，但是单靠某个资源无法创造新的价值。创业资源整合就是将不同的创业资源进行合理的组合搭配，使其互相作用协调，产生新的价值的行为和过程。

（一）了解资源整合的注意事项

资源整合是一个复杂而动态的过程，大学生如果想要习得资源整合能力，有效地整合资源，就需要注意一些事项。

◆ **循序渐进**。对于任何一个创业企业或者创业团队来说，资源都是难以完全发掘、配置和利用的。因此，资源整合就必须循序渐进，根据对资源的需求程度及资源开发和利用的成本、收益和不确定性三者进行综合考虑，逐步地寻找和利用各种资源。也就是说，对于每一种资源，大学生都应当选择一个适当的整合时机，以降低资源的维护成本。

◆ **争取双赢**。基本上，企业所发掘和应用的每一种资源实际上也是一个相对独立的利益体。因此在开发和使用这些资源的时候，大学生不能仅仅从自身的利益出发，而必须争取双赢。尤其是需要长期使用的资源，大学生更要重视对方的既得利益，如实现员工（人力资源）与企业、经销商（社会资源）与企业之间的双赢。

◆ **量力而行**。不仅对于不同的资源需要渐进开发和使用，即使对于同一种资源，也需要进行逐步开发。尤其是对于创业团队或者创业企业来说，资源开发的能力和经验都很有限，因此就更需要量力而行地对某一种资源进行开发和使用。

◆ **当前利益与长远利益相结合**。资源整合的根本目的是实现创业企业利益的最大化，但利益有当前利益和长远利益之分。因此在进行资源整合的时候，大学生应该充分协调好当前利益与长远利益之间的关系。创业初期大学生可能会先要求实现快速盈利，但单纯基于当前利益而对资源进行过度开发最终会给企业的长远发展带来隐患。

◆ **留够缓冲余地**。对于创业企业来说，遇到困难和挫折是常有的事情，要挺过困境可能更多地需要依靠创业企业的自有资源，毕竟多数利益主体都不会愿意冒太大的风险去帮助一个新创建的企业。因此，大学生在资源整合的过程中一定要留有缓冲余地，以备不时之需，比如预留下一些储备金及原料等，以有效帮助企业渡过困境。

◆ **对比后选择**。在整合资源时，大学生需要注意，因为资源具有多样性，能适用于某一创业任务的资源不唯一，所以使用不同资源有不同的收益、成本和不确定性。大学生要根据创业项目发展的需要、自身的实力以及这些资源的特点，对比后选择最适合的资源。

◆ **提前整合**。寻找资源、获得资源都需要一定的时间，不能等到需要时再去考虑资源的获取与整合，大学生应当具有一定的超前眼光，适当提前做好整合的准备。

（二）学习资源整合的策略

要想增强自己的资源整合能力，大学生需要学习资源整合的策略。目前，资源整合的常用策略包括创造性拼凑策略和步步为营策略。

1. 创造性拼凑策略

创造性拼凑是由国外学者发现的一种通常适用于初创企业的策略，即创业者在面对资源困境时，选择忽视正常情况下被普遍接受的关于物资投入、惯例、定义、标准的限制，仅仅利用手头已有的资源创造出独特的价值，而这些资源也许对其他人来说是无用的，甚至可能是废弃的。

创业伊始，大部分创业者都无法获取到"足够"的资源，他们总是面临着资源缺乏的窘境。创造性拼凑策略就是在资源束缚情况下，创业者为了解决新问题、获得新机会，利用手边的已有资源（可能是一些零件、元器件、废旧产品等，也可能是一些技能、技巧、理念等），将其组合为新的系统，实现预定的功能，以创造出独特的服务和价值。

2. 步步为营策略

Bootstrapping 一词的本意为"靴子的鞋带"，后来逐渐演化为"自给自足""不求人"的意思。在创业资源整合过程中，步步为营策略主要指在缺乏资源的情况下，创业者分多个阶段投入资源并且在每个阶段或决策点投入最少的资源的资源整合策略。

在创业初期，由于项目需要不断地投入资源且难以产生利润，创业者往往会经历一段"只见支出不见收入"的时期，步步为营策略就是为了应对这种情况而产生的。步步为营策略要求创业者在需要投入资源的时间点投入尽量少的资源。其本质是通过尽量降低成本来尽快实现收支平衡。

值得注意的是，步步为营策略并非一味降低成本，更不是以次充好、粗制滥造。因此步步为营策略的"度"不易把握，如果一次投入的资源过少，就可能导致经营出现问题；如果投入过多，则失去了步步为营策略的意义。因此创业者要"有原则的节俭"，保证企业的核心业务资源充足，从而达到控制运营成本、管理成本等目的。

五、团队管理能力

创业者必须具备进行团队分工、合作管理的能力。不管对于创业团队还是企业团队而言，成员之间的合作磨合、团队士气的保持和激励等，都是影响团队综合能力的重要因素。大学生创业团队更需要通过正确的领导、激励和鼓舞来调动团队成员的积极性，以保证创业活动顺利进行。团队管理主要包括以下工作，创业者要想提升自己的团队管理能力，就需要做好这些工作。

（一）团队人员流动管理

一个创业团队从诞生开始，就必然面临着人员的加入与离开，因此，团队人员流动管理是创业者必须掌握的团队管理技能。例如，在招募成员时，创业者就必须考虑，该成员能在团队中承担哪些工作，能做出哪些贡献。在有成员离开时，创业者要考虑其工作该如何交接，应该选哪个成员替代他等。只有做好了团队人员流动管理，创业团队才能够持续、稳定地运行，不会因为人员的流动而影响正常的工作。

（二）团队内部冲突管理

人与人之间总会发生矛盾与冲突，团队成员也是如此，甚至因为创业过程中存在更大的不确定性、团队制度不完善、需要试错的地方更多，矛盾与冲突可能会更频繁、更激烈。因此，创业者需要具备团队内部冲突管理能力。

当然，创业者也要认识到，创业团队内部冲突如果保持在一个合适的水平上，是可以满足企业对于团队管理多样化和创造性的需求的，能起到正面作用。因此，团队内部冲突管理并非要根除内部矛盾，而是要将团队内部冲突控制在合理的程度。具体而言，创业者在团队内部冲突管理上需要做到以下几点。

◆ 团队内部意见不统一是一种常态，创业者应使创业团队在不统一的意见中寻求合作的可能性，在一些正面的、建设性的冲突当中寻求做出最佳决策。

◆ 强调团队的整体利益和成就，不刻意突出某个人，在保证团队利益的前提下，根据业绩分配利益，这样做有助于团队成员认可团队整体利益的分配。

◆ 创业者要广泛听取团队成员的意见，了解团队成员的诉求，但要避免出现"议而不决"的情况，适当的时候要果断拍板。

◆ 团队内部竞争是为了使团队更好地发展，一切都要以增加团队整体利益为导向，要避免过度冲突。

◆ 如果冲突过大，创业者应理性地做出判断，通过成员调整来维持团队的稳定和发展。创业者要正确认识团队成员的变动，明白完善的团队架构需要经过实践不断地进行调整和磨合，团队成员变动是很正常的情况。

（三）团队激励管理

激励是激发团队成员潜力和提高其积极性最有效的手段之一，它既可以提高团队成员的工作效率，又可以使团队成员有获得感，增强团队凝聚力。根据激励涉及的利益的不同形式，团队激励可以分为物质激励和精神激励两种。物质激励包括薪资、奖金、期权等，精神激励包括表扬、进修、升职、扩大权力等。创业者的团队激励管理能力越强，激励就越有效。通常，创业者在进行团队激励时需要注意以下几个方面。

◆ **公平**。任何不公平的待遇都会影响团队成员的情绪和工作效率，并影响激励效果。如果团队成员取得同等成绩，创业者就应给予他们同等层次的奖励，这样有助于增强团队的凝聚力，使团队成员的目光集中在取得成绩上。

◆ **及时**。奖惩的时效性比奖惩的力度更重要，迟到的奖励其效果会大打折扣。创业者应该在创业团队成员有良好表现时尽可能及时地给予奖励。

◆ **灵活**。不同的团队成员的需求不同，而激励效果又往往取决于团队成员的需求满足程度，因此，激励策略要具有灵活性，对不同的成员采取不同的激励策略。

◆ **差异**。贡献程度不同，奖励程度也应有所不同。贡献大则奖励大，贡献小则奖励小，无贡献则没有奖励，以充分调动团队成员的积极性，使其为了获得更大的利益而努力奋斗。

◆ **适度**。奖励不适度不仅会增加激励成本，还会影响激励效果。奖励过度会使被奖励者产生骄傲自满的情绪，丧失进一步提升自己的欲望；奖励太轻则起不到激励效果，甚至会让被奖励者失去工作热情。

第三节 开展创业实践

对于创业而言，一次实践胜过百次空谈。但是大学生的创业实践机会少、成本高，因此学校组织的活动对大学生进行创业实践十分重要。基于此，苏州经贸职业技术学院开展了"春笋"行动，着力提高学生的创业实践水平，培养具有核心技能的学生、具有创新精神的学生。

一、加入一个创业团队

目前，创业实践仅靠大学生"单打独斗"是难以取得成效的，将数名大学生组成一个团队，并由专门的老师带领才是大学生进行创业实践的可行之路。

针对这一问题，苏州经贸职业技术学院要求4~8名大学生组建成为一个创业团队，并相应地为他们配备了一位创业导师。并且，苏州经贸职业技术学院还打造了众多的"跨专业、跨学院"的混编示范创业团队，实现了创业团队成员的"各有所长，互补协作"，扩大了创业团队的知识面和专业技能范围。

二、参加一次创业实践

在组建好大学生创业团队后，苏州经贸职业技术学院又为大学生提供了丰富的创业实践机会。

◆ **第二课堂**。"第二课堂"区别于大学生平常上课的"第一课堂"，侧重于创新创业实践。苏州经贸职业技术学院通过举办"433"创新创业工作坊、"创新创业成果展示月"等系列主题活动，组织大学生创业团队积极参加各类创新创业主题活动，展示创新创业成果。

◆ **创业实训班**。苏州经贸职业技术学院引入政府部门和社会企业资源开设创业实训班，重点组织二年级学生参加，项目化、实战化地开展创业实训。

◆ **创新创业训练**。苏州经贸职业技术学院组织大学生创业团队依托实验实训中心、"433"创新创业工作坊等各类竞赛、教研创新平台，在创业导师的指导下结合团队成员所学专业、技能特长、资源优势，围绕专业技能竞赛、校企合作项目、导师科研等实际项目开展创新创业训练。

◆ **组织创新创业实践和自主创业**。苏州经贸职业技术学院依托大学生创业园、"433"创新创业工作坊构建校院两级创新创业实践平台，组织团队成员开展创新创业实践和自主创业，强化协同管理与资源共享，做好精准帮扶，提供优质服务和全程保障。

◆ **参加创新创业大赛**。苏州经贸职业技术学院组织大学生通过优化团队、项目实践、高效辅导的方式科学备战"互联网+"大赛，利用大赛锻炼大学生的创业实践能力。

三、取得一个创业成果

开展创业实践的最终目标是取得创业成果。苏州经贸职业技术学院的"春笋"行动也以此为出发点和落脚点，培育具有创新创业精神的大学生。具体而言，在苏州经贸职业技术学院开展的"春笋"行动中，大学生可以取得以下创业成果。

◆ **撰写一份合格的商业计划书**。商业计划书是公司、企业或项目单位为了达到招商融资和其他发展目标，根据一定的格式和内容要求而编辑整理的一个向受众全面展示公司和项目状况、未来发展潜力的书面材料。苏州经贸职业技术学院的每个创业团队在创业导师的指导下，都撰写了一份合格的商业计划书。

◆ **考取创业实训合格证**。大学生通过在创业实训班的学习，考取创业实训合格证。

◆ **申报相关专利**。大学生依托项目，注重技术工艺、流程方法等创新方面的训练，强化市场调研分析、商业模式构建等创业方面的训练，从而运用训练成果申报相关专利等。

◆ **创业项目成功培育落地**。创业团队在创业导师的指导下申报入驻大学生创业园、"433"创新创业工作坊，积极开展创业项目实践，促进创业项目成功培育落地，争取申报获得江苏省大学生优秀创业项目。

◆ **参加"互联网+"大赛并获奖**。创业团队积极参加"互联网+""创青春"等各类大学生创新创业大赛，通过"参赛"来检验创业实践成效。

> **案例** 　　**学校创业实践助力大学生创业**
>
> 　　谭华2015年进入某高职学院就读，在校期间担任多项学生干部职务，结识了数位各有所长、志同道合的朋友，也积攒了丰富的活动组织、团队管理经验。
>
> 　　2017年，他在学校参加了创业模拟实训班，在完成课程任务的过程中，他发现新媒体行业正在崛起，而且这个行业入门较为简单，不需要特别高的成本，于是开始了自己的新媒体探索之路。

他集合市场营销、艺术设计、文秘等专业的同学，组建出了一个创业团队。在创业模拟实训班结束的时候，他完成了自己的商业计划书，并成功申报江苏省大学生创新创业训练计划项目，获得了一部分启动资金。

大三刚开始，他已经发布了上百篇推文，吸引了上万粉丝，对于新媒体运营已经有了一些心得。他留意到，学校在三期创业园为学生提供各种创业扶持政策，其中包括场地租金减免、大学生创业免息贷款、五险一金补贴等政策。因此，他向学校提交了入驻创业园的申请，并在学校举办的创业大赛中斩获头名，顺利入驻三期创业园，在孵化室内拥有了属于自己的工位，他的创业活动由此走上了正轨。

点评　谭华在校期间通过学校开展的创业模拟实训班触发了创业想法，锻炼了创新创业能力，组建了创业团队，开展创业实践。之后，他又依托学校的创业园及其优惠政策，成功实现创业，可见学校的创业实践活动能有效促进大学生进行创业探索。

第四节　选择创业方式

纵观大多数创业成功或失败的案例，我们不难发现创业者的创业行为、创业方式等都有一些共性，但并不是每一种创业方式都适合大学生。经过一定的分析和研究，我们发现技术创业、代理创业、加盟创业、网上开店创业和大赛创业等创业方式更适合大学生，大学生选择这几种创业方式也更容易做出成绩。

一、技术创业

技术创业是指依靠技术优势来创业，适合拥有某领域或某产品的独特技术或发明专利的创业者使用。由于创业者拥有技术优势，创业起步会比较容易，也会较快地在市场中占据竞争优势，抢先获得利润。技术的生命周期、可复制性和可代替性等是影响技术创业能否取得长远成功的关键因素。

大学生在大学期间不仅要学习理论知识，还要学习专业技术，这为大学生开展技术创业创造了基本条件。大学生可以运用自己所学的知识，通过各种技术创新手段来创业。技术创业的手段有3种，即技术改进型创业、技术整合型创业和技术突破型创业。

◆ **技术改进型创业**。技术改进是指不改变技术的本质，而是从生产流程或工艺等方面进行改进，从而通过细微或差异化的优势来获得创业机会。比如大数据、人工智能等技术，其本质都是相同的，不同的是算法和计算标准。技术改进型创业的收益较小，但反馈周期较短，失败的可能性较低。

◆ **技术整合型创业**。技术整合是指将自己已有的技术整合起来，应用到某个特定的领域，通过对多种技术进行整合来获得创业竞争优势。

◆ **技术突破型创业**。技术突破是指技术发展中的跃进性变革，一般需要较多的人力、物力、时间做科研攻克，属于高风险创业。但这种创业一旦成功，将会获得巨大的利润，甚至颠覆整个市场，获得长期的竞争优势。

大学生创业者由于技术上大多处于创业摸索的阶段，加上缺乏社会经验、职业经历等，因此更应努力学习，找到适合自己的技术创业手段。

二、代理创业

代理创业是一种很常见的创业方式。所谓代理创业，就是借由其他公司的产品和品牌，自己打造一个单独的平台来销售产品的创业模式。这种创业模式适合初次创业者，可以帮助大学生创业者积累更多的专业知识和创业经验。

现在很多厂商并不直接面向消费者进行销售，而是选择由各级代理商进行销售。因此，大学生创业者要想加入某厂商的市场体系，或是代理销售某品牌厂商的产品，首先要找到合适的厂商。

三、加盟创业

加盟创业是采用加盟的方式进行创业，一般的方式是加盟开店。

◆ **选择加盟总部**。因为加盟创业并不是根据创业者自己的产品、品牌和经营模式来创业，而是借助和复制别人的产品品牌和经营模式，所以加盟总部的质量好坏直接决定了大学生创业者的创业前景。一般来说，大学生创业者选择加盟总部时应该从行业、品牌等方面考虑。

◆ **选择有活力的行业**。有活力的行业更具发展空间，能提供持续的市场需求。目前较为活跃的加盟代理行业有很多，主要为家居建材、餐饮美食、服装饰品、汽车销售、汽车美容、洗衣、美容美体等行业。

◆ **选择有生命力的品牌**。品牌是企业产品质量和内在品质的象征，一个好的品牌能得到消费者的认可和推崇，因此大学生创业者在选择加盟品牌时要选择有生命力的品牌，以保障加盟店稳步发展与持续盈利。

四、网上开店创业

网上开店创业是目前十分普遍的一种创业方式。网上开店创业的门槛较低，前期投入也较少，比较适合大学生创业者。大学生创业者若选择网上开店创业，需要注意图5-1所示的几个方面的内容。

◆ **选择合适的产品**。对于网店中的产品，消费者只能通过网络平台浏览，因而影响消费者购买的因素比较复杂。大学生创业者应调查分析适合在网上进行销售的产品，选择具有销售潜力的产品。

图5-1　网上开店创业需要注意的方面

◆ **货源的选择**。网上开店的目的是盈利，而寻找物美价廉的货源能帮助大学生创业者节约成本。大学生创业者一般可以在所在地的批发市场或大的批发网站寻找货源，这两个地方的货源充足，品种也丰富，可以让大学生创业者有较大的选择余地。

◆ **服务**。不管是实体店还是网店，服务态度都是十分重要的。与实体店不同的是，大学生创业者开网店不能和消费者面对面交流，因此要特别注意网上沟通与服务的技巧，不能让消费者感到不耐烦或被怠慢，以免造成客源流失。

◆ **物流的选择**。货物运输是网上开店面临的重要问题，大学生创业者要保证消费者在最短时间内拿到产品且保证产品完好无损。这要求大学生创业者要找一家信誉良好、价格合适的物流公司。

◆ **宣传和推广**。网店比实体店的竞争更加激烈，因为消费者可以通过网络搜索到销售相同产品的不同店铺，且不受地域和时间的限制。大学生创业者应做好店铺的宣传和推广工作，提高店铺的知名度和客流量。所以，大学生创业者学习一些网络营销、网络推广的知识是十分必要的。

> **案例**　　　　　　　　　**网店掘金**
>
> 　　张一杰毕业于苏州某专科院校，他与同校的大二学生林权、陈海涛都对电子商务很感兴趣。在经过前期的一番摸索之后，3人正式开公司做淘宝运营，并组建了一支由美工师、摄影师、运营推广师等十几人组成的专业团队。
>
> 　　经过朋友介绍，他们联系上了位于苏州市吴江区的一家童装工厂，这是他们的第一位客户。经过一个月的试验性运营，张一杰团队就为这家童装工厂在淘宝网上创下了20多万元的月营业额。
>
> 　　两个月后，团队又接下了一家女鞋企业网店托管业务，仅仅一个月，他们就为这家女鞋企业的天猫店铺创下60多万元的营业额。半年的时间，张一杰团队帮助4家网店进行淘宝运营，另外还在帮另外两家企业申请入驻天猫商城。以4家网店的运营结果来看，张一杰团队运营的网店取得单月90多万元的营业额不成问题，而他们赚取的是帮助客户打理网店的服务费和提成，大概为客户每月营业额的10%～25%，这对初出茅庐的张一杰团队来说，已经是一笔很可观的收入。

　　点评　近年来，网络购物发展得很快，相应地也造就了很多创业机会。张一杰团队抓住了机会，通过帮助企业进行网店运营，增加了网店的营业额，自己也得到了不菲的服务费和提成。

五、大赛创业

　　在大众创业、万众创新的时代环境下，创新创业大赛成了新热潮，而这些大赛的蓬勃发展对于增强大学生的创新精神、创造意识和创业能力，深化创业实践具有重要的推动作用，借助创新创业大赛开展创业活动也成了大学生创业的新渠道、新方式。

　　大学生要想进行大赛创业，就需要关注自己可以参加的相关赛事。近年来，随着大众创业、万众创新时代浪潮的兴起，各级各类创新创业类竞赛如雨后春笋般涌现。从中央到地方，从科技到教育，从社会到高校，各行各业都兴起了创新创业竞赛潮，每年举办的各级各类创新创业竞赛不胜枚举，其中在高等院校中被普遍认可并获得高度重视的创新创业类竞赛包括中国国际"互联网＋"大学生创新创业大赛和"挑战杯"系列竞赛。

（一）中国国际"互联网＋"大学生创新创业大赛

　　中国国际"互联网＋"大学生创新创业大赛的主办单位为教育部等国家部委、中国科学院、中国工程院以及承办高校所在地省人民政府等。

　　首届中国国际"互联网＋"大学生创新创业大赛于2015年5—10月举办，参赛项目要求能够将移动互联网、云计算、大数据、物联网等新一代信息技术与行业产业紧密结合，培育出基于互联网的新产品、新服务、新业态、新模式，以及推动互联网与教育、医疗、社区等深度融合的公共服务创新。本赛事主要面向"互联网＋"传统产业、"互联网＋"新业态、"互联网＋"公共服务、"互联网＋"技术支撑平台等类型项目。大赛旨在深化高等教育综合改革，激发大学生的创造力，培养造就大众创业、万众创新的生力军；推动赛事成果转化，促进"互联网＋"新业态形成，服务经济提质增效升级；以创新引领创业、创业带动就业，推动高校毕业生更高质量创业就业。

　　截至2021年，大赛已经举办了7届，大赛由教育部等单位共同主办，赛事级别高。赛事一年比一年办得好，主要体现在以下几个方面：更全面，从一开始只在高等教育领域开展比赛，拓展到职业教育、基础教育等领域；更国际，开辟国际赛道，吸引超过100多个国家和地区的1000多所国内外高校参与，堪称世界大学生"双创奥运会"；更中国，开创以赛促教、以赛促学、以赛促创的中国创新创业教育模式；更教育，开启的"青年红色筑梦之旅"活动，让百万大学生上了一堂有温度、有深度的思政课；更创新，大赛内容和形式创新，推动人才培养从就业从业模式向创新创业模式转变，服务国家创新发展需求。

（二）"挑战杯"系列竞赛

　　"挑战杯"是由共青团中央、中国科协、教育部、中国社会科学院、全国学联和地方人民政府共同主办，国内著名大学承办、新闻媒体联合发起的一项具有导向性、示范性和群众性的全国竞赛活动，也是国内目前最受大学生关注的热门全国性竞赛之一。自1989年首届竞赛举办以来，"挑战杯"竞赛始终坚持"崇尚科学、追求真知、勤奋学习、锐意创新、迎接挑战"的宗旨，在促进青年创新人才成长、深化高校素质教育、推动经济社会发展等方面发挥了积极作用，在广大高校乃至社会上产生了广泛而良好的影响。

"挑战杯"竞赛在我国有两个并列项目，分别是"挑战杯"全国大学生课外学术科技作品竞赛（简称"大挑"）、"挑战杯"中国大学生创业计划竞赛（简称"小挑"）。这两个项目的全国竞赛交叉轮流开展，每个项目每两年举办一届。

除此之外，我国还有"中国创翼"创业创新大赛、全国大学生电子商务"创新、创意及创业"挑战赛、中国创新创业大赛等国家级大学生创新创业赛事，各省、市及学校往往也会开展规模不等的大学生创新创业赛事。

🔍 案例

大赛加持，创业上正轨

进入大学后，李婷婷在机缘巧合下认识了一名网站编辑，在该名编辑的引导下，她成了一名兼职写手，掌握了网文创作的技巧并积累了一定的工作经验。

大二伊始，学校的创新创业课程和创业扶持政策让她燃起了创业的念头，在老师的支持和鼓励下，她决定鼓起勇气，迈出自主创业的第一步。她想到的第一个项目是新媒体代运营，但经过市场调研和推广后，她发觉新媒体行业已经饱和，很难在这条道路上发展，因此她改变了想法，想到了自己熟悉的网文行业。在反复斟酌、揣度后，她选择了网络文学作为创业项目。

经过半年的实践尝试，她确定了这条创业道路的可行性，正式成立了苏州攸宁文化传播有限公司，但是公司刚开始的发展举步维艰。为了得到更多的机会，她带着自己的项目参加大学生创业大赛，经过激烈的角逐，李婷婷获得了江苏省"互联网+"大学生创新创业大赛的二等奖。这次获奖帮助她打开了名气，也让她进入了行业相关公司的视线。之后，阿里文学、青果文学、栀子欢文学网等网站平台纷纷向李婷婷伸出橄榄枝，与她的苏州攸宁文化传播有限公司达成了合作关系，李婷婷的创业路终于走上了正轨。

目前，苏州攸宁文化传播有限公司拥有30余名在职写手，陆续发布了几十部网络小说，其中数本有着不错的成绩，最高日销量达5000本，并获得了无数读者的好评。

点评　创新创业大赛对大学生创业者而言是特别好的表现机会，能够有效提高大学生创业项目的知名度，使其在众多专业投资人和机构面前"曝光"。案例中的李婷婷正是凭借着自己在江苏省"互联网+"大学生创新创业大赛的出色表现，得到了业界的注意，并成功与各大平台实现了合作，最终使自己的公司走上了正轨。

课堂活动　　　　　　　　**了解大学生创新创业大赛**

　　目前有很多大学生创新创业大赛可供大学生选择，其中既有国家级的，也有地方举办的；既有专业性的，也有大众性的；既有学生独立参与的，也有师生合作的。请通过网络等渠道搜集你可以参加的各个大学生创新创业大赛情况，了解其赛程、比赛要点、报名方式、参与要求等信息，然后与班级同学分享。有兴趣的同学也可以自由组队，在各大赛事官网报名参加相关赛事。

实践与应用

　　1. 你如何评价自己的创业精神和创业能力？你认为自己能够成为一个创业者吗？

　　2. 你开展过与创业相关的实践吗？和同学分享你的创业实践经历。

　　3. 阅读下面的材料，说说其对你有哪些启发。

　　房玄龄和杜如晦都是唐太宗李世民的谋士，二人早在李世民还未登基时便已在他左右辅佐，为他立下了汗马功劳。当了皇帝后，李世民任命房玄龄和杜如晦为宰相，朝廷的各项制度、国家的各项法律的制订，都与二人商量。其中，房玄龄善于谋划，往往能够提出很多有用的意见；而杜如晦擅长决断，总能做出最佳的判断。二人相得益彰，同心济谋，将国家治理得井井有条，传为美谈，后世史家便有"房知杜能断大事，杜知房善建嘉谋"的说法。

　　4. 在创业上，你比较倾向于哪一种创业方式？说说你的理由。

第六章
运营创业项目

06

在开展创业探索后，大学生如果坚定地走上了创业之路，就需要学习如何真正运营一个独立的创业项目。在目前的形势下，运营创业项目通常围绕着企业的建立和管理来展开，即创业时需要成立一家企业，然后进行企业生产管理，带领企业逐渐走上正轨。

知识要点

◆ 认识企业和选择企业法律组织形式

◆ 设立企业的流程

◆ 财务管理与税务管理

◆ 防范企业风险

引导案例　　　　　　　注册公司这么难

刘泽华是一名高职院校毕业生，毕业后筹措资金采购了4台拔丝机，雇用了两个工人，办了个小型加工厂。最近他突然萌生了开公司的念头，所以开始一步一步探索如何注册公司。

他先到企业登记机关领取了一张申请表，填写公司名称后，由企业登记机关工作人员上网检索是否与其他公司重名，手续费是30元。接着编写公司章程、刻私章、到会计师事务所领取"银行询征函"、去银行开立公司验资户、办理验资报告。最后到企业登记机关填写公司设立登记的各种表格，填好后，连同核名通知、公司章程、房产证复印件、验资报告一起交给企业登记机关。

大概3个工作日后，他领取了营业执照，此项费用约300元。他又凭营业执照，到公安局指定的刻章社去刻公章、财务章；凭营业执照到技术监督局办理组织机构代码证，费用是80元；去银行开基本户，购买一个密码器需要280元。领取营业执照后，他在30日内到当地税务局申请领取税务登记证、申请领购发票。这样一系列流程下来后，他才算正式注册成功了一家公司，共计花费了700余元。

点评　我国对于企业注册等事项有着明确而严格的规定，大学生要想成功运营创业项目，首先就需要了解相关的流程和政策，否则就容易手忙脚乱、顾此失彼。

第一节　设立企业

企业是市场经济活动的主要参与者，大学生创业者要想开展商业活动，就必须设立一家企业。而在设立企业的过程中一旦出现纰漏，将会对企业的经营发展产生巨大的影响。因此在设立企业之前，大学生创业者还应该充分地了解企业的相关知识。

一、认识企业

世界上第一家现代意义上的企业出现在1769年的英国，之后企业制度不断发展与完善，企业很快淘汰了其他的商业活动组织形式，成为市场经济活动的主要参与者。

企业是社会发展的产物，因社会分工的发展而成长壮大。企业在商品经济范畴内，作为组织单元的多种模式之一，是按照一定的组织规律有机构成的经济实体。企业一般以营利为目的，以实现投资人、客户、员工、社会大众的利益最大化为使命，通过提供产品或服务来换取收入。

符合我国法律标准的企业，需要具备以下要素。

◆ **资源**。企业必须拥有一定的资源，包括库存现金、固定资产、技术专利等，在设立企业时，资源体现为注册资本。

◆ **业务**。企业必须有一定的业务范围，业务可以是产品的生产或者流通，也可以是提供某种服务。

◆ **经营场所**。经营场所指企业主要开展业务活动、经营活动的处所，是企业进行生产、经营、服务的基本条件。

◆ **员工**。企业必须拥有一定数量的员工，达到一定规模的企业也需要有一定数量的管理者。

◆ **盈利目的**。只有获取利润才能保证企业的经营与发展，企业必须拥有盈利目的，这也是企业区别于其他社会组织的本质要素。

各学科对企业的
阐述

企业的含义十分丰富，不同的学科从不同的方面对企业的内涵做出了自己的解读，这些说法各有侧重。扫描右侧二维码，了解这些知识，大学生创业者可以建立对企业的全面认识。

二、选择企业法律组织形式

"我想创业，我应该注册一家什么样的企业"或者"我想和同学一起创业，我应该选择一种什么样的组织形式"，这些问题是大学生创业者在设立企业之初首先会遇到的问题。

毫无疑问，新企业创立之前，大学生创业者应该首先确定拟创办企业的法律组织形式。新创企业有不同的组织形式，如个人独立创办的个人独资企业、创业团队共同创办的合伙企业、具备法人资格的有限责任公司或股份有限公司等。对大学生而言，各种法律组织形式没有绝对的好坏之分，只要选择恰当，便可趋利避害；选择不恰当，则会为将来的运作带来巨大的隐患。但无论选择怎样的法律组织形式，大学生创业者都必须根据国家法律法规要求和新创企业的实际情况，科学衡量各种法律组织形式的利弊，决定合适的法律组织形式。一般的企业法律组织形式有以下几种。

（一）个体工商户

个体工商户是我国特有的一种公民参与生产经营活动的形式，也是个体经济的一种法律组织形式。依照相关法律规定，个体工商户（即公民）是指在法律允许的范围内，经登记机关核准登记，从事工商业经营的个体劳动者。个体工商户可以是一个自然人或一个家庭，人数上没有过多限制，注册资本也无数量限制，开办手续比较简单。户主有相应的经营资金和经营场所，到经营场所所在地登记机关办理登记手续即可。

在经营上，个体工商户的全部资产属于自己所有，其决策程序比较简单，不受他人制约；在利润分配上，个体工商户的全部利润归自己或家庭所有，但同时对外要承担无限责任，相应的风险也比较大。

（二）个人独资企业

个人独资企业是很古老也很常见的一种企业法律组织形式。个人独资企业是指依法设立，由一个自然人投资并承担无限责任，财产为投资者个人所有的经营实体。当个人独资企业财产不足以清偿债务时，投资者须依法以其个人的其他财产予以清偿。

个人独资企业在业主数量与注册资金上的规定与个体工商户相似，但设立手续比个体工商户要复杂，需要有合法的企业名称、投资人申报的出资、固定的生产经营场所和必要的生产经营条件及必要的从业人员。个人独资企业在经营决策与利润分配上与个体工商户相似，其决策程序简单，利润归投资者，同时投资者负无限责任。

（三）合伙企业

如果两个以上的合伙人共同创业，那么可以选择合伙企业作为新企业的法律组织形式。根据《合伙企业法》，合伙企业"是指自然人、法人和其他组织依照本法在中国境内设立的普通合伙企业和有限合伙企业"。两者最大的区别在于，有限合伙企业有两种不同的所有者：普通合伙人和有限合伙人。其中，普通合伙人对合伙企业的债务承担无限连带责任；而有限合伙人仅以认缴的出资额为限承担责任，且一般不享有对组织的控制权。另外，普通合伙企业合伙人可以用货币、实物、知识产权、土地使用权或者其他财产权利出资，也可以用劳务出资；但有限合伙企业的有限合伙人不得以劳务出资。以下主要介绍普通合伙企业。

除要有合伙企业的名称、经营场所及从事合伙经营的必要条件之外，设立普通合伙企业还应当具备以下几个条件。

◆ 合伙企业必须有两个以上合伙人。合伙人为自然人的，应当具备完全民事行为能力，且能够依法承担无限连带责任。

◆ 合伙人应当遵循自愿、平等、公平、诚实信用原则订立书面合伙协议，合伙协议应载明合伙企业的名称、地点、经费范围、合伙人出资额和权责情况等基本事项。

◆ 合伙人应当按照合伙协议约定的出资方式、数额和缴付出资的期限，履行出资义务。合伙人出资可以用货币、实物、知识产权、土地使用权或者其他财产权利；上述出资应当是合伙人的合法财产及财产权利。合伙人以劳务出资的，其评估办法由全体合伙人协商确定。

（四）公司

公司是现代社会中最主要的法律组织形式。它是以营利为目的，由股东出资形成，拥有独立的财产，享有法人财产权，独立从事生产经营活动，依法享有民事权利，承担民事责任，并以其全部财产对公司的债务承担责任的企业法人。所有权与经营权分离是公司制的重要产权基础。与传统"两权合一"的业主制、合伙制相比，创业者选择公司这一法律组织形式的一个最大特点就是，仅以其所持股份或出资额为限对公司承担有限责任；另一个特点是存在双重纳税问题，即公司盈利要上缴公司所得税，创业者作为股东还要上缴企业投资所得税或个人所得税。根据《公司法》，我国的公司分有限责任公司（包括一人有限责任公司）和股份有限公司两种类型。

1. 有限责任公司

有限责任公司的股东以其认缴的出资额为限对公司承担责任，公司以其全部资产对公司的债务承担责任。大学生创业者设立有限责任公司，除了要有固定的生产经营场所和必要的生产经营条件之外，还应当具备下列条件。

◆ **股东符合法定人数**。我国《公司法》第二十四条规定："有限责任公司由五十个以下股东出资设立。"需要说明的是，一人有限责任公司是在2005年10月27日第十届全国人民代表大会常务委员会第十八次会议通过的《公司法》中加入的。

◆ **股东出资**。自2014年3月1日起，公司登记实行注册资本认缴制。除法律、行政法规以及国务院决定对特定行业注册资本最低限额另有规定的外，取消有限责任公司最低注册资本3万元、一人有限责任公司最低注册资本10万元的规定。也就是说理论上可以"一元钱办公司"。法律不再限制公司设立时全体股东（发起人）的首次出资比例，不再限制公司全体股东（发起人）的货币出资金额占注册资本的比例，不再规定公司股东（发起人）缴足出资的期限，即理论上可以做到"零首付"，股东可自主约定出资方式和货币出资比例。高科技、文化创意、现代服务业等创新型企业可以选择灵活的出资方式。

◆ **股东共同制订公司章程**。《公司法》对有限责任公司章程有明确的要求，要求应当载明的事项包括：公司名称和住所，公司经营范围，公司注册资本，股东的姓名或者名称，股东的出资方式、出资额和出资时间，公司的机构及其产生办法、职权、议事规则，公司法定代表人，股东会会议认为需要规定的其他事项。

◆ **有组织机构**。建立符合有限责任公司要求的组织机构。

2. 股份有限公司

股份有限公司的全部资本分为等额股份，股东以其认购的股份为限对公司承担责任，公司以其全部资产对公司的债务承担责任。设立股份有限公司要有公司名称，要建立符合股份有限公司要求的组织机构，要有固定的生产经营场所以及必要的生产经营条件，股份发行、筹办事项要符合法律规定。除此之外，我国《公司法》规定，设立股份有限公司还应当具备下列条件。

◆ 发起人符合法定人数。设立股份有限公司，应当有两人以上二百人以下的发起人，其中须有半数以上的发起人在中国境内有住所。

◆ 发起人认缴和募集的股本达到法定资本最低限额。股份有限公司的注册资本为在公司登记机关登记的全体发起人认购的股本总额。自2014年3月1日起，不再限制公司全体股东（发起人）的货币出资金额占注册资本的比例，除法律、行政法规以及国务院决定对特定行业注册资本最低限额另有规定的外，取消股份有限公司最低注册资本500万元的限制。

◆ 股份发行、筹办事项符合法律规定。

◆ 发起人制订公司章程。

👥 课堂活动

了解"法人"

在企业法律组织形式中，有限责任公司和股份有限公司都属于"法人"，而个体工商户、个人独资企业和合伙企业则不属于"法人"。那么什么是法人呢？法人有哪些特点呢？是否具备法人身份，对企业来说有何差别呢？公司的法人身份和法定代表人、法人代表概念又有哪些差别和联系呢？

请收集相关资料，了解"法人"这一重要法律概念，回答以上问题。

三、设立企业的流程

设立企业，首先得给它一个明确的法律身份，如同办理户口。我国法律规定，设立企业必须到企业登记机关申请办理登记手续，领取营业执照。如果新办企业从事特定行业的经营活动，还须事先取得相关主管部门颁发的经营许可证（如卫生、环保、特种行业许可证等）。不同法律组织形式企业的设立流程不同，其中以公司的设立流程最为规范和典型。下面以公司为例，介绍设立企业的流程。

（一）企业名称核准

企业名称由申请人自主申报。申请人可以通过企业名称申报系统或者在企业登记机关服务窗口提交有关信息和材料，对拟定的企业名称进行查询、比对和筛选，选取符合《企业名称登记管理规定》要求的企业名称。申请人在预先核准新企业名称时，需要遵循图6-1所示的流程。

图6-1 新企业名称预先核准流程

在预先核准企业名称时，申请人还需提交组建单位的资格证明，或股东、发起人的法人资格证明及自然人身份证明，或《指定（委托）书》等相关材料。此外，申请人也可登录当地的企业名称申报系统，下载《企业名称登记申请书》，填写名称信息、企业信息、投资人信息等，申请通过后即可完成企业名称登记。

注意，在提交相关材料时，申请人必须保证提交的信息和材料真实、准确、完整，并承诺因其企业名称与他人企业名称近似而侵犯他人合法权益的，依法承担法律责任。

（二）工商注册登记

工商注册登记是设立新企业必经的法定程序，只有完成工商注册登记，申请人才能获得从事市场经营活动的资格。申请人可以到市场监督管理部门或在企业登记网上注册申报服务系统中办理新企业的工商注册登记手续。在企业登记网上注册申报服务系统中办理企业的工商注册登记手续的具体步骤如下。

◆ **登录系统**。通过企业登记网上注册申报服务系统进入企业登记申报系统。

◆ **选择类型**。根据所办业务，选择"企业设立申请""企业变更申请""企业备案申请""企业注销申请"等业务类型。

◆ **填写信息**。根据提示，填写相关申请信息，如企业设立首先选择企业大类，填写《企业名称预先核准通知书》文号或者通过输入已核准企业名称查询已有名称预先核准登记的信息，然后补充完整页面上企业登记要求填写的其他信息。

◆ **上传文件（PDF格式）**。选择所需提交的文件目录，根据目录显示对应上传已经签字（盖章）材料的PDF格式文件。

◆ **检查提交**。对填报信息和上传材料进行预览，再次确认填写信息后，单击"检查"，系统会对申请人填写的信息和上传的附件材料进行初步检查；检查通过后单击"提交"，将填报信息和上传资料提交审查。检查不通过的，申请人需根据提示修改填报信息，直至检查通过，方可将申请业务提交至业务部门审查。

◆ **查看反馈**。登录企业登记申报系统，单击"我的业务申请"查看申请业务审查状态。审查状态为"退回修改"的，业务信息可查看、修改或者将申请的业务直接"删除"。审查状态为"驳回"的，业务信息可查看、不可修改。审查状态为"拟同意"的，表示业务处于在审核中且没有办结，业务信息可查看、不可修改。

◆ **现场交件**。申请人收到"预约材料提交时间"手机信息或查看系统业务办理状态为"已办理成功"后，打印系统生成的文书及其他材料，到现场提交规定的纸质材料。

◆ **领取营业执照**。纸质材料被审查同意后，领取核准通知书、纸质营业执照、电子营业执照。

（三）刻制印章

企业印章具有法律效力，其刻制、补办、挂失等都有专门的规范。新企业申请刻制相应的印章，需持营业执照原件及复印件、法定代表人和经办人身份证原件及复印件各一份，以及由企业出具刻章证明、法人代表授权委托书到公安局指定的机构进行刻章。

1.印章类型

企业常用的、具有法律效力的印章包括企业公章、法定代表人章、合同专用章、财务专用章、发票专用章等。

◆ **企业公章**。企业公章是企业所有印章的权威，代表着企业的最高效力。不管对内、对外，它都代表了公司法定代表人的意志，使用企业公章可以代表企业对外签订合同、收发信函、开具公司证明。

◆ **法定代表人章**。法人章就是公司法定代表人的章，它对外具备一定的法律效力，可以用于签订合同、出示委托书文件等。

◆ **合同专用章**。合同专用章是企业对外签订合同时使用的印章。相关合同的签订在公司经营签约范围内必须盖上合同专用章才能生效，因此它代表着企业需承受由此产生的权利和义务。一般的，企业公章可以代表合同专用章使用。

◆ **财务专用章**。财务专用章的用途比较专业，一般用于办理单位会计核算和银行结算业务。

◆ **发票专用章**。发票专用章就是企业在经营活动中购买或开具发票时需加盖的印章。当然，在缺少发票专用章时，可以用财务专用章代替，但用发票专用章代替财务专用章则不行。

2.印章遗失

印章一旦出现遗失，企业会面临巨大的法律风险，影响企业经营。因此凡是企业遭遇印章遗失的，应立即采取相应措施控制风险，减少损失，其具体流程如下。

◆ **报案**。印章遗失，企业应该主动报案，法定代表人需持身份证原件及复印件、营业执照副本原件及复印件到丢失地点所辖地公安局报案，领取报案证明。

◆ **登报声明**。企业可遣人持报案证明原件及复印件、营业执照副本原件及复印件在市级以上每日公开发行的报纸上做登报声明，声明印章作废。报纸通常会在第二天刊登声明。

◆ **补办印章**。自登报公示3天后，法定代表人需持整张挂失报纸、营业执照副本原件及复印件、法定代表人身份证原件及复印件（身份证需正反面复印）、法定代表人拟写并签名的遗失公章说明材料（需详细写明印章遗失的原因、时间、地点，报案的时间、地点，登报声明的时间和登报所在的版面）到公安局治安科办理新刻印章备案。

◆ **刻章**。原印章作废，新刻印章需要3~7个工作日。

（四）开立银行账户

企业经营涉及资金往来，需要通过银行进行资金周转和结算，因此创业者需要为新企业开立银行账户。

1.银行账户的种类

按照我国现行的现金管理和结算制度，每个企业都必须在银行开立存款结算账户（即结算户），用来办理存款、取款和转账结算。银行存款结算账户分为以下4种。

◆ **基本存款账户**。基本存款账户是企业的主要存款账户，主要用于办理日常转账结算和现金收付，以及存款单位的工资、奖金等现金的支取。该账户的开立需报当地人民银行审批并核发开户许可证，开户许可证正本由存款单位留存，副本交开户行留存。一个企业只能在一家商业银行的一个营业机构开立一个基本存款账户。

◆ **一般存款账户**。一般存款账户是企业在基本存款账户开户银行以外的银行开立的账户。该账户只能办理转账结算和现金的缴存，不能办理现金的支取业务。

◆ **临时存款账户**。临时存款账户是外来临时机构或个体工商户因临时开展经营活动需要开立的账户。该账户可办理转账结算及符合国家现金管理规定的现金业务。

◆ **专用存款账户**。专用存款账户是企业因基本建设、更新改造或办理信托、政策性房地产开发、信用卡等特定用途开立的账户。该账户支取现金时必须报当地人民银行审批。

2. 银行结算账户的开立与使用

根据《企业银行结算账户管理办法》，企业申请开立银行结算账户，应当按规定提交开户申请书，并出具下列开户证明文件。

◆ 营业执照。

◆ 法定代表人或单位负责人有效身份证件。

◆ 法定代表人或单位负责人授权他人办理的，还应出具法定代表人或单位负责人的授权书以及被授权人的有效身份证件。

◆《人民币银行结算账户管理办法》等规定的其他开户证明文件。存款人申请开立银行结算账户时，应填制开户申请书。同时，企业在申请开立银行结算账户时，应当对开户申请书所列事项及相关开户证明文件的真实、有效性负责。

（五）办理税务登记

新企业领取由市场监督管理部门核发加载法人和其他组织统一社会信用代码的营业执照后，虽然无须再次进行税务登记，办理税务登记证，但仍需要前往税务机关办理相应的后续事项，才能进行正常缴税。

（六）办理社会保险

新企业注册成功后，创业者还必须办理社会保险。《社会保险法》第五十七条规定："用人单位应当自成立之日起三十日内凭营业执照、登记证书或者单位印章，向当地社会保险经办机构申请办理社会保险登记。社会保险经办机构应当自收到申请之日起十五日内予以审核，发给社会保险登记证件。"第五十八条规定："用人单位应当自用工之日起三十日内为其职工向社会保险经办机构申请办理社会保险登记。未办理社会保险登记的，由社会保险经办机构核定其应当缴纳的社会保险费。"

第二节　企业的生存管理

企业发展初期管理工作中的重中之重，就是企业的生存管理。只有基于生存进行管理，企业才能有发展可言。创业初期是企业管理制度和模式还不够完善的时候，企业内部很容易出现各种问题，妨碍企业的发展，因此创业者要注意关注企业的生存管理。

一、保持创业初心

创业初心是创业者在决定投身创业事业时对于创业的基本想法，奠定了创业活动的基调。创业初心能够支撑创业者前进，也能够凝聚创业团队，指导创业活动的进行。但是，随着创业进程的不断深入，创业初心也会受到众多挑战。

◆ **自身的贪婪与懒怠**。几乎每个人的本性中都存在贪婪和懒怠，创业者也不例外。在长久的创业过程中，创业者可能会面临各种诱惑，如"使用劣质的原料，就可以节省很多成本""这道工序如果宽松一点，生产效率就能提高很多""质检如果少两个环节，就能够省下很多时间"。如果创业者被自身的贪婪和懒怠所影响，遗忘了自己创业的初心，就很可能做出错误的决定，损害自己的事业。

◆ **外部环境的干扰**。在创业过程中，即使创业者秉持创业初心，也会受到外部环境的干扰，如一些头部企业利用市场优势地位开展恶性竞争等。除此之外，有的企业引入了股权投资，投资人为了尽快获取收益，可能会干涉企业的战略制定和经营策略。这些因素都对创业者的创业初心提出了挑战。

虽然在创业路上，创业者的创业初心会受到很多挑战，但唯有战胜它们，守住创业的初心，创业者才能够获得成功。

二、构建竞争壁垒

竞争壁垒是指在市场竞争中，企业基于自身的资源与市场环境约束，构建的有效的针对竞争对手的"竞争门槛"，以维护自身在市场中的优势地位。构建竞争壁垒大概有两条思路，一是"人无我有"，即凭借专利、保密工艺、特色技术、稀缺人才等，保证自己能够生产某产品或提供某服务，而其他企业无法生产类似的产品或提供类似的服务。二是"人有我廉"，企业如果具有技术、工艺、生产资料方面的优势，能够将生产成本降到最低，再以低价在市场中销售，竞争者就会发现自己无利可图，自然会退出市场。

通常，构建竞争壁垒需要从以下几个方面着手。

◆ **规模效应**。规模效应，简而言之，就是规模增大带来的经济效益提高。在一定时期内，当企业生产的产品、提供的服务的绝对量增加时，单位成本反而会下降。当企业已经形成规模效应时，新进入者因短时间内难以达到规模效应下的产量，就会失去成本优势，此时规模效应就是新进入者面对的"壁垒"。在这种行业环境下，新进入者必须达到一定的生产规模，取得相应的成本优势，才能成功进入该行业。

◆ **投资成本**。新进入者在进入一个行业时，往往需要投入相应的技术和资金。如果该行业的技术被垄断，新进入者要想进入该行业，只能高价购买技术或投入大量资金自行研发技术。

这两种方式都需要较大的成本投入，且具有很大的风险。因此如果企业掌握关键专利，就能依托投资成本构建起竞争壁垒。

◆ **产品优势**。产品优势是指行业内现有企业通过长期的宣传、营销、服务等形成的优势，如品牌知名度高、品牌信誉好、客户忠诚度高等。新进入者在进入该行业时，一般需要花费较大的成本、时间来进行品牌建设、产品营销，让消费者接受新品牌、信任新品牌，从而与现有企业竞争市场。此时，企业的产品优势就是竞争壁垒。

◆ **转换成本**。转换成本指消费者从一个产品或服务的提供者转向另一个产品或服务的提供者时所产生的成本，包括物质成本、时间成本、情感成本等多项内容。例如当消费者更换产品时，需要重新添置与新产品搭配的配件，此时配件成本即为转换成本；配件的价格越高，转换成本就越高，转换成本越高，消费者更换产品或服务的概率就越低。因此，企业往往开发独特的、不与其他产品通用的配件，以构建竞争壁垒。

◆ **绝对成本优势**。行业内的现有企业在长期的经营中，往往会掌握某些生产经验、资源渠道等，从而降低生产成本，形成自己的绝对成本优势。而新进入者由于缺乏相应的生产经验、资源渠道，往往需要投入更多的成本，这会增加新进入者进入行业的难度。因此，企业由于自身的绝对成本优势，可以压缩新进入者的利润空间，构建竞争壁垒。

◆ **资源限制**。如果行业的生产资源，如原材料、人力、设备等稀缺且获取渠道单一，则企业可以通过把持相应的资源来构建竞争壁垒。新进入者无法获取必需的资源时，也就无法参与市场竞争。

◆ **分销渠道**。行业中的现有企业在长期的经营中，一般已经培养了很多关系良好的合作伙伴，合作伙伴负责对其产品进行分销。因此企业还可以对行业现有的分销渠道进行控制，从而构建竞争壁垒，限制新进入者。

◆ **政策限制**。政府部门会针对宏观经济和产业经济的发展发布相关政策法规，如对某些行业实行准入制，这样就构建起了天然的竞争壁垒。此外，政府也会组织部分有实力的企业制定一些行业标准、规范，企业如能参与相关标准、规范的制定，也有利于构建竞争壁垒，提高新进入者进入行业的门槛。

◆ **行业联合**。行业联合指行业内的现有企业联合起来排斥新进入者，如果行业内现存的大企业开展合作，就能够有效打击新进入者，构筑起竞争壁垒。

案例　"产品众筹"推广自主专利品牌，打赢电子商务战

李恒章毕业于某高职院校的电子商务专业，毕业之后立马投身于电商平台的创业活动之中。他利用自身所学，开设淘宝店铺，售卖毛绒玩具。

当时淘宝网销售毛绒玩具的店铺有10 000多家，产品多达124.05万件。在这样一个竞争激烈的环境下，要想运用传统的网络销售模式将产品推向市场十分困难，其中的时间成本、运营成本和风险对初创企业而言是巨大的。

　　如何构建竞争壁垒，在毛绒玩具的电子商务平台上有立足之地？为此李恒章进行了不断的尝试与改革。一方面，李恒章自主研发和设计品牌毛绒玩具。他注册了正式的商标，不畏艰辛地开发新专利，希望利用知识产权保护自己的利益不受损害，增加企业的竞争力；同时开发有中国元素的毛绒玩具产品，凸显市场差异化竞争优势，提升企业的核心竞争力。另一方面，李恒章利用众筹销售模式，让消费者在短期内认同、接受新产品，主要做法包括利用众筹测试产品，利用众筹宣传推广产品，促进后续传统销售，发展代理分销商等。众筹销售模式的效率极高，运营成本更低，能让商户对产品的市场欢迎度和销量做出预估，极大降低了库存风险，提升了初创企业规避风险的能力。

　　点评　在激烈的市场竞争中，李恒章采用自主设计、注册商标、开发专利及众筹手段，打造了自己的差异化优势，构筑起了竞争壁垒，从而得以在市场上立足。

三、财务管理与税务管理

　　对于现代企业而言，财务管理与税务管理极为重要。初创企业更需要尽早开展规范的财务管理与税务管理。没有规范的财务管理，企业就难以实现持续稳定的盈利；缺乏科学的税务管理，企业就会面临巨大的法律风险。

（一）财务管理

　　企业财务管理的内容主要包括筹资管理、投资管理和资产管理三大板块，大学生创业者需要了解其具体组成与含义。

1. 筹资管理

　　筹资是企业的一项基本财务活动，是企业根据自身生产经营、对外投资和调整资本结构等活动的需要，通过金融机构和金融市场，经济、有效地筹措与集中资本的行为。筹资管理则是指对筹资活动和过程进行计划、组织和控制。通过筹资管理，企业可以在明确筹资需求的基础上权衡筹资成本与筹资风险，选择能使企业价值最大化的筹资渠道和筹资方式。

　　对企业而言，常见的筹资方式有以下几种。

　　◆ **吸收直接投资**。吸收直接投资指企业与投资人通过协商签订协议，直接筹集股权资本。投资人可分享企业利润，但也需承担相应的风险。

　　◆ **发行股票**。发行股票是股份制公司筹集股权资本的基本方式。股票的发行可以公开，也可以不公开，公司上市后还可以通过配股和增发等方式对股权进行再融资。

　　◆ **发行债券**。发行债券是企业依照债券发行协议，通过发售债券所获的资本形成企业债权资本。发行债券也是企业直接筹资的方式之一。

　　◆ **银行借款**。银行借款是企业与银行等金融机构签订借款合同，从银行等金融机构筹集短期或长期债权资本的筹资方式。

　　◆ **商业信用**。商业信用是指企业通过延期付款或预收货款等商品交易行为，来获得短期债权资本的筹资方式。该筹资方式形成于商品交易过程中，是各类企业自然性融资的一种方式。

◆ **租赁筹资**。租赁筹资是企业按照租赁合同租入需要使用的资产（如设备等）的特殊筹资方式，直接涉及的是物品而非资金。

◆ **利用留存收益**。留存收益是企业保留内部的收益，是企业取得自有资金的重要方式。

◆ **发行短期融资券**。发行短期融资券是指具有法人资格的大型工商企业或金融企业，依照规定的条件和程序发行，并约定在一定期限内还本付息的无担保商业本票，是企业筹措短期资金的直接筹资方式之一。

> 🔍 **案例**
>
> ## 巧借定金筹资
>
> 胡征大是某高职院校金融专业毕业生、苏州享用网络科技有限公司创始人、南京有梦想网络科技有限公司合伙人、江苏省优秀民营企业合伙人、苏州市创业导师团创业导师。他的创业项目"'享用'——后刷脸时代的哆啦A梦"获得第六届中国国际"互联网+"大学生创新创业大赛金奖等众多奖项。
>
> 在谈及自己的创业历程时，胡征大讲述了自己巧妙借助客户定金成功创业的故事。2019年4月，支付宝公司发布了人脸识别支付系统产品。胡征大敏锐地感知到机会，找到了合伙人，打算入局刷脸行业。但创业一开始，他就遇到了资金上的困难：支付宝公司要求一次性采购至少3000台刷脸设备，才能获得支付宝公司的软件开发权限，胡征大多方筹措，也凑不齐这么多钱。
>
> 后来，胡征大找到了安徽"码商付"、山西"易码付"两个聚合支付平台，了解到它们对刷脸支付聚合功能（同时聚合支付宝、微信等刷脸支付技术于一体）的需求，于是直接与其签订合同，获得了对方的定金。之后，胡征大用这笔定金缴纳了设备款，很快完成了与客户的合同。
>
> 在没有设备和软件开发权限的情况下，胡征大直接与客户签订合同，收取定金以购买设备、取得权限，再回头完成业务。利用这样的筹资方式，胡征大盘活了自己的创业活动，最终获得了成功。
>
> **点评**　在创业初期，很多创业者都会受到资金的限制，胡征大巧妙地使用客户预交的定金来解决资金问题，属于商业信用筹资的一种方式。

2. 投资管理

投资是指企业投入资金，期望在未来可预见的时期内获取收益或实现资本增值的一种经济行为。企业投资的主要目的是获取收益，其投资对象既可以是资本，也可以是实物、有价证券等。投资贯穿于企业整个存续期内，是企业经济增长的基本推动力。

一般来说，不同的生产经营活动需要不同的资产，也就需要企业做出不同的投资行为。按照不同的分类标准，企业投资可以分为不同的类型。表6-1所示为企业投资的分类。

表6-1　企业投资的分类

分类	投资类型
直接投资与间接投资	直接投资：将资金投放于生产经营性资产，在非金融型企业中较常见
	间接投资：将资金投放于证券等金融资产
短期投资与长期投资	短期投资：投资期不超过1年或1个营业周期，如投资短期票据、存货等
	长期投资：投资期超过1年或1个营业周期，如投资厂房、设备等固定资产
对内投资与对外投资	对内投资：将资金投放于企业内部，如购置生产经营资产等
	对外投资：将资金投放于企业外部，如购买股票、债券等
初始投资与后续投资	初始投资：建立新企业时的各种投资，资金成为企业原始资产
	后续投资：巩固企业再生产的各种投资，如为扩大生产、调整经营方向等进行的投资

3. 资产管理

资产指企业拥有或控制的能以货币计量的经济资源，包括各种财产、债权和其他权利。企业筹得的资金一旦被投放或使用，也会形成企业的资产。企业资产包括流动资产、固定资产、无形资产等。其中，流动资产指能够在1年内或超过1年的1个营业周期内运用或转化为现金的资产，是维持企业正常经营活动的资金，包括现金、可交易性金融资产、应收及预付账款、存货、短期投资和待摊费用等。固定资产指使用年限在1年以上，单位价值在规定的标准以上，并且在使用过程中保持原有物质形态的资产，如厂房、机器设备、运输设备、办公设施等。无形资产是一切与企业生产经营有关，能够为企业带来经济效益，不具备物质实体的资产，如专利权、商标权、著作权、土地使用权、非专利技术、特许权等。企业的资产管理主要包括如下内容。

◆ **现金管理**。现金即货币资金，是在企业生产经营过程中以货币形式存在的资金，包括库存现金、银行存款和其他货币资金。现金是流动性最强的资产。企业现金持有量过多，将增加现金管理的费用，降低投资收益；企业现金持有量不足，则不利于企业降低和避免经营风险与财务风险，也可能增加无法估量的潜在成本。因此企业可以根据生产经营的需要，选择成本分析模式、存货模式、现金周转模式及随机模式来确定最佳现金持有量。

◆ **可交易性金融资产管理**。可交易性金融资产是指企业为了在近期内出售而持有的债券投资、股票投资和基金投资，其变现能力强，可以随时变现成现金，是现金的另一种存在形式。企业将多余的现金转换为可交易性金融资产，可获得现金股利和利息等收益；当需要补充现金时，企业可出售该类资产以换回投入的现金。

◆ **应收账款管理**。应收账款指企业在正常的经营过程中对外销售产品、材料、提供劳务等业务时，应该向购货单位或接受劳务的单位收取的款项。应收账款是一种债权，是因赊销或推迟劳务收款而产生的。赊销或推迟劳务收款在一定程度上能够增加销量或营业量，并减少产品库存和资金占用，但也会因此产生大量的应收账款，从而导致机会成本（企业因将资金投放于应收账款而放弃进行其他投资所损失的收入）、坏账损失和收账费用的产生。因此，为了对应收账款进行规划与控制，企业在管理应收账款时应制定合适的应收账款政策，确定应收账款管理的基本原则与规范。

◆ **存货管理**。存货是指企业在日常生产经营过程中为生产耗用或销售而储备的物资。企业拥有充足的存货不仅可以节约采购费用与生产时间，有利于生产的顺利进行，还可以避免因存货不足产生的机会成本。但存货的增加势必会占用更多的资金，产生更多的管理费用，使生产成本增加，不利于增强企业的获利能力。因此企业要合理确定存货的数量，尽量提高存货的使用效率和效益。

◆ **固定资产管理**。固定资产具有周转时间较长、变现能力差、资产数量相对稳定等特点，且多是产品生产所必备的生产资料。企业对固定资产进行有效管理，可以保证产品的正常生产，降低相关成本。企业可制定固定资产管理制度，对固定资产的购置、使用、维修等进行规定，同时成立责任小组，对于固定资产损坏、丢失等情况，及时明确责任，按规定进行赔偿、报废、报损、调拨等处理。

◆ **无形资产管理**。由于无形资产没有实物形态，且能够给企业带来的经济效益在很大程度上还会受企业外部因素的影响，因此企业需要正确评估无形资产的价值，提高无形资产的利用率，并加强对无形资产的法律保护。

（二）税务管理

税收是指国家为了向社会提供公共产品、满足社会共同需要，按照法律的规定，参与社会产品的分配，强制、无偿取得财政收入的一种规范形式。每一个企业、每一位创业者都有依法纳税的义务，这不仅是为了规避法律上的风险，更是因为税收是国家财政收入的主要来源，依法纳税是公民和单位应尽的义务。

1. 与企业和企业主有关的主要税种

社会经济活动是一个连续运动的、生生不息的过程，包含生产、流通、分配、消费。国家对商品生产流通环节征收的税种统称为流转税，它以销售收入或营业收入为征税对象，包括增值税、消费税、关税等。对分配环节征收的税种统称为所得税，它以生产经营者取得的利润和个人收益为征税对象，包括企业所得税、个人所得税等。流转税和所得税是最基本的两个税种。具体而言，与企业和企业主有关的主要税种有增值税、企业所得税、个人所得税、消费税、城市维护建设税和教育费附加等。各类企业缴纳的一般税目税率如表6-2所示（小规模纳税人是指年销售额在规定标准以下，并且会计核算不健全，不能按规定报送有关税务资料的增值税纳税人，具体标准由《增值税暂行条例》及《增值税暂行条例实施细则》规定）。

表6-2　各类企业缴纳的一般税目税率

企业类型	增值税	企业所得税	城市维护建设税	教育费附加	其他税种
制造业、商业	一般纳税人13%；小规模纳税人3%	一般纳税人25%；小型微利企业（经税务机关核准）20%	以流转税为基础，市区7%；县、镇3%；偏远地区1%	以流转税为基础3%	资源税、消费税（烟、酒、鞭炮、化妆品、成品油等商品）

续表

企业类型	增值税	企业所得税	城市维护建设税	教育费附加	其他税种
服务业	一般纳税人6%；小规模纳税人3%				消费税（金银首饰）
农林牧渔业	9%	减征、免征			

2. 企业的税务管理

税务工作千头万绪，企业要做好税务管理，就需要做好以下工作。

◆ **依法纳税**。依法纳税是公民和单位应尽的义务，创业者和企业应该及时、准确、足额纳税，不可采取欺骗、隐瞒手段进行虚假纳税申报或者不申报。如果创业者和企业避税、逃税、漏税，虽然得到了眼前利益，但最终必然会受到法律的严惩。

◆ **合理节税**。和逃税、漏税不同，节税是指纳税人在不违背税法立法精神的前提下，当存在多种纳税方案的选择时，纳税人通过充分利用税法中固有的起征点、减免税等一系列优惠政策，以税收负担最轻的方式来处理财务、经营、交易事项。企业应该充分利用政府优惠税务政策，了解现行税法知识和财务知识，结合企业全方位的筹资、投资和经营业务进行合理节税，以减轻企业的税务负担。

◆ **注意税务申报时间**。新创企业在办完首次涉税业务后，在之后的经营中要特别注意按时、按期、持续申报税费，以免延误纳税而影响企业的正常经营。各项税收的缴纳时间不同，增值税、消费税的纳税期限分别为1日、3日、5日、10日、15日、1个月或者1个季度；纳税人以1个月或者1个季度为1个纳税期的，自期满之日起15日内申报纳税；以1日、3日、5日、10日或者15日为1个纳税期的，自期满之日起5日内预缴税款，于次月1日起15日内申报纳税并结清上月应纳税款。企业所得税分月或者分季预缴，企业应当自月份或者季度终了之日起15日内，向税务机关报送预缴企业所得税纳税申报表并预缴税款，年度终了之日起5个月内，向税务机关报送年度企业所得税纳税申报表，并汇算清缴，结算应缴应退税款。如有政策变动，创业者可拨打12366纳税服务热线或登录国家税务总局12366纳税服务平台进行咨询。

◆ **计算应纳税金**。在纳税前，企业需要计算自己应该缴纳的税金。计算税金须首先正确判断企业类型。一般纳税人和小规模纳税人在计算税金上有不同的方式，根据税法的相关规定，小规模纳税人可以用以下简易的方式来计算税金，即"应纳税金＝销售额（营业额）×征收率＋城市维护建设税＋教育费附加"。

四、防范企业风险

风险是指可能带来损失或无法取得预期获利的情况。广义上，只要一件事情的发生存在两种或两种以上的可能性，那么该事件就存在风险。企业在经营过程中面临很多不确定因素，因此企业面临着巨大的风险。企业风险时刻危害着企业的安全，严重的风险甚至能够摧毁整个企业，让创业者的心血付诸东流。因此，大学生应该提前了解企业风险的相关知识，掌握防范企业风险的措施。

（一）企业风险的含义和特征

企业风险又称经营风险，《中央企业全面风险管理指引》对企业风险的定义是："未来的不确定性对企业实现其经营目标的影响。"企业风险是由于生产经营变动或市场环境改变导致企业未来的经营性现金流量发生变化，从而影响企业的市场价值的可能性。

企业风险的来源众多，产生原因和存在形式各不相同，因此各有特征。但究其本质，企业风险具有5个基本特征，如图6-2所示。

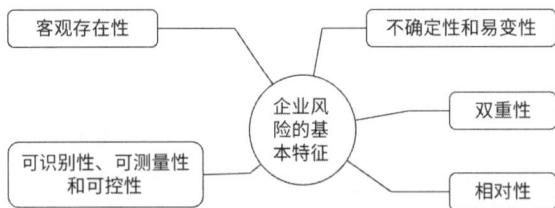

图6-2　企业风险的基本特征

◆ **客观存在性**。客观存在性是企业风险的首要特征。企业风险是由非主观存在的自然灾害和社会现象引起的，不会因为人的思想、想法而发生改变。一方面，自然灾害如洪涝灾害、地震等会对一部分企业产生影响；另一方面，社会现象如产业升级、经济环境变化也是普遍存在、不可避免的。这些客观存在的状况会引发企业风险，因而企业风险具有客观存在性。

◆ **不确定性和易变性**。不确定性和易变性是指企业对于将来的盈利和损失等经济状况的状态和分布范围无法确定。企业风险虽然存在于经营过程的方方面面，但是具体在何时发生、会造成怎样的后果、产生多大的影响等，都是不确定的，因此企业风险具有易变性。企业风险的不确定性在很大程度上取决于它所处的外部环境的易变性。外部环境始终处在动态变化之中，导致企业风险的分布范围和状态不能确定，从而导致企业风险具有不确定性。

◆ **可识别性、可测量性和可控性**。企业风险的可识别性是指创业者能够利用自己的知识和相关资料，经过理性的思考，在创业过程中发现、识别并划分风险的类别。企业风险的可测量性和可控性是指创业者能够在认知和了解风险的基础之上，对风险应该会产生的损失或可能造成的影响进行大致的估算，进而采取一定的措施将现存的风险控制在一定范围内，从而尽量规避风险或是减少风险可能对企业产生的影响。但是需要注意的是，大学生创业者等企业管理者的知识和能力往往是有限的，再加之风险具有客观存在性，因此大学生创业者对风险的识别、测量和控制都是有限的。

◆ **双重性**。企业风险具有双重性，既代表着危机，也代表着机会，两者同时存在，不可分割。企业利用机会谋取利益时一定会冒风险，而战胜风险后则会获得收益，可以说风险是利润的代价，利润是风险的报酬。另外，从经济学的角度来说，利润和风险是正相关的。

◆ **相对性**。因为企业风险会随着创业环境的动态变化而不断改变，所以在不同的环境中，创业效果也会完全不同。此外，由于创业者的知识、经历、性格等因素的不同，企业风险对不同的创业主体来说也会有较大差异。

（二）企业风险的类型

企业风险具有多种表现形式，根据不同的划分依据，企业风险可以划分为不同的类型，如表6-3所示。

表6-3 企业风险的类型

划分依据	风险类型	含义
风险形成的原因	主观风险	由于非客观决策上的因素，如认识不足所导致的风险
	客观风险	由于非主观因素的影响，如市场的变动、政策的变化而导致的风险
风险的内容	技术风险	由于技术方面的因素及其变化的不确定性而导致的风险
	市场风险	由于市场情况的不确定性导致创业者或企业遭受损失的可能性
	政治风险	由于战争、国际关系变化或有关国家政策改变而造成的风险
	管理风险	因企业管理不善产生的风险
	生产风险	企业提供的产品或服务在从小批试制到大批生产的过程中产生的风险
	经济风险	由于宏观经济环境发生大幅度波动或调整而造成的风险
风险对资金的影响	安全性风险	不仅预期收益有损失的可能，而且企业自身投入的其他财产也可能蒙受损失，即亏本的风险
	收益性风险	企业自身投入的其他财产不会蒙受损失，但预期实际收益有损失的风险
	流动性风险	企业自身投入的其他财产及预期实际收益不会蒙受损失，但资金可能不能按期转移或支付，造成资金运营停滞的风险
风险的范围	局部性风险	在某一部分内存在而未波及整体的风险
	全局性风险	在一个整体内存在且危害到全局的风险
风险控制的程度	可控制风险	企业对产生的风险有一定程度的认识，了解风险产生的原因且拥有应对风险的措施，能有效控制其规模和影响的风险
	不可控制风险	企业无法判断风险产生的原因及缺乏应对风险的策略，或者虽了解风险产生的原因且拥有应对策略，但实施中存在一些不可抗力，从而导致的无法控制的风险

课堂活动

企业风险归类

以下罗列了8项具体的企业风险，请将其分别划分到不同的类别。

示例：现金不足，偿还到期债务后不足以开展下一轮生产。（主观风险、经济风险、流动性风险、局部性风险、可控制风险）

（1）生产设备损坏，工厂被迫停工。

（2）突发暴雨导致交通中断，货物无法如约发给经销商。

（3）投资者决定撤资，企业资金链断裂。

（4）生产的产品被政府禁售。

（5）新技术研发受阻，未能于预订时间应用。

（6）经销商拖欠货款一个月。

（7）股东产生分歧，企业决策机制失灵。

（8）主要原材料紧缺，价格翻倍，为完成订单，企业被迫亏本生产。

（三）企业风险的应对

风险是复杂且多变的，因此风险防范与控制的方法要因地制宜。归根结底，企业风险的应对方法有风险转移、风险回避、风险保留、风险防范和风险损失控制5种。

1. 风险转移

风险转移是指企业利用签合同的方式将风险转移到个人或另一家公司的一种处理方法。通常情况下，风险转移有保险转移风险法、分散转移风险法和对冲转移风险法3种方法。

◆ **保险转移风险法**。保险是指投保人根据合同约定，向保险人支付保险费，保险人对于合同约定的可能发生的事故承担赔偿保险金责任。企业购买相关保险，等于将对应的责任转嫁给了保险公司。但是，保险转移风险法本身要求企业付出代价（支付保险费），如果风险没有发生，则保险费没有发挥作用，相当于企业通过一个固定的损失来转移风险。

◆ **分散转移风险法**。分散转移风险法指利用企业联营、多种经营及对外投资多元化的方法，来减少非系统性的风险。例如，企业可以与其他企业共同投资、共享收益、共担风险较大的投资项目，从而避免因独家经营而产生的各种问题，尤其是可以减轻重大财务风险。在使用分散转移风险法的过程中，企业也会与分担风险的一方分担收益，因此企业的收益水平可能会降低。

◆ **对冲转移风险法**。对冲转移风险法是通过投资或购买与标的资产收益波动负相关的某种资产或衍生产品，以此来冲销标的资产潜在风险损失的一种风险管理策略。对冲转移风险法的关键是寻找到合适的对冲产品。

2. 风险回避

风险回避是最常见、最有效的应对风险的手段之一，是指放弃、停止或拒绝进行具有风险的行为，如中止交易、缩小交易规模、离开市场、拒绝合作等。企业如果发现项目发生风险的概率很大，可能导致的损失也很大且收益有限，或者没有其他有效的对策来降低风险时，应采取放弃项目、放弃原有计划或改变目标等方法，使风险不发生或不再发展，从而避免可能产生的损失。

风险回避具有简单易行、全面彻底的优点，能将风险的发生概率降低到零。但是，企业回避风险的同时也放弃了潜在的利益。

3. 风险保留

风险保留也称风险承担，是指企业非理性或理性地主动承担风险，以其内部资源来弥补损失，即企业在明确风险存在后不进行特别应对，自行承担风险。该方法适用于风险既无法转移也无法回避的情况，或者适用于风险低、潜在损失低、潜在收益高的项目。

需要注意的是，风险保留并非完全忽视风险硬干蛮干，而是在明确风险后继续按照原计划行动，在行动中仍需注意风险的变化、发展状况。

4．风险防范

风险防范是利用某种措施来防范风险事件的发生，通常是指企业在日常生产与经营过程中，进行风险预测评估后采用企业风险控制方法进行风险防范。企业可以有目的、有预测地通过计划、组织、控制和检查等活动来进行风险防范。

例如，对于财务风险，企业就可以通过完善财务制度、制定科学的财务管理组织体系、加强对账目的审查、加强内部监督等方式进行防范。

5．风险损失控制

风险损失控制是指企业不降低风险发生的概率，而是减轻风险发生后的损失，例如将风险资产与企业割离、设置修理或重建基金等。

风险损失控制通常只在损失幅度高且风险无法回避或转移的情况下使用。例如，企业面对洪涝，无法整体搬迁，就只能通过加强防水措施、转移重要设备和文件等方式来减轻损失。

五、应对企业危机

在一项针对《财富》杂志排名前500强的大企业董事长和CEO所做的专项调查中，80%的被调查者认为现代企业的危机不可避免；其中有14%的人承认，所在企业曾经受到严重危机的挑战。可见危机在企业经营过程中如影随形，大学生创业者必须学习如何应对危机。

（一）企业危机的含义与特征

对于企业而言，危机是指企业面临的与社会大众或消费者有密切关系且后果严重的重大事故。企业危机通常具有以下特征。

◆ **突发性**。危机往往不期而至，是在企业毫无准备的情况下突然发作的，令企业措手不及，给企业带来混乱和惊恐，甚至使企业无法维持正常的秩序。

◆ **破坏性**。危机发作后可能会给整个企业造成严重的物质损失和负面影响，甚至将整个企业毁于一旦。

◆ **不确定性**。危机爆发前的征兆通常不明显，企业难以对其做出预测，而危机出现与否及出现的具体时机更是无法完全确定。

◆ **急迫性**。企业必须十分急迫地对危机做出反应和处理，任何延迟都会造成更大的损失。

◆ **资源紧缺性**。危机突然降临，企业必须快速做出决策，但由于时间紧迫以及决策者混乱和惊恐的心理，企业往往在资源调度上面临巨大的困难。此时的信息纷繁复杂，企业很难从众多的信息中发现准确的信息。

◆ **舆论关注性**。危机的发生会迅速引起各大媒体及社会大众对于危机事件的关注，而企业越是束手无策，危机事件的神秘色彩越会增加，以引起舆论的关注。

（二）企业危机的类型

企业危机的成因复杂，我们可以粗略地将企业危机划分为8个类别。对于不同类型的企业危机，有着不同的解决思路与方法，了解企业危机的类型有助于大学生创业者对症下药，有针对性地应对企业危机。

◆ **信誉危机**。在企业长期的生产经营过程中，公众对其产品或服务会产生整体性的印象和评价。如果企业没有履行合同或对消费者的承诺，就会产生一系列的纠纷，甚至会给合作伙伴及消费者造成重大损失或伤害，从而造成企业信誉下降，失去公众的信任和支持。

◆ **决策危机**。决策危机是指企业因经营决策失误造成的危机。企业的经营策略如果发生严重错误，自然无法适应环境变化趋势，从而蒙受巨大的损失。例如牛仔裤品牌李维斯就在21世纪初因为品牌老化和新品牌的冲击而濒临破产，在新任CEO（首席执行官）进入进行了大刀阔斧的改革后才重现辉煌。

◆ **经营管理危机**。经营管理危机是指企业因管理不善而导致的危机，具体包括产品质量危机、环境污染危机和关系纠纷危机等。产品质量危机是指企业产品质量出现问题，引起消费者的愤怒、恐慌以及追责。环境污染危机是指企业造成环境危害，使周边居民不满、环保部门的介入而引起的危机。关系纠纷危机是指企业与消费者、合作方等产生关系纠纷而引起的危机，如虚假宣传、态度恶劣等。

◆ **灾难危机**。灾难危机是指企业面对无法预测和人力不可抗拒的强制力量，如地震、台风、洪水等自然灾害，以及战争、重大工伤事故、经济危机、交通事故等造成巨大损失的危机。

◆ **财务危机**。财务危机指由于企业投资决策的失误、资金周转不灵、股票市场的波动、贷款利率和汇率的调整等因素使企业资金出现暂时断流，企业难以正常运转。

◆ **法律危机**。法律危机是指企业在生产、销售等过程中触犯了法律法规，事件暴露后，企业陷入危机，如偷税漏税、违反《广告法》等。

◆ **人才危机**。人才危机是指企业人才频繁流失所造成的危机。例如核心成员离职导致项目无法开展、领导者突发疾病导致无法进行决策等。

◆ **媒介危机**。由于客观事物和环境的复杂性和多变性，以及报道人员观察问题的立场和角度有所不同，媒体的报道可能会出现失误，如对企业的报道不全面或失实。这样的报道会对舆论产生负面影响，使企业陷入媒介危机。

（三）企业危机管理方法

面对危机，企业应该把握其规律，根据可获取的相关知识来进行危机管理。危机管理主要分为危机前的预防与管理、危机中的应急处理和危机的善后总结3项内容。

1. 危机前的预防与管理

预防危机是危机管理的重点，几乎每次危机发生时都有预兆，因此企业只要对可能面临的危机进行预测，及时做好预警工作并采取有效的防范措施，就可以避免危机的发生或降低危机造成的损害和影响。

◆ **增强危机意识**。居安思危、未雨绸缪是危机管理理念之关键。危机管理并非只是一种临时性措施和权宜之计，而应该渗透到企业的生产经营过程中。企业应该树立危机理念，营造危机氛围，教育员工有效预防危机，以此增强全员的危机意识，提升企业抵御危机的能力，有效地预防危机。

◆ **建立危机预警系统**。信息监测是危机预警系统的核心，企业只有随时收集各方面的信息，及时加以分析和处理，才能把隐患消灭在萌芽状态。企业必须建立高度灵敏、准确的危机预警系统，以随时收集公众对产品的反馈信息、掌握行业信息、研究竞争对手现状。在此基础上，企业可以对监测到的信息进行鉴别、分类和分析，预测可能发生的危机类型及其危害程度。

◆ **成立危机管理小组或机构**。成立危机管理小组或机构是企业顺利处理危机、协调各方面关系的组织保障。其成员应该尽可能熟知企业和本行业内外部环境，由具有较高职位的公关、生产、人事、销售等部门的管理人员和专业人士组成，以便能够根据危机发生的可能性制订出防范和处理危机的计划。

◆ **进行模拟训练**。企业应根据危机应变计划进行定期的模拟训练，包括心理训练、危机处理知识培训和危机处理基本功演练等，以增强危机管理小组的快速反应能力，强化其危机管理意识，并检测预先拟定的危机应变计划是否切实可行。

◆ **丰富信息渠道**。大学生创业者可以广结善缘、广交朋友，丰富自己的信息渠道，同时运用公关手段来建设和维系与公众的关系，获得更多支持者。这样大学生创业者能够得到更多的信息，更好地预判外部环境的变化，预防危机。

2. 危机中的应急处理

在出现危机征兆时，企业需要尽快确认危机的类型，为后面的危机应对工作争取时间。在确认危机到来后，企业需要做好应对，每一种危机都有其各自的特点，没有一套普适的应对方法。但总结起来，企业应对危机可以采用以下策略。

◆ **危机中止策略**。企业应该根据危机发展的趋势，审时度势，主动中止危机，如关闭亏损工厂、部门、项目，停止生产滞销产品等。

◆ **危机隔离策略**。危机的发生往往具有关联效应，即一种危机处理不当就会引发另一种危机。因此，当某一种危机产生之后，企业应迅速采取措施，切断危机同企业其他经营领域的联系，及时将已爆发的危机隔离起来，防止危机扩散。

◆ **危机利用策略**。危机利用策略是指企业在综合考虑危机的危害程度之后，利用危机形成有利于企业的结果。例如在市场疲软的情况下，企业可以不忙着推销、降价，而是利用危机造成的危机感，发动职工提出合理化建议，搞技术革新，降低生产成本，开发新产品，以危机倒逼进步。

◆ **危机排除策略**。危机排除策略是指企业采取措施消除危机，具体包括工程物理法和员工行为法。工程物理法是以物质措施排除危机，如通过投资建新工厂、购置新设备来改变生产经营方向，提高生产效益等。员工行为法则是通过公司文化、行为规范来提高士气，激发员工的创造性，从而渡过危机。

◆ **危机分担策略**。危机分担策略是指将危机由企业单一承受变为由多个主体共同承受，增强企业对危机的损失承受力。例如采用合资经营、合作经营、发行股票等办法，由合作者和股东来分担企业危机。

3. 危机的善后总结

危机的善后总结是整个危机管理的最后环节，也是下一轮危机预防的起点，对强化后续的危机管理具有重要意义。同时，企业对危机的应对不可能尽善尽美，会出现诸如企业形象受损等问题，也需要进行危机的善后总结来消除危机处理后遗留的问题和影响。

◆ **进行危机总结、评估**。企业对自身的危机管理工作进行全面的总结、评估，包括对危机预警系统的组织和工作程序、危机处理计划、危机决策等各方面的评价，要详尽地列出危机管理工作中存在的各种问题。

◆ **对问题进行整顿**。多数危机的爆发是因为企业管理不善。对于这些诱发危机的"内因"，企业需要通过总结评估来提出改正措施，责成有关部门逐项落实，完善危机管理内容。

◆ **寻找商机**。危机也是企业的机会，给企业制造了另外一种环境。大学生创业者要学会利用危机，钻研探索经营的新路子，将危机转化为商机。

案例　　　　　　　　**一路危机，闯出一片天**

张鹤宇是某高职院校的毕业生，是苏州蹦蹦熊文化发展有限公司的创始人。2015年9月，张鹤宇初入大学，"三点一线"成为他的生活常态。在辅导员的帮助下，张鹤宇完成了霍兰德职业兴趣测试，逐步探索属于自己的人生方向。2016年上半年，张鹤宇通过兼职，接触到儿童户外教育行业，终于找到了自己感兴趣的职业类型。张鹤宇热爱与孩子在一起，因而这份兼职他一做就是3年。

大学寒暑假时，作为户外拓展老师，他与孩子朝夕相处。白天他带孩子完成拓展项目，晚上带孩子洗漱、查房。凌晨1点睡、5点起，24小时手机不关机。高强度的工作让兼职的同事纷纷辞职，却唯独没击垮张鹤宇。

2017年大三毕业后，张鹤宇选择自立门户，跟好朋友一起创立蹦蹦熊品牌。他从零开始，先去研究别人的做法，再创立公众号、制作海报、设计宣传册、制订引流计划，一步一步地摸着石头过河。

2018年，蹦蹦熊凭借突出的业务能力，取得了好的业绩。张鹤宇在创业第一年便迈出了成功的第一步。

2019年，苏州的儿童户外拓展供应商如雨后春笋般出现，市场迅速饱和。张鹤宇团队及时调整企业发展战略。

一、跳出舒适圈，开拓无锡、常州等更大的市场。

二、走高端路线，通过高品质、高体验的户外素质教育，打造品牌效应。

三、加强融资，加大宣传，抢占市场。

2019年年底，蹦蹦熊文化发展有限公司成为一站式户外素质教育平台，子品牌包括蹦蹦熊、印象少年、苏州和声创影。其业务已覆盖苏州、无锡、常州、上海、南京、杭州等13地，年营业额达一千万元。

点评　张鹤宇的创业生涯可以说是一路伴随着危机和风险，但是面对危机，他沉着冷静，总能够找到应对之法。可见，创业就是比拼对危机的应对和处理，谁能有效处理危机，谁就能取得成功。

六、企业的生命周期

世界上的事物都有其生命周期，企业也不例外。企业的生命周期如同一双无形的巨手，始终左右着企业发展的轨迹。企业的生命周期是指企业诞生、成长、壮大、衰退的过程，相应地划分为初创期、成长期、成熟期、衰退期，如图6-3所示。虽然不同企业的生命周期有长有短，但不同企业在生命周期的相同阶段所表现出来的特征却具有某些共性。了解这些共性，便于大学生创业者了解自己企业所处的生命周期阶段，从而可以调整企业的发展状态，尽可能地延长企业的寿命。

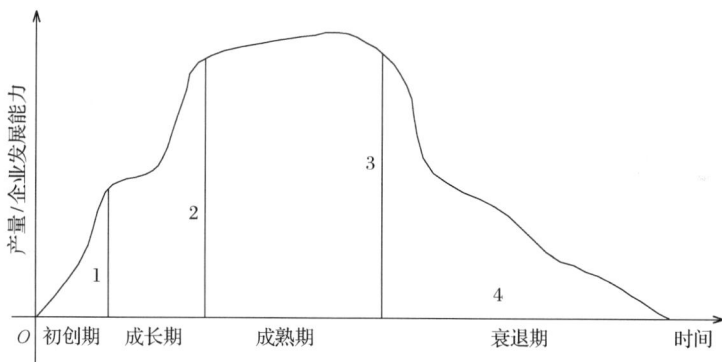

图6-3　企业的生命周期

（一）初创期

初创期指企业初创的1~3年的时间。一般来说，处于这个阶段的企业生存能力弱，抵抗力很差，很容易受到行业中原有企业的威胁。此时，企业处于学习阶段，市场份额低，资金不充裕，管理水平低，管理费用高，固定成本高，创业失败率也很高。生产经营活动中出现的任何差错都可能导致企业夭折。新产品开发及未来的企业现金流量都具有较高的不确定性，因此企业的经营风险非常高。初创企业成功与否，在很大程度上取决于创建初期的项目可行性分析与市场预测和投资决策情况。

处于初创期的企业一般没有制度、流程或绩效，几乎每个人都有许多事情要做，大学生创业者通常要处理一个接一个的危机。此时企业通常高度集权化，一般由大学生创业者独揽大权。因为此时企业缺乏发展经验，大学生创业者只能依靠高度集权化来保证决策的高效率。初创期重点要解决的是企业的生存问题，因为没有固定的业务、流程，所以业务范围、经营方向等都需要根据现实需要来调整。

案例   迅雷的生存

2002年，迅雷的创始人程浩和邹胜龙开始共同创业时，选择的项目是电子邮件的分布式存储系统。当时，电子邮箱开始收费，邮箱容量也越来越大。不过电子邮箱的存储市场并没有他们当初设想的那么大，两三个月后公司陷入困境，两人商量转型。程浩发现，在门户、邮箱、搜索、即时通信、下载等环节中，其他环节都有主流提供商，唯独下载环节没有，但对于大容量文件，如电影、网络游戏，人们都有较大的下载需求。于是，程浩和邹胜龙决定研发迅雷软件。迅雷软件采用基于网络原理的多资源超线程技术，下载速度奇快，但漏洞百出。为了使产品能以最快的速度发布，程浩在研发过程中放弃了对产品细节的考究，只关注目标消费者最关心的问题。

为了让用户使用该软件，迅雷公司聘请专业营销人员，每月花费两三万元进行市场推广，但使用者还是寥寥无几。2004年年中，程浩通过朋友找到了金山软件公司的总裁雷军。此时，迅雷公司没有名气，雷军只给了他一次测试机会。测试结果显示，迅雷软件的下载速度是其他下载工具的20倍。于是，金山软件公司同意推荐其游戏用户使用迅雷软件免费下载其热门游戏。在获得了金山软件公司的认同后，迅雷公司迅速和其他网络游戏厂商达成协议，新增用户量由每天不到300名增加到10000多名。半年多时间，迅雷公司拥有了300万名用户，95%是由合作伙伴带来的。有了可观的用户群后，迅雷公司很快通过广告、软件捆绑、按效果付费的竞价排名广告等渠道取得了收支平衡。随即，迅雷公司也不断推出升级版本修正软件漏洞。

点评   迅雷公司本来的主营业务是电子邮件的分布式存储系统，但很快碰壁，公司陷入困境。创始人及时带领公司转型开发下载软件，这才取得了成功。在初创期，企业必须迅速适应市场，否则难以取得发展。

（二）成长期

在初创期生存下来的企业将很快进入成长期，一般把成长期分为迅速成长期和稳步成长期两个阶段。处于这一时期的企业称为成长企业。在这一时期，企业的经验和规模都在增长，企业全面成长，经济实力增强，市场份额逐步提高，竞争能力增强，已能在行业中站稳脚跟。此时企业的创新能力也很强，已经形成了自己的配套产品。在这个时期，该企业在产业中已经成为"骨干企业"，但尚未发展成为大企业。

但在这样的情况下，企业面临的经营风险仍然比较大，企业很容易跌入多元化陷阱。这主要是由于企业的市场营销费用增加，企业需要募集大量资金进行项目投资，此时创业者往往会想当然地认为其过去的成功经验可以适用于多个领域，于是会"大胆"地进入多个行业或领域，甚至是自己极不熟悉的非相关行业。诚然，多元化在初始阶段可能会使企业的销售量得到大幅度增长，但企业盈利未必会随着销售量的增长而增加，反而可能是亏损越来越多。这时，企业的现金流量仍然是不确定的，且市场环境是多变的。因此，创业者需要不断完善企业的管理制度，更新企业的未来发展规划，提升企业对市场的应变能力，以保证企业的快速成长。

（三）成熟期

在成熟期，企业的发展速度有所放慢，产品标准化有所提高，经营领域有所拓宽，管理走向正规化。企业产品的知名度和市场占有率都有很大的提高，并且通过各种媒体渠道在公众心中树立了企业形象。但许多企业的发展对某一产品的依赖性很强，再过一段时间企业必然会出现衰败，这就有可能使企业的发展潜力受到影响，导致其创新精神衰退。这是因为，企业经过初创期、成长期的艰苦奋斗、勇往直前后，往往会在环境相对舒适的成熟期趋于保守，缺乏对新事物的敏感性和强烈的改革意愿。成熟期创新精神衰退的问题还与企业规章制度的健全有关。

创新强调变化，而制度只需遵守。成熟期企业的规章制度已经较为健全，各级人员只需按规定办事即可。但市场是变化的，企业创造力"沉睡"时间过长，就会降低其满足消费者需求的能力，企业的市场竞争力也就随之下降。成熟期是企业生命周期中的理想阶段，企业进入成熟期很困难，要想停留在成熟期更困难。如果能够一直停留在成熟期，对企业来说是再好不过了。但是在现实中，企业一不留神就会陷入衰退期。

（四）衰退期

衰退期是指企业的发展走下坡路，企业面临衰亡。衰退分为两种情况：一种情况是受到行业生命周期的影响，如果该行业已到了衰退期，自然会影响企业，使企业跟着衰退；另一种情况是该企业患了"大企业病"，处于衰退期的企业大多是大企业，很容易患"大企业病"，主要表现为企业内部官僚主义横行、企业家精神泯灭、部门之间责任推诿、士气低落、满足现状、应变能力下降等。

衰退期企业的生命仍有延长的可能性。只要企业进行改革，成功地转换产品，灵活地转换企业形态，准确地选择新的产业或领域，企业就可能重获新生。但是在衰退期考虑改革，从时间上来看已经较晚。其实，企业在发现业绩开始下滑或上升缓慢时，就应该考虑改革了。

🪂 实践与应用

　　1. 请比较各个企业法律组织形式，将表6-4补充完整。

　　2. 搜集名人的创业故事，说一说他们的创业初心是什么。现在，他们的创业初心是否仍在其企业事迹中有所体现？

　　3. 搜集一个企业应对危机的故事，与同学分享。

表6-4　企业法律组织形式特征比较

法律组织 形式特征	个体工商户	个人独资企业	合伙企业	有限责任公司 （一人有限责任公司除外）
法律依据				
企业性质				
投资人数				
注册资本				
出资形式				
投资主体				
经营主体				
成立条件				
税收				
责任形式				
利润分配				

第七章
做好就业准备

如果不做好充分的就业准备，大学生在求职的过程中就可能多次遭受挫折和困难。为了顺利地就业，大学生应该明确就业去向，进行科学的就业决策并树立正确的就业观。明确就业去向是顺利就业的前提，科学的就业决策是实现理想就业的基础，树立正确的就业观是大学生合理就业的保障。只有做好充足准备，大学生才能在求职路上有的放矢，获得满意的职位。

知识要点

- ◆ 求职就业的流程
- ◆ 了解国家就业项目
- ◆ 认识就业形势
- ◆ 树立正确的就业观

引导案例　　充分准备助力求职成功

某高职院校营销与策划专业毕业生吴银辉，在校期间曾担任校学生会主席、辩论社长等职务，参加过市场调研、语言能力培训、创业大赛等多项活动。在校期间，他一方面在经验的积累中提升了多方面的能力，另一方面也对自身的毕业去向进行了多种尝试。

吴银辉对自身条件进行了系统分析，认为自己的管理能力和沟通能力足够支撑自己创业并成为公司的管理者，但自己来自普通家庭，创业的原始资本储备不足。同时，吴银辉是一个心思缜密、对风险持保守态度的人，他选择就职于一家规模较大且运营相对成熟的企业，希望逐步成长为基层管理者，将自身的优势充分发挥。

于是，吴银辉通过校园招聘，成功入职一家知名品牌连锁机构。在工作岗位上，他发挥自身性格与能力上的优势，在毕业5年后成长为分店店长。

点评　无论做什么事，事前的充分准备都能有效提高成功率，求职就业也是如此。案例中的吴银辉对自己的情况进行了准确分析，最终挑选了能够充分发挥自己优势的岗位，取得了成功。

第一节　明确就业去向

目前，我国大学生实行"双向选择、自主择业"的就业形式，大学生的就业形式由单一化走向多样化。具体而言，大学生毕业后，有求职就业、升学深造、参军入伍、国家项目就业和自主创业等选择。

一、求职就业

大部分大学生在毕业后会选择求职就业，即进入各种企业工作。求职就业的典型形式为：大学生在毕业之前，通过学校推荐或自行参加招聘会，与用人单位签订就业协议，毕业时到签约用人单位就业。

参加招聘会是大学生求职就业的重要方式。每年毕业季，各高等院校将陆续举办用人单位招聘会，大学生和用人单位经过双向选择相互确定后，即可签订毕业生就业协议书；或者大学生直接进入用人单位实习，待正式毕业后再与企业正式签订劳动合同，成为该用人单位的正式员工。

二、升学深造

升学深造主要包括参加研究生考试、普通高校专转本考试、成人高考、对口升学考试、高等教育自学考试等。大学生进行升学深造，一方面可以提高自身学历，另一方面也能缓解社会就业压力。但是无论是就业还是升学，大学生都要理性选择，不可盲目跟风。每个大学生的学习、身体、经济等方面的条件都是不同的，因而要结合自己的情况及未来职业规划做出适合自己的选择。不管是选择就业还是升学，大学生都必须要摆正位置、调整心态，只有这样才有利于自身的发展。

> **案例**　　　　　　**不断升学，达成人生理想**
>
> 　　某高职院校会计与审计专业学生刘南南虽然家境不够殷实，但她深知"知识改变命运"的道理。进入高职院校后，刘南南一边完成学校课程的学习，一边准备专转本考试。
>
> 　　经过两年坚持不懈的努力，刘南南成功通过了专转本考试并进入本科院校学习，并于两年后通过了全日制硕士研究生考试。研究生阶段的学习让刘南南逐步发现自己对于教育学的学术研究有着浓厚的兴趣，并且自己还拥有帮助更多青年学子实现升学梦的情怀。于是，硕士毕业的刘南南毅然决定攻读教育学博士，博士毕业后进入某本科学校负责教学管理工作。刘南南在升学的道路上持续奋斗，最终实现了自己的奋斗目标。
>
> 　　**点评**　升学深造能够提升大学生的学历水平，是大学生深入学习专业知识的有效途径，有利于其日后的求职，甚至达成人生理想。

三、参军入伍

积极引导大学毕业生应征入伍是我国大学毕业生就业政策的既定方针。"一人参军，全家光荣"，应征入伍不仅是一种就业选择，更是大学毕业生完成自己保卫祖国、保卫人民的神圣使命的一种途径。我国对于大学毕业生应征入伍的政策如下。

（一）应征入伍条件

征集服现役的公民必须热爱中国共产党，热爱社会主义，热爱人民军队，遵纪守法，品德优良，决心为抵抗侵略、保卫祖国而英勇奋斗。公民应征入伍要符合国防部颁布的《应征公民体格检查标准》和其他有关规定。以下为几项基本规定。

◆ **身高**。男性160cm以上，女性158cm以上。

◆ **体重**。男性：不超过标准体重［标准体重（kg）=身高（cm）–110］的30%，不低于标准体重的15%。女性：不超过标准体重的20%，不低于标准体重的15%。

◆ **视力**。右眼裸眼视力不低于4.6，左眼裸眼视力不低于4.5。屈光不正，经准分子激光手术后半年以上，无并发症，任何一眼裸眼视力达到4.8，眼底检查正常，除条件兵外合格。

◆ **内科**。心率60~100次/分。

◆ **年龄**。男性普通高等学校在校生为年满17~22周岁，大学毕业生放宽到24周岁。女性普通高等学校在校生和毕业生为年满17~22周岁。

（二）应征入伍程序

大学毕业生应征入伍需要遵循一定的程序，此处以男兵应征入伍的流程为例。

◆ **网上报名**。有应征意向的高校应届毕业生可在征兵开始之前登录"全国征兵网"，填写个人基本信息。报名成功后，自行下载打印《大学生预征对象登记表》，符合国家学费资助条件的，还应下载打印《高校学生应征入伍学费补偿国家助学贷款代偿申请表》（以下分别简称《登记表》《申请表》），分别交所在高校征兵和学生资助管理部门进行审核。

◆ **初审初检**。高校应届毕业生离校前，参加身体初检、政治初审，符合条件者确定为预征对象，学校协助兵役机关将《登记表》和《申请表》审核盖章发给预征对象本人，并完成网上信息确认。初审初检工作最晚在7月15日前完成。

◆ **实地应征**。高校应届毕业生可在学校所在地应征入伍，也可在入学前户籍所在地应征入伍。

◆ **组织高校应届毕业生在学校所在地征集的**，结合初审初检工作同步进行体格检查和政治审查，在毕业生离校前完成预定兵，9月初学校所在地县（市、区）人民政府征兵办公室为其办理批准入伍手续。政治审查以本人现实表现为主，由其就读学校所在地的县（市、区）公安部门负责，学校分管部门具体承办，原则上不再对其入学前和就读返乡期间的现实表现情况进行调查。

◆ **在入学前户籍所在地应征入伍的**，高校应届毕业生7月30日前将户籍迁回入学前户籍地，持《登记表》和《申请表》到当地县级兵役机关参加实地应征，经体格检查、政治审查合格的，9月初由当地县（市、区）人民政府征兵办公室办理批准入伍手续。

（三）应征入伍优惠政策

大学毕业生应征入伍服义务兵役，享有优先报名应征、优先体检政考、优先审批定兵、优先安排使用的"四个优先"政策。

◆ **优先报名应征**。报名由县级兵役机关直接办理。夏秋季征兵开始前，县级兵役机关通知其报名时间、地点、注意事项等。确定为预征对象的大学毕业生，持《登记表》，可以直接到学校所在地或户籍所在地县级兵役机关报名应征。

◆ **优先体检政考**。体检由县级兵役机关直接办理。夏秋季征兵体检前，县级兵役机关通知其体检时间、地点、注意事项等。确定为预征对象的大学毕业生，未能在规定时间内在学校参加体检的，本人持《登记表》，可在征兵体检时间内报名直接参加体检。

◆ **优先审批定兵**。审批定兵时，应当优先批准体检政考合格的大学毕业生入伍。高职（专科）以上文化程度的合格青年未被批准入伍前，不得批准高中文化程度的青年入伍。

◆ **优先安排使用**。在安排兵员去向时，根据大学毕业生的学历、专业和个人特长，优先安排到军兵种或专业技术要求高的部队服役；部队对征集入伍的大学毕业生，优先安排到适合的岗位，充分发挥其专长。

高校毕业生应征入伍服义务兵役，除享有"四个优先"政策，家庭按规定享受军属待遇外，还享受优先选拔使用、学费补偿和国家助学贷款代偿、退役后考学升学优惠、就业服务等政策。

（四）大学生士兵退役后的就业与学习政策

退伍后，大学生士兵还可享受相应的就业与学习政策，具体如下。

◆ 高职（专科）学生入伍经历可作为毕业实习经历。

◆ 退役大学生士兵入学或复学后免修军事技能训练，直接获得学分。

◆ 设立退役大学生士兵专项硕士研究生招生计划。根据实际需求，每年安排一定数量专项计划，专门面向退役大学生士兵招生。在全国研究生招生总规模内单列下达，不得挪用。

◆ 将高校在校生（含高校新生）服兵役情况纳入推免生遴选指标体系。鼓励开展推荐优秀应届本科毕业生免试攻读研究生工作的高校在制订本校推免生遴选办法时，结合本校具体情况，将在校期间服兵役情况纳入推免生遴选指标体系。在部队荣立二等功及以上的退役人员，符合研究生报名条件的可免试（指初试）攻读硕士研究生。

◆ 将考研加分范围扩大至高校在校生（含高校新生）。退役人员在继续实行普通高校应届毕业生退役后按规定享受加分政策的基础上，允许普通高校在校生（含高校新生）应征入伍服义务兵役退役，在完成本科学业后3年内参加全国硕士研究生招生考试，初试总分加10分，同等条件下优先录取。

◆ 退役大学生士兵专升本实行招生计划单列。高职（专科）学生应征入伍服义务兵役退役，在完成高职学业后参加普通本科专升本考试，实行计划单列，录取比例在现行30%的基础上适度扩大，具体比例由各省份根据本地实际和报名情况确定。

◆ 放宽退役大学生士兵复学转专业限制。大学生士兵退役后复学，经学校同意并履行相关程序后，可转入本校其他专业学习。

◆ 具有高职（高专）学历的，退役后免试入读成人本科，或经过一定考核入读普通本科；荣立三等功以上奖励的，在完成高职（专科）学业后，免试入读普通本科。

◆ 应征入伍的高校毕业生退役后报考政法干警招录培养体制改革试点招生时，教育考试笔试成绩总分加10分。

四、国家项目就业

除了加入经济组织外，大学毕业生还有其他的就业形式，如通过国家项目就业。通过这条途径，大学毕业生既可以获得收入，更能够为国家、为人民做贡献。

（一）大学生志愿服务苏北计划

大学生志愿服务苏北计划（以下简称"苏北计划"）由中共江苏省委组织部、江苏省教育厅、财政厅、人事厅，以及共青团江苏省委共同组织实施。

2021年，"苏北计划"将通过公开招募、自愿报名、组织推荐、选拔面试、体检培训和集中派遣等程序从江苏省普通高校应届毕业生中招募700名志愿者，到徐州、连云港、淮安、盐城、宿迁五市所辖县（市、区）的村（社区）、乡镇（街道）从事为期1年的基础教育、农业科技、医疗卫生、基层青年工作、基础社会管理及乡村振兴战略和脱贫攻坚需要的工业、经济、法律、外贸、村务管理等方面的志愿服务。

此外，"苏北计划"在有条件的县（市、区）探索开展地方志愿者项目省级代招试点，试点为期一年，采取享受同等政策、地方政府承担费用的模式试点开展；在符合条件的分高校与县（市、区）试点招募助力乡村振兴校地定向志愿者，推动"校地对接"，更好地助力苏北乡村振兴。

参加"苏北计划"的志愿者，除享受国家规定的高校毕业生就业相关政策，还享受以下政策。

◆ 服务期间，省财政给予志愿者每人每月1800元生活补贴和每人每年550元交通补贴，并办理人身意外伤害和住院医疗等保险。

◆ 志愿者服务期间，参加企业职工各项社会保险，由服务所在地"苏北计划"项目办负责按规定为其办理参保登记、申报缴费、社会保险关系转移接续等手续，并代扣代缴个人缴费部分。单位缴纳部分所需经费由当地财政承担。缴费基数为其生活补贴，生活补贴标准低于当地社会保险缴费基数下限的，按当地社会保险缴费基数下限缴费。

◆ 服务期间户口和档案保留在毕业所在学校，服务期满考核合格的志愿者，可享受一次应届毕业生就业创业和落户等政策。

◆ 服务期间可以兼任所在村（社区）团组织负责人、青年中心主任，经有关程序担任村民委员会（社区）主任助理等职务。

◆ 服务期间，服务单位向志愿者提供免费住宿等必要的生活保障。服务单位综合考虑经济社会发展、物价水平和生活成本等各项因素，可给予志愿者相应的生活补贴。

◆ 服务期满1年，对志愿者的服务情况做出鉴定，存入本人档案；考核合格的颁发证书，作为志愿者服务经历的证明，同时授予江苏省志愿服务纪念奖章，表现优秀的推荐参加全国和省级相关奖项的评选。

◆ 志愿者在基层服务期满考核合格，并按相关规定缴纳社会保险，连续计算工龄。

◆ 服务期满2年，经考核合格并符合报考条件的志愿者，3年内报考硕士研究生，可享受初试总分加10分，同等条件下优先录取。

◆ 服务期满2年，经考核合格并符合报考条件的志愿者，可不受户籍和生源地限制，报考江苏省公务员职位；服务期满1年，经考核合格并符合报考条件的志愿者，可报考江苏省面向志愿者专门定向招录的公务员职位。

◆ 服务期满1年，经考核合格的志愿者，本人自愿，且符合江苏省选聘高校毕业生到村（社区）任职条件的可推荐其作为选聘对象。

◆ 服务期满1年，经考核合格的普通高职（专科）学历或以上的志愿者，可以申请免试接受成人本科教育。

◆ 服务期满且经考核合格的"苏北计划"志愿者，纳入高校毕业生自主创业政策支持范围，为其自主创业提供政策咨询、项目开发、创业培训、创业孵化、小额贷款、开业指导、跟踪辅导等"一条龙"服务。按照有关政策，对从事个体经营符合条件的可免收行政事业性收费；对通过各种形式灵活就业的，符合规定的可享受社会保险补贴。

◆ 服务期满且经考核合格的"苏北计划"志愿者，由各级人力资源社会保障部门及所属人才流动服务机构、公共就业服务机构免费提供政策咨询、职业指导和职业介绍服务；组织参加职业资格培训、职业技能鉴定或就业见习，按规定给予职业培训补贴等；对服务期满后失业时间较长的"苏北计划"志愿者进行重点帮扶。

◆ 地方志愿者项目省级代招试点按照"苏北计划"标准招录志愿者，纳入"苏北计划"统一管理，志愿者年度补贴、保障费用由试点地方政府负担。各地申请地方志愿者项目省级代招试点须将所需经费纳入本级年度预算，年度实施规划由相关市项目办提前报省项目办审批。经省项目办审批的地方志愿者项目省级代招试点入选人员，在升学、就业、工龄计算等方面与原有"苏北计划"志愿者享受同等优惠政策。

（二）参加"三支一扶"计划

"三支一扶"计划是大学毕业生基层落实政策，指大学生毕业后到农村基层从事支教、支农、支医和帮扶乡村振兴工作。"三支一扶"计划开始于2006年。根据人力资源和社会保障部的部署，2021~2025年，每年选派3.2万名大学毕业生投身基层，参加"三支一扶"计划。

大学毕业生参加"三支一扶"计划，不仅能实现自身的价值，还能为促进农村基层教育、农业、卫生、乡村振兴等社会事业的发展，建设社会主义新农村和构建社会主义和谐社会做出贡献。同时，参加该计划的大学毕业生可以享受以下优惠政策。

◆ 各级人事、教育、财政、农业、卫生、扶贫、团委等部门要积极制订优惠政策，鼓励服务期满的"三支一扶"大学生扎根基层。原服务单位有职位空缺需补充人员时，应优先考虑接收服务期满考核合格的"三支一扶"大学生。县、乡各类事业单位，有职位空缺需补充人员时，也应拿出一定职位专门吸纳这部分毕业生。服务期满自主创业的，可享受行政事业性收费减免、小额贷款担保和贴息等有关政策。应届毕业生自愿到国家需要的艰苦地区、艰苦行业基层工作，服务达到国家规定年限，并符合相应条件的，可享受国家助学贷款代偿政策，具体办法另行制定。

◆ 服务期满考核合格的"三支一扶"大学生，报考党政机关公务员的，可以通过适当增加分数以及其他优惠政策，优先录用。到西部地区和艰苦边远地区服务2年以上，服务期满后3年内报考硕士研究生的，初试总分加10分，同等条件下优先录取。对于已被录取为研究生的应届高校毕业生参加"三支一扶"项目的，学校应为其保留学籍。

◆ 各级人事、教育、农业、卫生、扶贫等部门要制订切实有效措施，采取多种手段，充分挖掘本系统就业岗位，积极吸纳"三支一扶"大学生进入本系统工作。各级人事部门要为"三支一扶"大学生建立专门的人才库，广泛收集各类用人单位的岗位需求信息，动员各类用人单位接收"三支一扶"大学生，有针对性地提供就业指导和推荐，帮助其落实就业单位。

◆ 服务期满考核合格的"三支一扶"大学生，根据本人意愿可以回到原籍或到其他地区工作，凡落实了接收单位的，接收单位所在地区应准予落户。进入国有企事业单位的，由接收单位按照所任职务比照同等条件人员确定其职务工资标准；其服务期限，计算为工龄。在今后晋升中高级职称时，同等条件下优先评定。

（三）西部计划

从2003年开始实施的大学生志愿服务西部计划（简称"西部计划"），按照公开招募、自愿报名、组织选拔、集中派遣的方式，每年招募一定数量的普通高等学校应届毕业生，到西部基层开展为期1～3年的志愿服务工作。志愿者服务期满后，鼓励其扎根基层，或者自主择业和流动就业。

2011年，西部计划设置基础教育、农业科技、医疗卫生、基层青年工作、新疆专项、西藏专项和基层社会管理7个专项。其中，基础教育、农业科技、医疗卫生分别为原"支教""支农""支医"专项的更名；团中央、教育部组织实施的"青年志愿者扶贫接力计划研究生支教团"项目纳入基础教育专项实施，保留基层青年工作专项；根据中央关于援疆、援藏工作的要求及新疆、西藏经济社会发展的实际要求，新设新疆专项、西藏专项；新设基层社会管理专项，围绕西部基层社会公益、社会保障、社会福利、法律援助、扶贫开发、金融开发等公共服务需求及党政、司法、综治等工作需要开展服务。

2021～2022年度西部计划名额为2万人，服务期为1～3年，实施乡村教育、服务乡村建设、健康乡村、基层青年工作、乡村社会治理、服务新疆、服务西藏7个专项。

参加西部计划的志愿者完成工作后可以享受很多政策上的优惠。

◆ 服务2年以上且考核合格的，服务期满后3年内报考硕士研究生的，初试总分加10分，同等条件下优先录取。

◆ 参加西部计划项目前无工作经历的志愿者服务期满且考核合格后2年内（研究生支教团志愿者自研究生毕业时开始计算），在参加机关事业单位考录（招聘）、各类企业吸纳就业、自主创业、落户、升学等方面可同等享受应届高校毕业生的相关政策。

◆ 服务期满考核合格的，按规定符合相应条件的，可享受相应的学费补偿和助学贷款代偿政策。

◆ 服务期满考核合格的，依实际服务年限计算服务期及工龄（参加工作时间按其到基层报到之日起算），并在服务证书和服务鉴定表中体现。

◆ 服务期满1年且考核合格后，可按规定参加职称评定。

◆ 出省服务的和在本省服务的志愿者享受同等优惠政策。

（四）选聘高校毕业生到村任职工作

选聘高校毕业生到村任职（大学生村官）工作于2008年在全国部署开展，目的是培养锻炼新农村建设骨干力量和党政干部后备人才。选聘高校毕业生到村任职工作对象为30岁以下应届和往届毕业的全日制普通高校专科以上学历的毕业生，重点是应届毕业和毕业1至2年的本科生、研究生，原则上为中共党员（含预备党员），非中共党员的优秀团干部、优秀学生干部也可以选聘。

每年在全省的公务员考试结束之后，各地会以网络公告等形式发布大学生村官的招聘启事。只要大学生符合报名要求，又有服务基层的想法，就可以报名。报名之后要在规定的时间内进行资格审核。比如学历是否达标，是否为中共党员（含预备党员），在校学习期间获得过哪些荣誉等。大学生村官笔试内容和公务员笔试内容大致相同，但是题目设置更倾向于基层情况。

笔试之后，当地的事业单位招考网上会及时公布成绩，考生可以上网查询自己的成绩，有时候成绩还会以信件的形式邮寄至考生家中。考生通过笔试和面试后，即可被录用。

除了国家和地方的政策支持外，各高校和社会各方面也为参加项目的大学毕业生的工作、生活、学习、就业和创业提供了广泛的帮助和支持。通过国家项目实现就业，不但成为大学毕业生就业的重要途径，而且也是目前青年学生成长、成才的重要渠道之一。

案例 　　　　　**基层项目成就美好人生**

某高职院校毕业生王鑫，家庭条件一般，进校以来一直通过助学金和勤工助学维持基本生活。王鑫深知在基层锻炼的价值，因此他加入了校企合作共建的企业学院，跟着企业导师和学校导师长期学习并实践摄影摄像技术，与企业团队共同制作大型商业片。王鑫励志好学，经过3年在企业学院的锤炼，不仅顺利完成了专业学习，还积累了大量的基层工作经验。

在2021年江苏大学生志愿服务苏北计划（以下简称"苏北计划"）的遴选中，王鑫不负众望，成功进入录用名单，获得了在基层继续锻炼的机会。在基层的锻炼让王鑫受益匪浅，他说："在基层，我对国家、社会、事业的认识更加深入了，对自己的人生也有了新的思考和探索。"未来，王鑫打算在苏北计划服务期满后参加大学生村官选拔，继续留在苏北发光发热，回报社会。

点评　　各地都有自己的基层项目，如江苏省的苏北计划。大学生参加这些基层项目，不仅可以享受补助和后续升学考公的政策优惠，还能够多方面开阔自己的视野、锻炼自己的能力、深入体验生活，最终成就自己的美好人生。

课堂活动

了解国家就业项目

本节介绍了许多国家就业项目，请你自己收集相关资料，了解这些项目最新的相关政策，整理出一份"国家就业项目攻略"（包含报名条件、报名方法、拟招募人数、政策优惠、工作内容等）。教育部、人力资源和社会保障部、中国青年网等网络平台上通常有最新的相关政策信息。

除了本节介绍的部分国家就业项目，你还知道哪些其他的国家就业项目？收集和查询相关资料，对这些国家就业项目进行简单的说明。

五、自主创业

自主创业是指大学生毕业后不是"寻找"工作，而是选择自己创办或与他人合作创办公司。自主创业已成为众多大学生的一种新的就业途径。它将大学生从雇员提升到雇主的位置，同时也对大学生的知识、能力和综合素质等方面提出了更高的要求。

相对来说，要实现自主创业，大学生应进行自我认知并培养科学规划、团队管理、谈判、处理突发事件、学习、社会交往等多种能力。关于大学生自主创业的内容，在本书第四～六章已经有过介绍，此处不再赘述。

案例

3个风口

某高职院校2015届毕业生鞠锦叶是一位颇具商业头脑的学生，他的祖辈与父辈均从商，鞠锦叶从小受到长辈们的熏陶，对商机有着敏锐的嗅觉。

2012—2015年，我国电子商务行业正处于蓬勃发展阶段，电子商务创业者还处于搜索引擎优化和线上项目"地推"（线下推广）的阶段。鞠锦叶依靠自身的判断力，从大学一年级开始就与周边企业展开合作，帮助他们从事线下推广工作，并在一段时间后迎来了互联网创业的第二个风口——微商阶段。凭借对电子商务行业发展的准确把握，鞠锦叶一路走过微商阶段，来到互联网创业的第三个风口——网络直播阶段。

在老师的推荐下，已经拥有成熟运营思维的鞠锦叶结识了互联网医疗领域的经营者，充分借助网络直播的优势，与某互联网医疗集团达成合作意向。

点评　自主创业现在已经成了大学生重要的"出路"，案例中的鞠锦叶同学依靠自己敏锐的商业嗅觉，把握住了互联网创业的3个风口，成了成功的创业者。大学生如果想要自主创业，就要留心生活中的创业机会。

第二节　树立正确的就业观

大学生在了解当前的就业形势后，对将来的就业也不要过多地担忧。其实，无论就业过程是简单还是困难，每一位大学生都应做好良好的心理准备，树立正确的就业观。

一、认清就业形势，把握就业机会

当代大学生应理性看待当前的就业形势，把握社会发展的趋势。某些学校和媒体过分渲染就业形势的严峻，一些大学生如果不假思索地全部接收，就会导致自己的就业信心不足。当前，我国经济的不断发展给大学生带来了一些新的机遇，面对这些机遇，大学生应积极把握，同时又要理性选择，切忌盲目跟风。因此，广大大学生应全面冷静地分析自身情况和社会发展趋势，调整心态，不断充实自己，把握每次就业机会。

> **案例**
>
> ### 一个寝室，4种人生
>
> 乔升、猛川、业华、孔晓杰是室友，但毕业后，4人的处境却截然不同。
>
> 乔升和猛川在大二时就相约一起准备专转本考试。乔升自我认知准确，复习认真刻苦，报考了自己能力所及的本科院校，最终正常发挥并顺利被录取。猛川学习能力较强，在制订专转本目标时以"搏一把"的心态报考了录取分数较高的学校。但遗憾的是，猛川所报学校当年分数线升高，他最终落榜，未能如愿升学。他不甘心就这样工作，于是待业在家，专心准备专转本的考试。
>
> 业华同学表现力强、自信挑剔、面试通过率高，但择业要求也高，只选择学校5千米范围内的专业对口企业，这就导致他可选的工作十分有限，因而迟迟未找到满意的工作，毕业后待业在家。孔晓杰同学相比于业华的能力和成绩有所欠缺，但是他放眼专业大类、肯吃苦、态度好，最终经过多次面试终于成功入职一家世界500强企业。虽然工作地点不在市中心，但是包吃包住，并且有较好的岗位晋升前景。
>
> 最终，孔晓杰在宿舍4人中最先当上公司中层骨干，乔升成为宿舍的第一位研究生。
>
> **点评**　同一个寝室，4种不同的人生。出现这一局面其实就是因为他们的就业观不同。乔升和孔晓杰比较务实，对当前的就业形势有清晰的认识，而业华和猛川虽然更有才华，但都由于自身因素没能把握住机会。

二、提高个人素质，增强就业竞争力

大学生在校学习期间，除了努力学习课本知识外，还必须培养良好的职业道德，树立正确的世界观、人生观、价值观。大学生还应当具有创新精神，面对社会竞争，能视变化为机遇，视困

难为坦途，对生活、未来充满期望，充满热情。同时，大学生还要注重能力的培养。能力是一个人素质的外在表现，大学生应尽可能培养自己处理信息的能力、处理人际关系的能力、处理人与资源的能力、系统看待事物的能力、运用技术的能力等，增强自身的就业竞争力。

三、增强社会适应能力

社会适应能力是指人为了在社会上更好地生存而进行的心理、生理以及行为上的各种适应性的改变，从而与社会达到和谐状态的一种执行适应能力。

一些用人单位在选择和招聘大学生时，往往优先考虑那些社会实践经历丰富且具有一定组织和管理能力的人，这就要求大学生注意培养自己适应社会和就业前融入社会的能力。所以，大学生可以先考虑积累一些工作经验，以增强社会适应能力。

四、找准自己的位置

找准自己的位置是大学生择业时最重要的一点。不管是双向选择还是自主择业，大学生都必须落实到一个具体的工作岗位上。要选择适合自己的工作岗位，大学生首先要从掌握信息入手，掌握的信息越多，可选择的余地就越大；信息越可靠，越有利于大学生做出决定。

同时，大学生要善于筛选信息，筛选信息要从主客观两个方面考虑。从主观来讲，大学生要考虑自身条件适合哪些单位、哪些职业；从客观来讲，大学生要考虑用人单位的工作性质、发展前景、人才结构、需求情况等是否与自己的预期相符。只有综合考虑主客观两个方面的内容，大学生才能在择业的过程中找准自己的位置，通过理性的选择寻找到适合自己的工作岗位。

🎈 实践与应用

1. 你学的是什么专业？请根据自己的专业，说一说适合本专业学生的职业有哪些？如果要报考公务员，本专业学生能够报考哪些岗位？如果想要专转本，甚至想继续攻读研究生，本专业学生更适合报考哪些专业？

_____

_____

2. 各级地方人民政府及各高校都出台了相关的就业政策，大学生可以收集相关信息，整理自己当地的就业政策。提示：大学生可通过以下渠道了解就业政策。

（1）就业指导机构。目前，各高校基本都设立了就业指导机构，如就业指导办公室。大学生可以咨询办公室的老师，或者做一个小型的访谈，请老师讲解最新的就业政策。

（2）公共就业和人才服务机构。公共就业和人才服务机构由各级人力资源和社会保障部门举办，为大学生免费提供政策咨询、就业信息、职业指导、职业介绍等服务。大学生可以通过电话或邮件等方式向公共就业和人才服务机构咨询最新的就业政策。

（3）政府和学校建立的网络就业平台。很多地方人民政府及学校都建立了自己的网络就业平台，如江苏省大学生创新创业训练计划平台、紫金山英才等。这些网站上有相关的就业政策信息，大学生自行收集下载即可。

3. 阅读材料，说说李薇薇为什么能够满意地就业？

李薇薇是一名应届毕业生，她觉得自己学历普通，专业成绩不突出，更没有明显的专长，在职场中缺乏竞争力。于是，她将自己的就业目标从市中心的热门岗位转移到小城市和郊区，并且在毕业前就锁定了几家目标企业。就这样，她很快入职了一家市郊的中型企业，从事一份专业对口、薪资较合理、管理也比较人性化的工作。虽然每天的通勤时间要一个多小时，但是她觉得这份工作已经很不错了。

第八章
实现就业目标

无论前期做了多少努力，大学生的最终目标都是顺利实现就业。目前，我国求职市场中虽然岗位总量很多，但是优质岗位的竞争较为激烈。为了在复杂的求职市场中脱颖而出，并成功适应职场、胜任工作，大学生需要做好求职的准备，掌握面试和笔试的技巧，并提前学习职场适应和就业手续办理的知识，以便顺利开始自己的职业生涯。

知识要点

◆ 求职材料准备

◆ 求职心理准备

◆ 面试与笔试的技巧

◆ 如何培养职场情商

◆ 如何办理就业手续

引导案例　　　　　求职不靠"广撒网"

王伟是某高职院校2020届毕业生。2020年年初，突如其来的新冠肺炎疫情打乱了他的求职计划。为防止疫情扩散，线下招聘活动一律暂停，倍感就业压力的王伟急忙在各个社会招聘网站中海投简历。在未决定就业地区，在没有锁定目标企业，对招聘职位的工作内容和平均薪资水平不清楚的状况下，他投递了大量简历。可简历如石沉大海，一无所获。

王伟非常苦恼，求助于辅导员。辅导员耐心地为他指点迷津："你积极主动求职值得肯定，但找工作一定要有明确的目标，'广撒网'是没用的。新冠肺炎疫情背景下，你要首先利用好线上资源，理清并锁定目标企业和职位。线上招聘鱼龙混杂，应在正规招聘平台收集就业信息，如教育部"24365全天候网上校园招聘"服务平台，各省、市人社部门招聘网站，省级大学生就业指导平台，学校就业网等。你还可以运用决策平衡单，结合职位要求与自己的专业水平和综合素质，锁定城市、企业、职位，做到有的放矢。"

在辅导员的指点下，王伟调整思路，在广泛收集用人需求信息的基础上，很快就收到了5家企业的面试通知，最后他成功实现就业目标。

点评　广投简历是大学生求职时常采用的手段，但这种手段其实非常低效，不仅难以取得预想的效果，还会大量消耗大学生求职者的精力和时间。大学生在投递简历时应有策略，选择真实可靠、适合自己的岗位。

第一节　做好求职准备

为了顺利实现就业目标，大学生应该在就业信息、求职材料及求职心理上做好准备。掌握就业信息是实现就业的前提，求职材料是用人单位录用人才时的参考，良好的求职心理状态则是大学生通过就业面试和笔试的"法宝"。只有做好求职准备，大学生才能在求职路上有的放矢，获得满意的职位。

一、就业信息的收集与筛选

要想进入喜欢的行业，获得理想的职位，就业前，大学生应当广泛收集各类就业信息，然后从众多的就业信息中找到适合自己的职位。

（一）就业信息的收集

随着社会的发展，越来越多的招聘就业渠道出现了，许多高校也纷纷设立就业指导机构，可供大学生利用的就业信息收集渠道、手段日益增多。一般情况下，大学生收集就业信息的主要途径有以下几条。

◆ **学校就业渠道**。各高校一般都专门设立了为大学生就业提供服务的机构，如就业指导中心、就业工作处或就业办公室等。这类机构所提供的就业信息的准确性、权威性、可信度较高。

◆ **互联网渠道**。随着互联网的普及，通过互联网获得就业信息已成为当代大学生获取就业信息的主要渠道。大学生可通过专业的招聘网站（如智联招聘、前程无忧、猎聘网、中华英才网等）、企业官方网站、地方人民政府及学校的网上就业平台等，收集用人单位和意向岗位的招聘信息。

◆ **社会人际关系**。大学生接触的人群是有限的，拓宽自己的社交范围可得到有价值的就业信息。亲朋好友、家人及其他社会人士是大学生建立的主要的社会人际关系。由于他们分布在社会的各个领域、各条战线，大学生通过他们了解和收集到的社会需求信息的针对性较强，信息的可信度和有效度都比较高。

◆ **社会实践、实习**。大学生寒暑假的社会实践岗位及毕业实习岗位一般与大学生的专业对口。在社会实践、实习过程中，大学生可以较直接地了解用人单位的人员需求情况，同时，用人单位对大学生也有一定的了解。假如用人单位有意招人而大学生又积极主动，这就是一个很好的机会。

◆ **政府平台**。我国政府建设了众多网络平台，信息全面，是大学生了解就业信息的不二选择，如教育部"24365校园招聘服务"活动（详见"新职业—教育部大学生就业网"）、江苏省高校招生就业指导服务中心以及各地级市人才市场网络招聘会等。

（二）就业信息的筛选

由于获取就业信息的渠道不同，获取的信息会存在虚实兼有的情况。因此，大学生对收集到的信息进行去粗取精、去伪存真地整理、筛选，就成为使用就业信息的必要前提。筛选就业信息这一过程本身也在为大学生求职提供帮助。大学生进行就业信息筛选要注意以下内容。

◆ **挖掘重要信息**。通常，学校发布的就业信息是比较有针对性的，可以作为重点信息分类保存。大学生应尽量筛选和本专业有关的用人单位的信息，重点留意与个人特长有关的岗位。

◆ **类比同类信息**。大学生一定要善于类比同类信息，如同一岗位、不同用人单位的应聘条件、薪酬差距较大时，需要多查看几家用人单位同一岗位的应聘条件、薪酬情况，筛选出合理的信息。

◆ **科学分析和取舍**。科学分析和取舍包括两方面。一是可信度分析，通常学校就业渠道提供的信息可信度较高，而通过其他渠道收集到的信息还需要进一步核实，判断其可信度。二是有效度分析，即对信息的可用性进行鉴别，如该信息是否与自己的兴趣、特长、专业、爱好，甚至对收入、工作环境、地域等的要求相符，以及自己是否符合用人单位对应聘者生源地、性别、学习成绩、个人素质等方面的要求。

◆ **避免盲目从众**。每个大学生的特长、专业有差别，即使是同一个专业，各个大学生掌握的专业知识和能力也有差距。因此，在筛选就业信息时，大学生一定要以自己的特长和兴趣爱好等为标准，切不可盲目从众。

◆ **留下适合自己的信息**。大学生从不同途径收集到的信息当然不可能全部保留，要经过筛选、比较，然后按照自己拟定的求职方向及计划，留下适合自己的信息。大学生需要将这些信息分门别类地进行整理，分清应聘顺序和应聘重点后，各个击破。

筛选重要的就业信息时，大学生应寻根究底，仔细了解其具体内容，如岗位的历史、现状、前景、要求等，对该岗位的待遇、进修培训、晋级晋升等信息要通过合适的方式从侧面进行了解。大学生了解得越深、越透彻，就越能准确地找到适合自己的岗位。

课堂活动　　　　**制作就业信息表格**

获取就业信息，将自己有意向的就业信息填入表8-1所示的就业信息表中。你还可以继续完善表8-1，如在"岗位信息"栏中加入"工作内容"栏。通过不断拓展这张表格，你可以得到自己的职业清单。当然，失效的就业信息也要及时删除。

表8-1　就业信息表

用人单位信息	名称			
	地址			
	规模实力			
岗位信息	岗位职责			
	福利待遇			
	发展前景			
招聘安排	应聘流程			
	时间地点			
	联系方式			

二、求职材料准备

求职者准备求职材料的目的是引起用人单位对自己的兴趣，进而获得面试的机会。用人单位最初是通过求职材料来了解求职者的，因此，求职材料质量的高低，对用人单位决定是否与求职者进一步接触起着至关重要的作用。大学生准备的求职材料一般包括简历、求职信，以及成绩单、资格证书、荣誉证书等辅助材料。其中简历和求职信是最基本和最主要的求职材料，辅助材料可以作为简历的佐证，也是大学生求职时的加分项。下面我们主要对简历和求职信的编写和制作等进行详细介绍。

（一）简历

简历像产品说明书和广告，用于大学生向用人单位进行自我展示、自我推销。简历是大学生学习生活、工作经历的一个缩影。通过简历，用人单位能对大学生的工作经历、受教育程度、兴趣、特长等情况有一个初步了解，从而决定是否给予其面试机会。

1. 简历的内容

简历一般以表格形式撰写，这样可以比较直观、清晰地将求职者的个人情况、经历表达出来。简历一般包括以下几个部分内容。

◆ **求职意向**。求职意向一般放在简历开头，并且大学生在填写求职意向时要直截了当地表明自己想要应聘的岗位，如"求职意向：行政助理"。有的大学生认为明确的求职意向限制了自己的求职范围，从而故意省略求职意向。其实，用人单位的招聘人员大多希望收到的简历中写有明确的求职意向，这样他们才能够清楚地了解求职者的求职目标。

◆ **个人基本信息**。个人基本信息主要包括姓名、性别、出生日期、身体状况、政治面貌及自己的联系方式（包括通信地址、联系电话、电子邮箱）等。通过个人基本信息，用人单位可以知道求职者是谁，以及如何与其联系。大学生在个人基本信息中可以附上一张自己的照片，这样不仅能让抽象的简历形象一些，还可以加深招聘人员对自己的印象。如果用人单位没有特殊要求，简历中的照片通常用1寸或2寸的彩色免冠照片，艺术类岗位可能会要求求职者提供写真照片。

◆ **教育背景**。大学生在撰写教育背景部分的内容时，通常只需要写出大学及之后升学深造的学习经历，大学以前的学习经历可以省略不写。教育背景包括3方面的内容：一是毕业院校、所学专业、学位信息；二是学习的主要课程，大学生只需重点罗列出与所谋岗位相关的主要课程；三是获奖情况，即大学生在校期间获得的各种奖励、奖学金或其他荣誉称号。需要注意的是，在罗列奖项时，大学生应将最近获得的奖项放在前面，或者按奖项价值从大到小的顺序进行排列。

◆ **工作经历**。工作经历是简历中的重头戏，它在一定程度上反映了求职者是否能够胜任所要谋求的这份工作。刚毕业的大学生通常学习、工作经历较简单，资历尚浅，因此无论是全职还是兼职，无论是校园实践还是社会实习，无论是发表的文章还是研究成果等，都可以算作工作经历。

◆ 能力特长。大学生在简历中体现的能力特长要具体，比如英语专业四级、计算机二级，精通 Word、PPT、Excel 办公软件，擅长写应用文、各种报告等。

◆ 兴趣爱好。兴趣爱好不是必填项，如果大学生要在简历中展示自己的兴趣爱好，最好要与应聘岗位有相关性。例如应聘时尚杂志、平面设计的工作，可以在兴趣爱好栏中填写"摄影"，而"聊天""听歌""滑雪"这类不相关的兴趣爱好可以省略不写。与应聘岗位相关性较强的兴趣爱好可以成为求职的加分项，毫不相干的兴趣爱好则显得多余。

案例　　精心准备简历，求职成功

葛蕊是纺织品检验与贸易专业的毕业生，想找一份专业对口的工作。在制作简历时，她很是花费了一番心思。葛蕊在校期间参加吉他社团，培养乐器特长；担任学生会主席，组织"我为同学办实事"等学生会活动，提升个人素养。与此同时，葛蕊明确"纺织品检验与管理"技能方向，参加纺织品检验与贸易专业技能比赛，培养核心技能；加入学校创新创业团队，参加学校创业模拟实训班，在导师的指导下参加"挑战杯"江苏省大学生创业计划竞赛，培养了创新精神。

葛蕊将自己的简历划分为个人素养、核心技能及创新创业 3 个部分进行展示。第一部分用一件件具体真实的事迹和数据重点突出自己在组织、策划、领导、管理等方面的能力，第二部分则是从专业能力、学业成绩、考证考级等方面展示自己的学习能力，第三部分展示了她参与的创业团队的相关信息、获奖项目和担任项目负责人时的能力才华。葛蕊最终被某世界 500 强企业选中，面试成功并入选了公司管培生计划。

点评　案例中葛蕊的简历内容创新，从个人素养方面体现个人综合能力，从核心技能方面展示专业技能，从创新创业方面突出创新精神。从葛蕊的故事我们可以看出：简历需要多年的学习和实践积累，没有积累，一个人的阅历就只能是一张白纸。

2. 简历的外观

精美规整的简历外观能给用人单位留下好的印象，从而提高获得面试机会的概率。除非用人单位要求求职者手写简历内容，否则大学生一律应使用 Excel 或 Word 编写简历，然后将其打印出来。一般，用人单位的招聘人员不会花时间阅读长篇累牍的简历，所以简历篇幅以一页为宜，最好不要超过两页。由于应届大学生基本没有正式参加过工作，所以一页简历也能将各方面的情况说清楚。如果大学生经历较丰富、较为出色，确需采用两页简历，第二页的内容要超过版面的 2/3，否则最好使用一页简历。简历模板如图 8-1 所示。

为了便于招聘人员阅读简历，清楚地辨认文字信息，简历所用字号不能过小，字体使用仿宋或宋体，段落之间要有一定的间隔。建议大学生使用普通白色或灰白色的 A4 纸打印简历，左右页边距不要小于 2.54 厘米，以留下足够的空白边缘。尤其要注意的是，在用计算机编写简历时，易出现错别字，比如将"师范大学"错打成"示范大学"等，有的甚至还会产生歧义。因此，编写完简历后，要仔细检查，避免错别字，以免给招聘人员留下不严谨、缺乏责任心的印象。

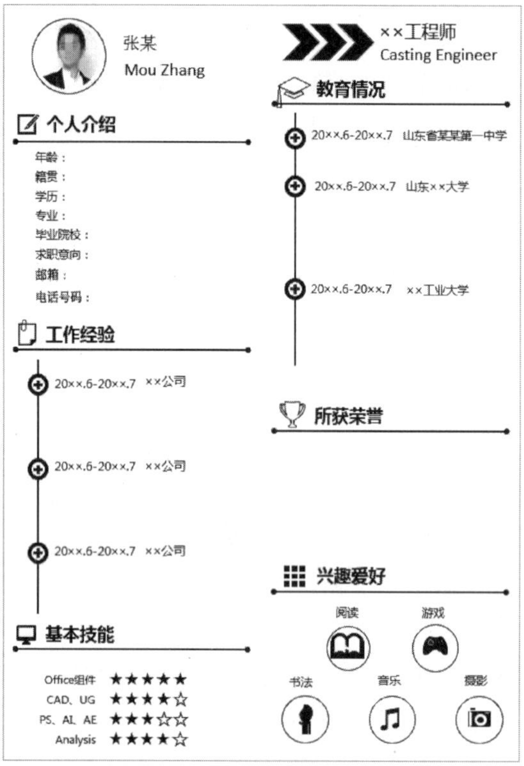

图8-1　简历模板

3. 简历的投递

除了现场递送简历，大多数情况下，用人单位会要求求职者使用电子邮箱发送电子简历。用电子邮箱发送电子简历时，大学生要按用人单位的要求选择Word或PDF等文件格式，以附件或正文的形式发送，邮件主题中应注明姓名和应聘岗位。

课堂活动　　　　　**撰写简历**

请同学们根据前面所学的知识，为自己设计一份简历。要求如下。

（1）包含求职意向、个人基本信息、教育背景、工作经历、能力特长等内容。

（2）明确拟应聘的岗位，并阐述自己求职的原因以及自己对该岗位的理解、胜任情况等。

（3）简历不超过两页。

（4）简历内容真实。

（二）求职信

求职信实质上就是简短的自我介绍信，是求职时除简历外另一项重要的书面沟通材料。大学生撰写求职信时，不需要使用华丽的辞藻，要做到言简意赅，简洁地表述求职意向和概述自身能力，以引起用人单位对自己的兴趣和重视。求职信的篇幅以一页为宜。

一般来说，求职信属于书信的范畴，因此，其格式应当符合书信的一般要求。求职信主要包括开头、正文、结尾和落款等4个方面。

1. 开头

求职信的开头要注意对收信人的称呼。如果知道谁是招聘负责人，可以写出招聘负责人的职务、职称等，如尊敬的人力资源部赵总监；如果不知道招聘负责人是谁，可以用"尊敬的销售主管"等称呼。称呼之后还要有问候语，如"您好"。

2. 正文

正文是求职信的核心部分。在正文中，大学生应阐明自己对该用人单位感兴趣的原因并表明自己希望到该用人单位供职的愿望等。一般可采用三段式写作方法来撰写正文内容。

第一段，简单地介绍个人的基本情况，如姓名、毕业院校和专业等。同时要说明应聘的岗位名称及愿意到该用人单位从事工作的强烈愿望。

第二段，首先表述自己对该用人单位的招聘岗位感兴趣的原因；然后给出用人单位录用自己的理由，即自己能够胜任该岗位工作所具备的条件、能力，主要是向用人单位说明自己具有该岗位工作所需的各种专业知识和技能，并且有一定的实践经验，让用人单位感到不论从何种角度来看，你都能胜任此招聘岗位，是该岗位最合适的人选。

第三段，提醒用人单位查看所附简历、各类证书及相关证明材料。

3. 结尾

结尾一般应写明希望对方给予答复，期望能有机会参加面试，并简短地表示祝愿、敬意。

◆ **表示希望得到面试的机会**。例如，"盼复""期盼贵公司回音"等。还可以主动表示希望得到面试的机会，以显示自己对应聘此岗位的重视和诚意。

◆ **表示祝愿或敬意**。例如，"祝您身体健康""祝工作顺利"等，以体现大学生的良好素质。

4. 落款

落款包括署名和日期两部分。署名，如"求职人×××""自荐人×××""应聘者×××"。日期一般写在署名的下方，建议用阿拉伯数字书写。

大学生在投递求职材料时，如果有求职信，一般把求职信放在简历的前面。一封凸显自己的特长，展示自己的文采，准备充分、有的放矢的求职信，可以吸引招聘人员的目光，促使招聘人员查看自己的简历，提高求职的成功率。当然，有时候，招聘人员会因为时间紧张而跳过求职信，直接查阅求职者的简历，了解求职者的学历、工作经历、能力特长等重要信息，看求职者是否符合招聘岗位的要求。

三、求职心理准备

要想实现顺利就业，大学生需要保持健康的心理状态，因此科学、适度的求职心理准备对大学生实现顺利就业十分重要。

（一）大学生求职过程中的心理矛盾

心理矛盾也可理解为心理冲突，它是指两种或两种以上不同方向的动机、欲望、目标及反应同时出现，而引起的矛盾的心态。大学生在求职过程中，可能会产生多种心理矛盾。

1. 理想与现实的矛盾

当代大学生视野开阔、理想丰富多彩，在求职时总是踌躇满志、豪情万丈，希望在社会上大显身手。但由于他们涉世未深，缺乏对社会的了解，其理想可能脱离客观现实或与社会实际存在一定差距。

一些大学生毕业想留在大都市，追求社会地位高、经济效益好的工作岗位，而不愿意到边远地区或条件较差的地方工作；一些大学生只看重薪资待遇，并未真正思考自己的职业道路，未审视理想与现实之间的差距，甚至不了解自己适合从事何种职业，因而产生了理想与现实之间的矛盾。

2. 独立性与依赖性的矛盾

毕业后，大学生将告别学校和老师，踏入社会，独立生活。由于进入了独立生活的空间，自主意识增强，大学生渴望独自做出选择。然而，意识上的独立并不代表能力上的独立。在学生生涯中，有些大学生认为学习以外的事情都不需要自己操心，许多事情都依赖家长、亲朋好友、老师提供的外来帮助。这种观念在毕业后如果无法及时调整过来，他们就会对自己喜欢什么样的工作、适合什么单位缺乏主见，对求职竞争中的"双向选择"感到茫然，从而寄希望于家长的帮助和学校的安排。这种心理上的矛盾容易使大学生感到无奈和苦恼。

3. 渴望竞争与缺乏勇气的矛盾

大多数大学生已经意识到，在求职过程中如果没有强烈的竞争意识，是很难取得成功的。然而，当真正面对竞争机会时，部分大学生又变得畏首畏尾、顾虑重重、缺乏勇气。产生这种现象的真正原因在于部分大学生的主观能动性不强，缺乏实践的能力和勇气。大学生在求职过程中面对困难时，如果不善于调整目标、鼓足勇气，就容易打退堂鼓，从而拱手让出参与竞争的机会。

4. 所学专业与工作岗位不匹配的矛盾

求职过程中，不少大学生将"专业对口"作为择业的重要标准，凡是专业不对口的工作岗位，就认为不适合自己的职业发展。但社会中真正意义上与所学专业完全对口的工作岗位并不多，于是部分大学生就产生了所学专业与工作岗位不匹配的矛盾。

事实上，在现代化的市场经济中，产业结构、职业结构是不断变化的，实际工作中更多强调的是求职者的学习能力、接受新事物的能力、适应环境的能力等。因此，大学生完全不必为"学不能致用"而苦恼。

5. 选择多元化与决策优柔寡断的矛盾

大学生在求职过程中常常会面临多种选择。一些大学生得陇望蜀，思想上产生冲突，心理上也出现矛盾，迟迟不肯与用人单位签约。这种矛盾的产生是由于大学生不能客观地面对现实，缺乏分析和解决问题的能力，遇到问题分不清主次，因此在多种选择面前顾此失彼、手足无措。

6. 自卑与自傲的矛盾

在现行的就业机制下，几乎所有的大学生在择业时都站在同一起跑线上。一些大学生自视甚高，但在就业竞争中失败后就深受打击，由此产生了自卑、消极的心理。另一些大学生接连应聘失败，或者看到别的同学都已找到了合适的工作，于是自信心受挫，怀疑自己的能力，即使遇到不错的机会也不敢再尝试。

7. 渴望创业与害怕挫折的矛盾

许多大学生想干一番大事业，试图在自己的专业领域成功创业并有所成就，实现自己的人生价值。但是，一些大学生缺乏艰苦创业的心理准备，害怕受挫，想寻找捷径来实现自己的理想和目标。但人生往往是没有捷径的，只有经过艰苦奋斗、努力拼搏，才可能成功。

（二）大学生求职过程中的心理误区

如果大学生产生心理矛盾而未能及时解决，当心理压力积累到一定程度后，就可能出现有失常态的心理活动，也就是陷入一些心理误区。大学生在求职过程中常见的心理误区有以下4种。

◆ **消极等待**。有些大学生认为自己条件好，择业时挑三拣四，对就业一直采取消极和等待观望的拖延态度，以致错失了许多就业良机。

◆ **急功近利**。有些大学生在求职时一味地追求经济收入丰厚、社会声望较高的职业，但这样的职业必然面临激烈的竞争，大部分大学生都可能失意而归。

◆ **情绪失控**。有的大学生在求职过程中易出现情绪上的失控，最为常见的表现有焦虑、不安、抑郁等。造成大学生求职时情绪失控的原因有缺乏自信和承受压力的能力弱等。

◆ **自怨自艾**。有些大学生自视能力超群，非同凡响，但在求职的道路上处处碰壁，于是开始抱怨自己没有施展才能的机会，整日怨天尤人、闷闷不乐。

（三）大学生的自我心理调适

大学生在求职过程中会承受不同程度的压力，适当的压力可以催人奋进，过度的压力会对人的身心健康造成不良影响。因此，大学生在求职过程应该进行自我心理调适，保持健康的心理状态。

1. 正视压力

要想解决问题，首先就要正视问题。一些大学生感觉自己心情低落、烦躁或者情绪变化大，但又不敢正视问题，而是寄希望于"过几天就好了""睡一觉就没事了"。诚然，心理压力可以自行化解，但如果一味放任不管，也可能演化为更加严重的问题。

大学生要正确对待压力，一是求职时出现心理问题不是个案，而是普遍存在的现象，很多大学生在求职时都存在或多或少的心理问题。二是求职时出现的心理问题是由多方面的因素造成的，大学生不用把所有问题都归咎于自身，而是要客观地看待。

2. 自我反省

自我反省是最简单、最方便的一种自我心理调适方法。面对求职中的各种矛盾和问题，大学生首先要正确认识和评价自己，明确自己未来的发展方向，了解自己的性格特点，知道自己的优势与不足，弄清楚自己适合从事什么工作等问题。

大学生只有通过理智、冷静的自我反省和思考，才能客观地评价自己，才能在求职过程中准确定位，进行科学的人职匹配，为实现理想的职业生涯目标做好充分的知识准备、能力准备和心理准备。

3. 保持自信

自信是前进的动力，也是成功的保障。大学生在遭遇挫折时一定要保持自信，多给自己积极的心理暗示，或者想想自己过去的成功经历。

4. 适度宣泄

宣泄就是将心里的焦虑、烦躁、冲动等不良情绪用对人无害的方式发泄出来，以求得内心舒畅，达到舒缓压力的目的。宣泄的方式有很多，其中常见的就是倾诉。向父母或朋友倾诉自己的忧愁、苦闷，在此过程中，大学生可以获得更多的感情支持和理解。此外，大学生也可以邀请好友一起去运动场上挥洒汗水，以释放压力、宣泄情绪。

5. 转移注意力

转移注意力是进行自我心理调适的最重要的方法之一。当出现心理问题时，大学生可以通过转换环境、参加娱乐活动等方式来转移注意力。例如爬山、郊游等方式不仅可以让人放松身心、开阔眼界，而且能让人在亲近大自然的过程中受到大自然的启发。除此之外，大学生还可以通过听音乐的方式来转移注意力。每个人的性格、修养不同，所以应该有针对性地选择不同类型的音乐。

👥 课堂活动　　　　　**心理健康测试**

尽管心理状况没有明显的指标，大学生可以通过科学的测试来了解自己的心理健康状况，以有针对性地做好求职心理准备。测试共包括40道题目，对于题目所描述的内容，如果常常感到是，打"√"（记3分）；偶尔是，打"△"（记1分）；完全没有，打"×"（记0分）。测试题目如下。

1. 不知为什么总觉得心慌意乱，坐立不安。
2. 上床后怎么也睡不着，即使睡着也容易惊醒。
3. 经常做噩梦，惊恐不安，早晨醒来感到倦怠无力、焦虑烦躁。
4. 经常早醒1~2小时，醒后很难再入睡。
5. 学习的压力常使自己感到非常烦躁。
6. 读书看报甚至上课也不能专心致志，往往搞不清自己在想什么。
7. 遇到不称心的事情会长时间沉默少言。
8. 感觉很多事情不称心，经常无端发火。
9. 哪怕是一件小事情也总是难以放下，整日思索。
10. 感到现实生活中没有什么事情能引起自己的兴趣，郁郁寡欢。
11. 常常听不懂老师讲的概念，有时懂得快忘得也快。

12. 遇到问题常常举棋不定，再三迟疑。

13. 经常与人发生争执，过后又后悔不已。

14. 经常追悔自己做过的事，有愧疚感。

15. 一到考试，即使有准备也感到紧张、焦虑。

16. 一遇到挫折便心灰意冷、丧失信心。

17. 非常害怕失败，行动前总是提心吊胆、畏首畏尾。

18. 感情脆弱，稍不顺心就暗自流泪。

19. 瞧不起自己，总觉得别人在嘲笑自己。

20. 喜欢和比自己年幼或能力不如自己的人一起玩或比赛。

21. 感到没有人理解自己，烦闷时别人很难使自己高兴。

22. 发现别人在窃窃私语，便怀疑是在背后议论自己。

23. 对别人取得的成绩和荣誉常常表示怀疑，甚至嫉妒。

24. 缺乏安全感，总觉得别人要伤害自己。

25. 参加春游等集体活动时，总会产生孤独感。

26. 害怕见陌生人，人多时说话就脸红。

27. 在黑夜中行走或独自在家时会有恐惧感。

28. 一旦离开父母，心里就不踏实。

29. 经常怀疑自己接触的东西不干净，反复洗手或换衣服，极端注意个人卫生。

30. 担心忘记锁门，经常躺在床上又起来确认，或刚一出门又返回检查。

31. 站在悬崖边、大厦顶、阳台上时，有摇摇晃晃要跳下去的感觉。

32. 对他人的疾病非常敏感，经常打听，生怕自己也身患同样的病。

33. 对特定的事物，如交通工具（电车、公共汽车等）、尖状物及白色墙壁等会感到恐惧。

34. 经常怀疑自己发育不良。

35. 一旦与异性交往就感到局促不安。

36. 对某位异性伙伴的每一个细微行为都很注意。

37. 怀疑自己患了癌症等不治之症，反复看医书或去医院检查。

38. 经常无端头痛，并依赖止痛药或镇静药。

39. 经常有离家出走或脱离集体的想法。

40. 感到内心痛苦且无法解脱。

计算自己的得分，测试结果如下。

0~8分：心理非常健康。

9~16分：大致健康，但应当注意，也可以找老师或同学疏导。

17~30分：在心理方面存在一些障碍，应采取适当的方法进行调适。

31~40分：有可能患了某些心理疾病，应找专门的心理医生检查、治疗。

40分以上：有较严重的心理障碍，应及时找专门的心理医生治疗。

🍁 第二节　求职攻略

当大学生投递的求职材料符合用人单位的标准，且用人单位对大学生有聘用意向时，用人单位就会邀请大学生进行进一步的面试和笔试。面试和笔试是用人单位对求职者的考核方式，决定了求职者最终能否被录用。大学生要想获得用人单位的认同，从竞争者中胜出，就需要掌握面试与笔试的技巧。

一、面试的形式和类型

几乎所有的用人单位在招聘员工时都会进行面试，但是在面试过程中，各个用人单位会使用不同的面试形式和类型。为确保面试顺利，大学生应该了解所有的面试形式和类型，提前做好面试准备。

（一）面试的形式

面试的形式主要有问题式、压力式、随意式、情景式、专场式5种。在实际面试的过程中，用人单位可能会使用一种面试形式，也可能使用几种面试形式的组合。大学生只有熟悉所有的面试形式，才能在面试时发挥出正常水平。

◆ **问题式**。这是一种十分常规的面试形式，由用人单位的面试官按照事先拟订的提纲对求职者进行发问，求职者予以回答。问题式面试的目的在于观察求职者在特殊环境中的表现，考核其知识水平与业务能力。在这种形式的面试中，用人单位的面试官通常处于主动地位，求职者处于被动地位。求职者根据面试官的提问做出回答，展示自己的知识、能力、素质和经验；面试官则根据求职者对问题的回答情况及面试时的仪表仪态、肢体语言、面试过程中的反应等对求职者的综合素质做出评价。

◆ **压力式**。在这种面试中，用人单位对求职者施加压力，就某一问题或某一事件对求职者进行连续发问，直至求职者无法回答。压力式面试的目的在于观察求职者在特殊压力下的思维敏捷程度及应变能力。

◆ **随意式**。用人单位的面试官与求职者随意交谈，氛围相比前两种形式更加轻松。用人单位的面试官与求职者可以自由发表言论，各抒己见。随意式面试的目的在于在谈话中观察求职者的综合素质。

◆ **情景式**。情景式面试由用人单位的面试官事先设定一个情景，提出一个问题或一项计划，请求职者进入角色模拟，完成该问题或该项计划。其目的在于考查求职者分析问题、解决问题的能力。情境式面试通常会引入无领导小组讨论、公文处理、角色扮演、演讲、答辩、案例分析等情景模拟方法。情景式面试的模拟性及逼真性都很强，通过这种面试，求职者的才华能得到更充分、更全面的展现，用人单位的面试官对求职者的综合素质也能做出更全面、更深入、更准确的评价。

◆ **专场式**。专场式面试是一种由用人单位组织的专场招聘会，由用人单位指定面试官代表对多位甚至大量求职者进行海选，从中选出符合要求的多位求职者进行之后的面试。专场式面试适用于对求职者的初步筛选，很多学校都会组织这样的专场招聘会。

（二）面试的类型

面试的类型也有很多，按照不同的分类方式，面试可以分为不同的类型。由于技术的发展，未来还可能出现更多类型的面试。目前常见的面试类型主要有以下几种。

1. 单独面试和集体面试

按照每次参加面试的人数，面试可分为单独面试和集体面试。单独面试指用人单位的面试官逐个与求职者进行单独面谈，这是最普遍、最基本的一种面试类型。单独面试的优点是能够提供面对面的机会，让面试双方深入地交流。

单独面试又可以分为两种类型：一种是只有一位面试官负责整个面试过程，这种面试大多在较小规模的单位录用较低职位人员时采用；另一种是多位面试官参加整个面试过程，但面试官每次均只与一位求职者交谈，国家公务员的面试大多采用这种类型。

集体面试通常也称小组面试，是多位求职者同时面对面试官的一种面试类型。集体面试过程中，面试官通常会要求求职者自行组织小组进行讨论，或者相互协作解决某一问题，甚至让求职者轮流担任领导主持会议、发表演说等。这种面试类型主要用于考查求职者的人际沟通能力、洞察力，以及在不同环境中的应变能力、领导能力等。

2. 一次性面试和分阶段面试

按照求职者参与面试的次数，面试又可分为一次性面试和分阶段面试。

一次性面试是指用人单位对求职者的面试集中于一次进行。在这种类型的面试中，面试官通常由用人单位人事部门负责人、业务部门负责人及人事测评专家组成。大学生在参加一次性面试时，必须集中精力，认真准备，全力以赴，因为一次性面试的表现好坏通常能够直接决定自己能否通过面试，甚至是否被录用。

分阶段面试就是将面试分为不同的阶段，通过不同阶段的面试来筛选求职者，并逐步了解求职者的个人素质和专业技能。分阶段面试又可分为顺序面试和逐步面试两种类型。

◆ **顺序面试**。顺序面试一般有初试、复试和综合评定3个流程。初试的目的在于从众多求职者中筛选出较好的人选，主要通过对求职者的仪表风度、工作态度、上进心、进取精神等项目进行测评，将明显不合格者予以淘汰。初试合格者进入复试，复试以测试求职者的专业知识和业务技能为主，并以此判定求职者能否胜任拟任工作岗位。复试结束后即进入综合评定阶段，该阶段由人事部门会同用人部门综合评定最终入围的求职者的成绩和个人素质，确定最终人选。

◆ **逐步面试**。逐步面试是由用人单位的人事部门或用人部门的负责人和上级领导，以及一般的工作人员组成面试小组，按照小组成员岗位级别由低到高的顺序，依次对求职者进行面试。逐步面试中，面试内容因岗位级别不同各有侧重。低层岗位级别的面试官一般以考查专业、业务知识和技能为主，中层岗位级别的面试官以考查个人素质和综合能力为主，高层岗位级别的面试官则对求职者进行全面考查并最终把关。大学生如果要参加这种类型的面试，应对各层级面试官的面试要求做到心中有数，力争给每个层级的面试官都留下好印象。

3. 结构化面试、非结构化面试和半结构化面试

按照面试程序的固定程度，面试可以分为结构化面试、非结构化面试和半结构化面试。

结构化面试是指根据特定职位的胜任特征要求，遵循固定的程序，采用专门的题库、评价标准和评价方法而开展的面试。在结构化面试中，所有的求职者都采取相同的测试流程，面试评价也有规范的、可操作的标准。结构化面试具有试题固定、程序严谨、评分统一等特点，适合规模较大、组织性与规范性较强的录用面试，如公务员面试和一些银行统一组织的面试。

非结构化面试也称"随机面试"，与结构化面试相反。非结构化面试过程中所问问题不需要遵循事先安排好的规则和框架，面试官可以任意地与求职者讨论各种话题，或根据求职者行为提出不同的问题。但是由于没有统一的标准，求职者之间的比较并不直观，面试的信度和效度较低，常用于小型面试。

半结构化面试介于非结构化面试和结构化面试之间，有效地避免了两者的不足，得到了越来越广泛的应用。面试官提前准备重要问题，但不要求按照固定次序提问，且可讨论在面试过程中出现的需进一步调查的问题；或是面试官依据事先规划的一系列问题对求职者提问，并根据不同的工作类型设计不同的问题表格。

二、面试的技巧

虽然各个用人单位的面试形式不一，但万变不离其宗，面试的许多环节都是有章可循的，大学生如果掌握了相关的面试技巧，就能够在面试中有更好的表现。

1. 面试成功的要则

面试在某种层面上就是求职者向用人单位推销自己，要想将自己顺利地推销出去，大学生需要掌握以下要则。

◆ **肢体语言得体**。保持良好的仪态，不要显得十分拘谨。

◆ **言谈坦率自信**。重点介绍自己所取得的重大成绩，不要自吹自擂或夸大其词。

◆ **坚持真我本色**。不要刻意伪装自己，行事做作是很难成功的。

◆ **保持积极热情**。在面试官介绍用人单位和求职岗位的情况、面临的挑战及存在的问题时表现出积极的态度，并适时给予回应，这是非常重要的。

◆ **不要怕停顿**。语言中的停顿表示自己对面试官提出的问题很重视，这同样也可以在某种程度上表明大学生的自信和成熟。

◆ **不怕谈不足**。大学生要敢于承认自己的不足并想办法将其转变成有利因素，表明自己针对这些不足而做出的积极改变或努力。

◆ **排解面试压力**。有些面试官认为，了解求职者如何应对压力，将有助于全面了解其综合素质，因此往往会在面试中故意给求职者制造一些压力。此时，大学生要学会排解面试压力，进行积极应对。

2. 语言表达技巧

语言是人们传播信息最主要的媒介，面试过程中求职者和面试官的沟通也主要依托于语言。面试时的语言表达反映了大学生的综合素养和成熟程度，是决定面试结果的关键。语言表达主要有以下技巧。

◆ **讲话清晰，表达流利**。大学生在面试时要注意发音准确、吐字清晰，还要注意控制语速，如无特殊需要，避免使用口头禅、方言等不正式的语言。

◆ **语言含蓄，用语幽默**。大学生在面试时除了表达要流利外，还可以适当穿插一些幽默的语言，这样既能活跃谈话气氛，也能展示自己的人格魅力。尤其是遇到难以回答的问题时，机智幽默的语言会显示自己的聪明智慧，有助于大学生化险为夷，并给面试官留下良好的印象。

◆ **注意面试官的反应**。求职面试不同于演讲，大学生在面试时应随时注意面试官的反应。例如，面试官心不在焉，表示可能对自己的表达没有兴趣；面试官侧耳倾听，可能说明自己音量过小，使对方难以听清；面试官皱眉、摆头，可能表示自己的言语有不当之处。大学生要根据面试官的这些反应适时地调整自己的语言、语调、音量和陈述内容等。

3. 倾听的技巧

面试的实质就是面试官与求职者进行信息交流，从而了解求职者、判断求职者是否适合所应聘岗位的过程。面试交流的过程中不仅有"说"，还有"听"，甚至"听"比"说"更重要，因此大学生还要掌握倾听的技巧。

正确而有效的倾听不仅仅是听清，更重要的是听懂。只有听懂了，大学生才能根据面试官的意思给出令面试官满意的答案。为了做到有效倾听，大学生在听面试官讲话时应该做到以下3点。

◆ **耐心**。一些大学生在面试中表现得过于积极，当面试官提到一些自己非常熟悉且简单的话题时，没等面试官说完就打断面试官的话，断章取义地解读。这是非常不礼貌的行为，是对面试官的不尊重。还有一些大学生小心翼翼地通过了专业知识的问答环节，在面试接近尾声时得到了面试官的正面评价，心里暗自窃喜，开始憧憬未来，一不小心就分了神，没注意听面试官正在说的话，这也会影响面试官对大学生的印象和最终评分。

◆ **配合**。体现大学生认真倾听的最好方法就是积极与面试官配合，对面试官提出的观点表示赞同或是提出自己的意见，大学生还可以就面试官提出的问题进行提问。从这样配合的举动中，面试官可以清楚地知道求职者在仔细地听自己说话。

◆ **专心**。专心是听懂面试官问题的最好方法。面试官提问时，大学生要始终全神贯注，保持饱满的精神状态，专心致志地注视着对方。同时，大学生可以将面试官所说的每一句话都仔细地在脑海中回放一遍，善于从中发现和提炼出问题的本质。

4. 应答的技巧

大学生与面试官交流时，主要处在应答的一方。面试官通常会向大学生提出各种问题，而大学生的回答将成为面试考核的主要内容和面试官做出最终判断的参考因素。在应答时，大学生应该注意以下几点技巧。

◆ **论点先行**。大学生在回答问题时要考虑自己所说内容的结构，用尽可能短的时间组织好说话的顺序。一般来说，回答一个问题时，大学生可以首先提出自己对问题的基本论点，然后逐一用资料来论证、解释。

◆ **扬长避短**。面试过程中，大学生需要在有限的时间内充分体现自己的优势，扬长避短。当然，扬长避短既不是瞒天过海，更不是弄虚作假，而是灵活性与掩饰性技巧的展现。

◆ **举例论证**。实际面试过程中，大学生可以适当举例，运用语言表达技巧对面试官的问题从侧面进行回答。"事实胜于雄辩"，适当举例会使自己的观点得到更加充分的论证。

5. 提问的技巧

大学生主动向面试官提问有一种"反客为主"的意味，稍有不慎就可能使对方感到不快，但是提问也是展示个人思想和素质的重要手段。提问时，大学生应注意以下技巧。

◆ **提对方能回答的问题**。大学生提出的问题要视对方的身份而定，要让对方能够回答。例如，如果想了解用人单位的员工人数、组织架构、主要业务等方面的问题，就不要向一般工作人员提问，而要向单位负责人提问。

◆ **提问的时间有讲究**。大学生要把不同的问题安排在面试的不同阶段，有的问题可在谈话一开始就提出，有的可以在谈话过程中提出，有的则应放在快结束时再提。

◆ **需注意方式、语气**。有些问题，大学生可以直截了当地提出来，而有些问题则要委婉且含蓄地提出。此外，大学生在提问时一定要注意方式、语气，要给面试官一种诚挚、谦逊的感觉，千万不可以使用质问的语气，这样会引起面试官的反感。

◆ **提问要具体**。如果涉及职业、专业有关的问题，一定要具体，不能不懂装懂。提问的过程中，大学生所提的问题可以反映出自身的知识水平、思维方式、价值观等。

三、面试礼仪

面试是大学生与面试官面对面交流的过程，也是双方的第一次正式接触。在这种直接的交谈中，大学生的形象和举止会直接影响面试官的观感。在面试前、面试中和面试后，大学生都应遵守相应的面试礼仪。

（一）面试前的礼仪

在面试正式开始之前，大学生应该注意以下两点。

◆ **准时赴约**。守时是最基本的职业道德之一，准时到指定地点参加面试，是最基本的一种礼节。大学生一定要重承诺、守信誉，即使临时发生了意外情况导致不能按时参加面试，也应及时告诉用人单位并表示歉意。这样，大学生一般都会得到用人单位的谅解，说不定还能得到补试的机会。

◆ **进门先敲门**。面试前，大学生应在面试室外轻轻敲门，得到许可后方可进入面试室。注意敲门不可太用力，也不可在未进门时先将头伸进去张望，更不可直接推门而入。进门后，大学生应轻轻地转过身关上门。

（二）面试中的礼仪

面试过程中，大学生应该注意以下3点。

◆ **主动打招呼**。进入面试室后，真正的面试已经开始，大学生应当立即进入角色。进入面试室后，大学生可对面试官微笑点头，也可进行问候（如上午好、下午好、各位领导好等），要有礼貌地告诉面试官自己是谁，做到举止大方、态度热情。需要注意的是，面试时不宜与面试官握手，除非面试官主动伸手。

◆ **保持微笑**。微笑是世界上最美的语言，它表示欣赏对方的盛情，表示领略、歉意或赞同。面对面试官，求职者的微笑可以迅速缩短双方的心理距离，面试时面带微笑也可能会提高面试的成功率。

◆ **集中精神**。面试时大学生要集中精神，力求给对方留下诚恳、沉稳、自信的印象。与此同时，大学生还要根据面试官的反应适时调整自己的语言表达方式，并且保持不卑不亢的态度。

（三）面试后的礼仪

面试结束后，大学生仍然需要注意以下两方面的礼仪。

◆ **表示感谢**。当面试官表示面试结束时，不论结果如何，大学生都要起身表示感谢，并将自己坐的椅子扶正；再次表示感谢后，再轻轻推门离开。

◆ **不可贸然打听面试结果**。面试结束后，大学生不可贸然询问相关结果，但可以在事后通过感谢信的方式来加深用人单位对自己的印象。若是一周内没有任何回复，大学生就可以主动联系用人单位询问面试结果。询问时既可以表示自己对这份工作的兴趣和热情，也可以从用人单位的语气中判断自己是否有被录用的希望。

🔍 案例　　　　　　　**不断总结经验，取得面试成功**

在毕业求职季，某高职院校毕业生赵明和同班同学拿着简历，前往他们感兴趣的一家网络公司求职。招聘人员对他们进行了简单的面试，收下了简历，并告诉他们回去等待通知。可是3天后，同班同学接到了那家网络公司的复试通知，赵明却没有接到。

有了第一次面试失败的经历，赵明决定不打无准备之仗，认真学习网络上各种各样的面试题目，想着怎么回答招聘人员的问题。

可是进行了第二次面试，赵明依然没能成功入职。招聘人员给出的答复是："着装得体是成功面试的基本要素。虽然在工作的时候未必一定要每天都穿得非常正式，但面试时的着装应该符合一定的标准，体现职业水准。"回想自己面试时随意穿着的T恤、短裤和人字拖，赵明不禁懊悔。

在后来的一次面试中，赵明和许多本科学历的求职者同时竞争某个岗位。幸运的是，他脱颖而出。对此，招聘人员解释道："这个小伙子进门后随手轻轻地关上了门，对门卫和前台服务人员都微笑问候。在面试候场室时，其他人都从我故意放在地板上的那本书上迈了过去，而他却很自然地俯身拾起，放在旁边的桌子上。细节决定成败，礼仪看出素养，这些有时比学历更重要。"

依靠着对面试活动的不断总结和自己的出色表现，赵明获得了理想的职位，他感慨："面试技巧对求职就业真的很重要。"

点评　不经历风雨，怎么见彩虹。不经历面试的失败，怎么能收获成功就业的幸福。大学生只有不断总结面试失败的经验，在面试礼仪、面试心态和面试技巧等方面不断调整提升，才能在毕业季收获甜蜜的果实，成长为合格的职场人。

课堂活动　　　　　　**模拟面试**

同学们分饰面试官和求职者，面试官准备面试问题，求职者准备求职材料，自行选择面试形式与类型，进行模拟面试。

四、笔试的种类

笔试是目前用人单位常用的考核方法之一，目的在于考核求职者的专业知识水平、文字组织能力及综合素质等。根据考核的方向和内容不同，笔试可以分为专业考试、心理测试、技能测验和命题写作4种类型。

◆ **专业考试**。专业考试主要是为了检验求职者的专业知识水平和相关能力。一般用人单位从大学生的成绩单就可以大致了解其知识水平，但一些专业性要求较高的岗位需要通过笔试的方式来对求职者的专业知识水平进行考核，这种考核方式已被越来越多的用人单位所采用。例如，外贸企业和外资企业招聘职员要考外语知识，金融单位要考金融专业知识，公检法（公安局、检察院、法院）机关录用干部要考法律常识等。

◆ **心理测试**。心理测试一般要求求职者完成事先编制好的标准化问卷。通过心理测试，用人单位可了解求职者的态度、兴趣、动机、智力、个性等心理素质，还可以考查求职者的观察能力、综合分析能力、思维反应能力等。

◆ **技能测验**。技能测验实际上是考查求职者的动手能力和实践能力，如考查操作和使用计算机的能力、英语对话和阅读能力，以及财会、法律、驾驶等方面的能力等。

◆ **命题写作**。有些用人单位通过论文或公文写作来考查求职者的文字表达能力及分析归纳能力。例如，限时要求求职者写出一份会议通知、请示报告或某项工作总结；提出一个论点，让求职者予以论证或辨析等。

五、笔试的准备

　　笔试通常应用于大规模的员工招聘中，可以帮助用人单位在较短的时间内了解求职者的基本情况。了解笔试的相关知识和技巧，可以帮助大学生从容应对笔试，取得好成绩。一般来说，大学生准备笔试时应注意以下几个方面。

　　◆ **平时认真学习**。良好的笔试成绩来自大学期间的努力学习和积累。但是，大学生不仅要学习专业课程，积累其他各方面知识，还要对社会信息有所了解。

　　◆ **进行必要的复习**。复习已学过的知识是准备笔试的重要方式。从考试的角度来划分，知识可以分为靠记忆掌握的知识和靠不断应用掌握的知识，用人单位比较重视考核求职者对所学知识的应用能力。一般来说，笔试都有大体的范围，大学生可围绕这个范围翻阅有关的图书资料，并注意灵活运用知识来解决实际问题。

　　◆ **保持良好的身心状态**。参加笔试需要有良好的心理素质。大学生在临考前，一要正确评价自己，树立自信心，调整好心理状态；二要保持充足的睡眠，笔试前一天要注意休息。大学生参加笔试前可以适当参加一些文体活动，从而使高度紧张的大脑得到放松休息，以精力充沛的状态参加笔试。

六、笔试的技巧

　　大学生在进行笔试时，可通过一些方法和技巧来消除紧张情绪，并提高笔试的通过率。

（一）增强自信心

　　缺乏自信心往往会导致大学生怯场。大学生应客观冷静地对自己进行评估，克服自卑心理，增强自信心。笔试与高考不同，高考就像"一锤定音"，而笔试有多次机会。因此，大学生没有必要过分紧张，只需要适当放松心情，调整好精神状态去应试。

（二）掌握科学的答题方法

　　笔试与学校的考试一样，有一定的答题方法。掌握科学的答题方法，可帮助大学生提高笔试成绩。总体说来，科学的答题方法如下。

　　◆ **通览试卷**。大学生拿到试卷后，首先应通览一遍，了解题量和难易程度，以便掌握答题进度，合理安排答题时间；然后按照先易后难的原则安排答题顺序。

　　◆ **难题及易错题的处理方法**。大学生不要被难题所困而耽误时间，要尽可能留出时间对易错的地方进行检查，注意不要漏题。

　　◆ **答题态度端正**。笔试不同于其他专业考试，有时用人单位在意的并不仅仅是分数。大学生在笔试中展示出的认真的态度、细致的作风、新颖的观点也会大大增加自己被录用的概率。

　　◆ **卷面整洁**。答题时应注意卷面整洁、字迹清晰、行距有序、段落整齐、版面适度（即从对方阅卷装订方便出发，试卷上下左右边缘应该留出些空隙）。因为求职过程中的笔试不同于在校时的考试，有时用人单位并不特别在意求职者分数的些许差异，而是从中观察求职者是否具有认真的态度、细致的作风，从而决定录用意向。

第三节　适应职场环境

成功入职并不是就业活动的结束，入职后的职业适应同样重要。大学生职业适应是指大学生在从学生角色到职业角色的过渡过程中，主动调节自己的行为以适应环境变化，使自己逐渐达到所从事职业的职业要求，并顺利完成职业活动的过程。

众所周知，人与职业之间只能在不断磨合的过程中达到和谐与统一。大学生实现从学生到职场人的角色转换，了解职业适应的影响因素，并找到职业适应的方法，将有助于自己更快更好地适应职业环境。

一、大学生角色转换

大学生正式告别学生生涯，从相对单纯的学校环境进入复杂的社会环境中，完成从学生到职场人的角色转换，这是大学生迈向成熟的真正开端。所以，大学生应该积极地去适应这个过程，顺利地完成角色转换，从而快速进入职业状态，为自己职业生涯的有序发展奠定良好的基础。

（一）学生角色和职场人角色的不同

大学生想要顺利进行学生角色到职场人角色的转换，首先要了解两者之间的差异。

1. 社会责任的不同

学生的主要责任是在学习和探索知识的同时，努力提升自己各方面的能力。大学生不仅需要完成学校安排的课程，还要在空余时间里通过参与实践活动来锻炼、提升自己的综合能力。并且，学生在探索的过程中有一定的容错性，即学校鼓励学生积极探索创新，不怕学生失败与走弯路。

职场人的主要责任是服从企业的安排，通过自己的劳动为企业创造劳动价值，并获取一定的报酬。职场人在岗位上的行为后果都需要自己承担，如果在工作中犯了错，需要自己承担责任。

2. 所处环境的不同

大学生生活在相对单纯、封闭的校园环境当中，生活学习氛围较为轻松，每天可以自行安排除上课以外的时间，做自己想做的事情，生活较为自由。

而职场人处于紧张激烈的职场环境中，每天都面临大量的职场工作和快节奏的生活，能够自由支配的时间较少，因此常常会感到压力大。

3. 生活管理方式的不同

校园里的大学生在生活上有学校的监督管理，如定时熄灯、查寝等能强制性地帮助大学生养成良好的生活管理方式；在学业上有老师计划好的学习任务和大纲，大学生只需要按照老师布置的内容就能基本完成学业。

而职场人的生活里，只有工作时间内要遵守用人单位的相关要求和规定，工作时间外全由自己自由安排，若想要规律地生活全靠自我控制。因此职场人在业余生活中不会受到过多的约束，这就对职场人在生活中进行自我管理提出了更高的要求。

4. 人际圈子与关系的不同

大学生生活在校园里，每天基本上只与学校里的人打交道，如同学、朋友、老师等，人际圈子小。虽然大学生在学校里也免不了参与许多竞争关系，但是这种竞争关系的本质是为了促进大学生学习和提升自我能力，并不会从根本上影响其利益，因此大学生的人际关系总体来说较为简单与单纯。

社会上的人际关系相对复杂。职场人生活在职场世界里，尤其是销售和服务行业的职场人，每天都要面对形形色色的人，与不同的人接触。职场生活里的竞争直接和职场人的个人利益挂钩，关系到利益的分配，因此职场人的人际关系是较为复杂的。

5. 认识世界方式的不同

大学生作为学校里的受教育者，对世界的主要认识方式以理论学习为主、实践为辅。大学生对世界的了解大多来自书本、课堂和网络，认识的内容基本是间接的、理论性的。因此他们对这个世界与自己的未来往往有着较为浪漫的期待。

职场人认识世界的方式则以亲身实践为主、理论学习为辅。他们通过工作中的实际操作、生活中的一件件琐事来加深对世界的认识与了解。这些认识的内容通常是直接与具体的，带有鲜明的现实主义色彩。

有些大学生在刚步入社会的时候，可能会因为学生角色与职场人角色各方面的差异而感到不适应，这是很正常的。大学生需要了解并认识其中的差异，只有在了解差异的前提下，才能更好更快地实现角色的转换，早日适应职场生活。

（二）实现角色转换的方法

每个人都要经历从学生到职场人的角色转换过程，这个过程可能是困难的，因此每个大学生都要做好充分的心理准备，并以积极的心态去面对，努力适应变化。针对大学生从学生到职场人的角色转换，我们总结了以下几种应对方法。

◆ **学会虚心学习**。不管大学生在学校里有多么好的成绩，有多么丰富的实践经历，在成为职场人后，都需要摆正自己的心态和位置，要从工作中的小事做起，虚心向其他同事学习，不断积累工作知识和经验。只有虚心学习，大学生才会不断进步。

◆ **学会控制情绪**。每个人都有情绪糟糕的时候，人在情绪不佳的状态下，其思维和行为都会受到影响。作为一个职场人，就需要学会控制自己的情绪，不把日常的负面情绪带到工作当中，认真努力地完成日常工作任务。

◆ **重视岗前培训**。很多企业在新员工入职时，会对他们进行岗前培训。大学生一定要重视岗前培训，在培训中了解工作的内容、职责及有效的工作方法，使自己快速融入职场生活，从而大大缩短完成角色转换的时间。

◆ **勇于挑战自我**。刚走上工作岗位的大学生应该胸怀大志，并严格要求自己。大学生要在工作岗位上不断挑战自我，主动接受新的工作内容以锻炼自己，遇到问题要勤于思考；要在工作中逐步形成自己的见解和看法，养成独立工作的习惯。只有这样，大学生才能在职业生涯道路上节节攀升，最终取得事业的成功。

二、提高职业素质

随着社会和科技的快速发展，知识更新的周期不断缩短，大学生应为适应不同的职业需求打下坚实的"硬件"基础。大学生到了相应工作岗位后，在工作安排上，不可能每个人都能与专业对口，许多用人单位需要的是"全才"。为了适应不同工作的需求，大学生需要不断地学习，及时补充业务知识，全面提高自己的职业素质。

（一）提升个人能力

提升个人能力是时代发展提出的要求，是大学生增强个人竞争力的必要手段。在求职过程中，用人单位首先看重的就是求职者的个人能力。因此，提升个人能力是每个大学生都要重视的内容。

1.学习能力

学习能力主要指掌握学习的方法与技巧的能力。对于所有的事物，人们都需要经过从不认识到认识，到熟悉，再到掌控的过程，而连接这个过程的纽带便是学习。拥有一定的学习能力是大学生学好功课的必要条件。

◆ **分解目标，各个击破**。要学习掌握一套完整的知识系统，最好的方法是先对整套知识进行分析研究后，再将其分解成一个个小模板、小计划进行学习。例如，想要学会使用计算机，我们不应当盲目地进行实际操作，而是先要了解每个操作按键的作用、按键与按键之间的组合效果，然后了解操作流程，再开始实际操作。

◆ **先掌握各个小知识点，然后梳理整合**。当面对的事物未整理成套，或是获取资料有困难时，大学生应从收集资料做起。随着资料的累积，大学生可尝试从已整理好的资料中推断事物可能的全貌。例如，新进销售人员在没有系统地学习过销售知识时，首先可以向同事或同行请教，或是利用现有的图书资源、网络资源了解本行业的业务知识；然后在公司组织的培训中，学习了解作为销售人员需具备的最基本的能力与素质。因为从资料中得出的经验并没有形成系统的知识，所以新进销售人员要对这些知识和经验进行梳理整合，然后得出一个完整的知识系统，这有利于销售方法的运用与创新。

2.表达能力

表达能力是指一个人把自己的思想、情感、想法和意图等，用语言、文字、图形、表情和动作等方式清晰明确地表达出来，并利于他人理解、体会和掌握的能力。表达能力主要包括语言表达能力和文字表达能力两个方面的内容。

◆ **语言表达能力**。语言表达能力就是"口才"。一个人如果"口才"不佳，对其自身的职业生涯发展是非常不利的。语言表达能力不是一朝一夕可以练成的，它从某种程度上包含了一个人的综合能力，需要长期的锻炼培养。大学生经常在公开场合说话，以及在正式场合演讲都有利于提升自己的语言表达能力。

◆ **文字表达能力**。文字表达能力是指一个人将需要表达的内容通过文字呈现出来的能力。大学生如果缺乏文字表达能力，将难以完成个人的毕业论文、毕业设计；职场人如果缺乏文字表达能力，将不能很好地写出工作中需要的工作总结、策划方案等。在实际工作中，职位越高的人，应当具有越强的文字表达能力。

3. 人际交往能力

人际交往能力的强弱与一个人的事业成败息息相关。大学生走上工作岗位后，要妥善处理人际关系，发展良好的人际关系，为个人今后的发展建立良好的人际关系支持系统。因此，大学生要重视自身人际交往能力的培养。

◆ **正确认识自我，学会与他人相处**。大学生要正确分析自己的优缺点，不要自以为是。在与他人交往的过程中，大学生要多肯定他人的价值，在恰当的时机运用合适的表达方式对他人进行称赞，以促进和他人的良性交往。

◆ **多参与社团活动以培养自己的人际交往能力**。大学里有种类众多的社团组织，大学生可以参加感兴趣的社团，结交有共同志向、爱好的朋友，这些共同点能促进友情的培养和延续，从而培养自己的人际交往能力。

◆ **学习社会交往知识，必要时寻求辅导**。大学生可以阅读有关人际交往的书籍，学习如何与他人相处并了解需要注意的问题，反思自己与他人相处时的表现。大学里一般有心理咨询室，遇到实在解不开的困难时，大学生可以寻求专业老师的帮助。

4. 思维分析能力

思维分析能力是人的主观能动性的表现，只有通过思维分析，人才能整理零碎的知识，并将整理好的系统知识转化为自身的能力。大学生提升思维分析能力应注意以下几点。

◆ **加强对逻辑思维知识的学习**。虽然很多学校和专业没有开设与逻辑思维相关的课程，但是市面上有很多与逻辑思维相关的书籍。大学生可以根据需要选择适合自己的书籍进行学习，有条件的同学还可以参与针对逻辑思维开设的培训班。

◆ **学会思考**。平时遇到问题时，大学生不要急着去询问他人或翻阅资料，要先自己动脑思考。如果自己实在思考不出来，经过他人的帮助得出答案后，也不要立刻把题目和答案扔在一边，而应该思考他人的解题思路和过程，分析他人为什么要这么做，学习、吸收他人进行思维分析的过程。

◆ **掌握批判性思维**。批判性思维就是在客观理性的立场上，能够进行自我思考和敢于质疑、挑战权威。大学生在日常学习的过程中要克服思考的片面性，从而更加全面、客观地解决问题。

5. 组织协调能力

只有具有较好的组织协调能力，大学生才能胜任以后的工作。大学阶段是大学生培养组织协调能力的最佳阶段，因为只有在这个阶段，大学生才有充分的时间去参加各种活动，这对锻炼大学生的组织协调能力有很大的帮助。有以下两个途径可以锻炼大学生的组织协调能力。

◆ **成为班级干部**。大学和以往的初高中不同，班级干部在部分程度上取代了老师，成为班级工作和活动的策划者、组织者。班级干部根据自身分工的不同，要思考如何让班上的同学配合自己的工作，还要与其他班干部、辅导员和学校相关部门及时沟通，这极大地锻炼了大学生的组织协调能力。

◆ **成为学生会成员**。学生会是学生进行自我管理、教育和服务的团体组织，是连接学校和学生的桥梁。学生会在校团委等部门的带领下会开展许多学生活动，如系列讲座、宿舍卫生评比、新生运动会和各类文娱活动。学生会成员在这些活动中自主解决出现的各类问题，自信心和能力都将得到培养。许多用人单位在招聘时，喜欢录用曾在学生会工作过的优秀大学生，因为这类大学生有较强的组织协调能力和工作适应能力，具有普通大学生所没有的优势，能够更快、更好地融入工作环境，并且有着较高的工作效率。

（二）提升职业能力

职业能力是个人多种能力的总称。比如一位企业家，除了需要具备企业管理能力外，还要具有决策能力、识人用人能力、社交能力和表达能力等。这些能力的总和称为企业家的职业能力。那么，职业能力究竟是什么？大学生该如何提升职业能力呢？

1. 职业能力的概念

职业能力指一个人完成工作任务，从事与职业相关的活动所必备的本领。它与人的职业活动紧密相连，是能在人的职业活动中得到发展的一种心理特征。简单来说，职业能力就是个体从事职业活动的能力。职业能力决定着一个人能否胜任工作，以及进入工作状态速度的快慢。

与职业相关的能力可以划分为一般职业能力、专业职业能力和特殊职业能力3个层次。三者相互联系、密不可分，没有哪一种职业只需要运用其中一种能力。例如，要想当一名数学教师，除了要满足智力、数学基础知识等要求外，还需要具备教学管理能力、数理能力与形象思维能力等；要做一名音乐家，除了要满足智力和音乐方面的基础知识要求外，还需要具备乐理知识、察觉细节能力等。这就要求大学生在不断巩固自己专业基础知识的同时，还要注重对自己职业能力的培养。只有这样，大学生才能增加自身的就业竞争优势。

2. 如何提升大学生的职业能力

随着社会工作对专业化、精细化要求的提升，社会上出现了许多跨专业的行业。这对于即将步入社会的大学生来说，就需要通过提升自身的职业能力来增加就业竞争优势。在了解了大学生的职业能力特点后，大学生应思考如何针对这些特点，并结合自身条件来培养和提升自己的职业能力。

◆ **认真学习专业知识**。专业知识的积累能为大学生的知识储备奠定坚实的基础。

◆ **规划职业生涯发展**。大学生可以根据职业生涯规划对职业能力的需求来有针对性地培养和提升自身的职业能力。

◆ **参与职业培训**。通过参与职业培训，大学生可以快速、容易地获取有关职业能力方面的知识，可以在培训老师的指导下有规划地对自身职业能力进行培养和提升。

◆ **多反思总结**。大学生要将在学校学到的知识与在社会实践中所学的知识结合，并在二者之间不断反思总结，以获得对提升职业能力有用的经验。

◆ **勇于实践和创新**。大学生要从实际出发，做实干者，在实干中总结经验教训、认识规律。只有这样才能在实践中创新，并将创新的成果发扬光大。

（三）提升职业素养

职业素养指职业内在的规范和要求，是人们在职业生涯过程中表现出来的综合品质。职业素养是每个职场人都必须具备的品质，只有具备良好的职业素养，才能称得上是优秀的职场人。

1.职业素养的概念和分类

素养指个人通过训练和实践获得的道德修养。在此基础上，职业素养可以理解为个人在职场生活中通过训练和实践获得和表现出来的职业道德修养和综合品质。总体来说，职业素养可以分为职业道德信念、职业知识技能和职业行为习惯3类。

◆ **职业道德信念**。良好的职业素养应该包含积极向上的职业道德信念。纵观古今中外，每一个成功的职场人都拥有正面积极的职业价值取向。这些价值取向包括爱岗、敬业、忠诚、奉献、负责、合作、包容和开放等。

◆ **职业知识技能**。职业知识技能指胜任一个岗位所需要具备的相关专业知识技能，是职业素养的基础。一个人若没有基本的职业知识技能，就达不到完成工作的基本要求，想要成为行业的佼佼者更是不可能。

◆ **职业行为习惯**。职业行为习惯是职业素养的外在表现形式，是在工作过程中不断学习、改变和提升而最终形成的一种行为习惯。

2.提升职业素养的意义和价值

在了解了职业素养的基本概念后，我们可以知道每个人都应该提升自身的职业素养，但是培养职业素养对大学生有什么意义和价值呢？下面将从5个方面进行讲解。

◆ **提高忠诚度**。用人单位需要有忠诚度和技能的员工，这样日常业务才能顺利进行；员工则需要依赖用人单位来获得物质报酬和满足精神需求。良好的职业素养有助于大学生提高对用人单位的忠诚度，做到忠诚于自己、忠诚于用人单位、忠诚于岗位，只有这样，员工才能实现自身与用人单位的共同发展。

◆ **培养创新能力**。创新能力对于员工和用人单位来说是非常重要的。只有在日常工作实践中不停地去思考、探索和解决问题，员工才能产生创造性想法。良好的职业素养要求大学生不断地学习完善自己，养成勤于思考的好习惯，积极培养创新能力。

◆ **培养社会责任感**。责任感是一种高尚的道德情感，它与自身价值观紧密相连。提升职业素养有助于大学生在日常的生活与工作中凡事从大局出发，考虑事情的结果是否对社会和人民有危害，从而培养自己的社会责任感。

◆ **加强团队协作精神**。在职场生活中，每个人的岗位不同、分工不同，一项工作的完成离不开各个部门的合作。团队工作中最核心的精神就是团队协作精神。用人单位也正是吸收了每个人的才能，才得以拥有汇聚人心的凝聚力，才能保证自身的健康发展。而提升职业素养有助于大学生更好地融入集体，树立与用人单位同甘共苦的意识与信念，加强自己的团队协作精神和提升团队协作能力。

◆ **提升自己的就业竞争力**。一些用人单位在招聘员工，尤其是招聘管理岗位和职业技术岗位的员工时，出于培养和储备后续人才的考虑，除了看重员工的工作技能之外，还看重其职业道德。因此，大学生在应聘面试时，如果能够很好地表现出自己的职业素养，则会给面试官留下好印象，从而提升自己的就业竞争力。

课堂活动　　　　**探索全面提升综合素质的方法**

现在，有些企业和机构招聘人才时，首先看重的是大学生的能力和学识水平，学历仅作为参考，不是硬性指标。为了寻求一份好工作，大学生应在提升自身综合素质上下功夫。

进行小组讨论，谈谈除了本章所讲的方法外，你所知道的全面提升个人综合素质的好方法。小组讨论结束后，将全班同学提出的所有方法进行汇总。

三、培养职场情商

作为一名新人，大学生在职场中有很多东西需要学习，而首先要学习的就是培养职场情商。情商是一个人感受、理解、控制、运用和表达自己及他人情感的能力，在很大程度上影响着一个人的职业生涯。情商在职场中起着十分重要的作用，且占据重要的地位。

（一）职场情商的内涵

情商又称情绪智力，主要是指人在情绪、情感、意志、耐受挫折等方面的品质。心理学家们普遍认为，情商水平的高低对一个人能否取得成功有着重大的影响，有时其影响甚至要超过智力水平。职场情商就是一个人掌控自己和他人情绪的能力在职场中的具体表现，侧重对自己和他人的工作情绪的了解和把握，以及如何处理好职场中的人际关系。

正所谓"智商决定录用，情商决定晋升"，职场情商是一个职场人不可或缺的素质，是职场人在职场中获得成功的关键。职场情商有时甚至会左右工作成效。因此，培养职场情商是职场人在21世纪的必修课。

（二）大学生培养职场情商的法则

初入职场的大学生由于缺乏职场情商，在工作中容易犯错误、碰钉子。要想避免这些情况，大学生就需要掌握培养职场情商的一些基本法则，如正确认识自我、学会管理情绪、不怕吃亏、注重细节、学会沟通、善于倾听等，为今后成为一名成功的职场人做好积极准备。

1. 正确认识自我

职场情商既然关系到人际关系，首先就会面临角色定位的问题，即面对什么人，自己又扮演什么样的角色，这就是通常所说的认识自我。大学生如果对自我认识不清，就很有可能对人际关系的处理不到位，对待领导不像对待领导，对待同事不像对待同事，有时甚至会影响到客户对自己单位的认知。

2. 学会管理情绪

职场情商中，最重要的就是要学会管理自己的情绪并调整自己的心理，张扬好情绪，收敛坏情绪，从而赢得别人的认可和尊重。

每一个心智正常的职场人，肯定不愿意跟别人发生冲突，更不愿意被别人的情绪干扰，所以，职场人都希望能跟别人保持良好的人际关系。那些能成大事的人，往往是理智的，而不是情绪化的。

3. 不怕吃亏

很多人怕吃亏，尤其是有些大学生，在面对利益冲突时，往往盲目地以自我为中心。但是大学生不要忘记，职场上虽然存在竞争，但团队是一个利益共同体。有时自己吃了一点亏，却能赢得别人的尊重，而这些尊重往往是不能用金钱来衡量的。

4. 注重细节

在人际关系的处理上，细节的处理非常微妙，也非常重要，能体现出一个人职场情商的高低。一个人注重细节，就会表现出对他人的关心和重视，这样能增进人和人之间的感情。

5. 学会沟通

几乎所有招聘广告中都会强调应聘者应具有善于沟通的能力，这也正说明了沟通是职场中必不可少的一部分。很多领导有时候宁可招一个专业技能一般但沟通能力较出色的员工，也不愿招来一个整日独来独往、我行我素的"独行侠"。

与客户、同事、领导之间的沟通，可以体现出一个员工的职场情商，同时，学会沟通也是培养职场情商的重要手段。

6. 善于倾听

在职场上，大学生不仅要学会管理情绪，还要善于倾听。情商高的人，在倾听的时候不发表意见，别人说，他听，别人不说，他便在一旁陪伴。他不会打断别人说话，哪怕别人说的是错误的。他只会在别人需要他对此事发表意见时说出自己的观点，且不会触及别人的情绪爆发点。

7. 谦虚做事

有些大学生为了彰显个性和能耐，喜欢炫耀自己、以为这样就能获取他人的尊重。殊不知，这样是最令人反感的。所以大学生在职场上要谦虚做事，这也是大学生体现自己具备良好职场情商的重要手段。

8. 学会多赞美别人

在与同事相处的时候，大学生要多发现别人的优点、长处，多赞美别人，这样会让自己与同事相处融洽，也会让自己的工作更容易开展。

9. 让别人感到舒适

如果把所有与人际关系相关的知识凝聚为一句话，那就是：所有人都希望被重视，都渴望被认可。因此，当别人犯错时，别急着指责，更不要私下讨论；当别人遇到难关时，提供力所能及的帮助，这样会让人心存感激，但我们也不能因此走向极端——试图去讨好别人。试图讨好别人不仅会让自己疲劳，也会让他人感到不适。

10. 沉着冷静

不管是在生活上还是工作中，有的事情常常出乎预料。此时，有的大学生可能会着急、焦虑、感到无助，甚至想要放弃。但是，请记住，没有一件事会重要到如果搞砸了就会天崩地裂的程度。

当坏事发生时，别忙着追责，这样只会让自己陷入不良的情绪之中，而应该先想想如何善后，怎样让事情变得没那么糟。当局面转好后，人的心情也会随之渐渐平静，此时再追责也不迟。在职场中，那些不论发生什么情况都能心平气和地照顾他人情绪、找出解决之道的人，总能赢得别人的尊重和信任。

11. 保持和谐

一个成功的团队，必然是一个和谐的、团结的团队。与领导保持和谐，与同事保持和谐，这些都是支持职场人走向成功的必要条件。而能否妥善处理职场中的各种关系，往往取决于职场情商的高低。有时一个小小的转变，说不定就能让职场人在职场中如鱼得水。

课堂活动　　　　　　**分享情商心得体会**

在职场中，有时情商比智商更重要，情商高的人更能与同事和领导和谐相处，情商高的人往往在职场中如鱼得水，非常受领导和同事的欢迎。

下面请你根据日常的观察、了解及实践体会，讲一讲生活中你印象深刻的"高情商"故事，谈一谈情商高的人有哪些具体表现。

第四节　办理就业手续

有的大学生可能在毕业前就找好了工作，但在进入职场工作之前，大学生还需要办理好就业手续，否则很容易在日后的工作中面临法律风险，或者利益受到损害。具体而言，大学生的就业手续包括签订《就业协议书》、离校与就业报到。

一、签订《就业协议书》

《全国普通高等学校毕业生就业协议书》（以下简称《就业协议书》）是毕业生和用人单位在

正式确立劳动关系前，经双向选择，双方在规定期限内就确立就业关系、明确双方权利和义务而达成的书面协议。协议条款是协议主体之间权利与义务的明确表示，对双方当事人皆具有约束力。一经签订，当事人不得随意解除，否则应承担违约责任。

《就业协议书》明确了大学毕业生、用人单位、学校三方在毕业生就业中的权利和义务。《就业协议书》一般统一制表，如图8-2所示。

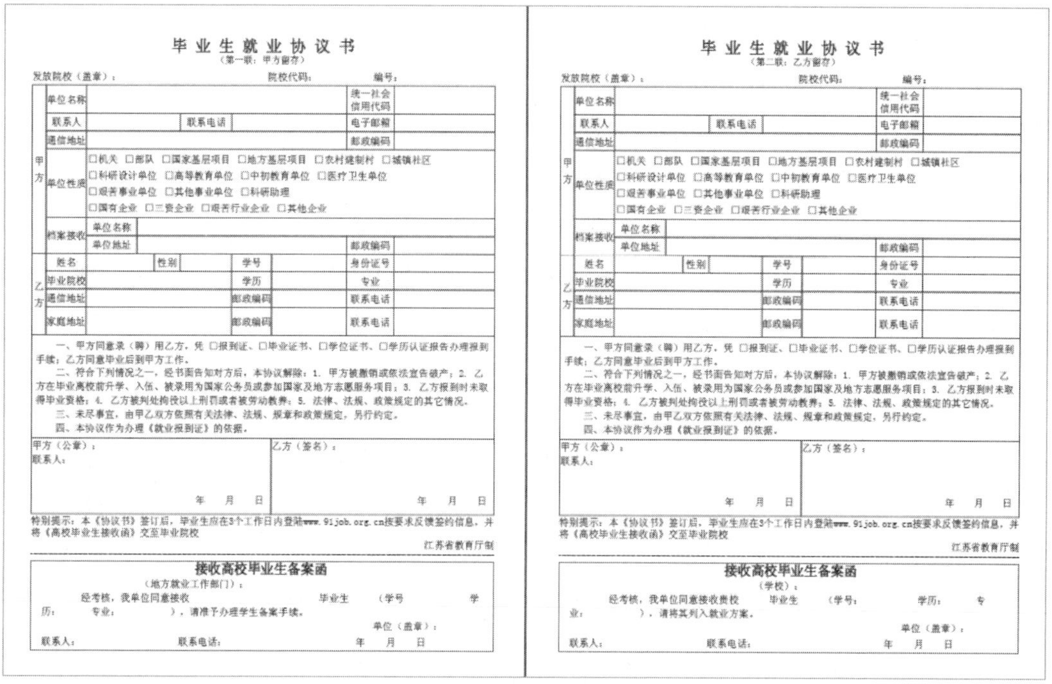

毕 业 生 就 业 协 议 书
（第一联：甲方留存）

发放院校（盖章）： 院校代码： 编号：

甲方	单位名称					统一社会信用代码	
甲方	联系人		联系电话			电子邮箱	
甲方	通信地址					邮政编码	
甲方	单位性质	□机关 □部队 □国家基层项目 □地方基层项目 □农村建制村 □城镇社区 □科研设计单位 □高等教育单位 □中初教育单位 □医疗卫生单位 □艰苦事业单位 □其他事业单位 □科研助理 □国有企业 □三资企业 □艰苦行业企业 □其他企业					
甲方	档案接收	单位名称					
甲方	档案接收	单位地址				邮政编码	
乙方	姓名		性别	学号		身份证号	
乙方	毕业院校			学历		专业	
乙方	通信地址			邮政编码		联系电话	
乙方	家庭地址			邮政编码		联系电话	

一、甲方同意录（聘）用乙方，凭 □报到证、□毕业证书、□学位证书、□学历认证报告办理报到手续；乙方同意毕业后到甲方工作。

二、符合下列情况之一，经书面告知对方后，本协议解除：1. 甲方被撤销或依法宣告破产；2. 乙方在毕业离校前升学、入伍、被录用为国家公务员或参加国家及地方志愿服务项目；3. 乙方报到时未取得毕业资格；4. 乙方被判处拘役以上刑罚或者被劳动教养；5. 法律、法规、政策规定的其它情况。

三、未尽事宜，由甲乙双方依照有关法律、法规、规章和政策规定，另行约定。

四、本协议作为办理《就业报到证》的依据。

甲方（公章）： 联系人： 年 月 日	乙方（签名）： 年 月 日

特别提示：本《协议书》签订后，毕业生应在3个工作日内登陆www.91job.org.cn按要求反馈签约信息，并将《高校毕业生接收函》交至毕业院校

江苏省教育厅制

接收高校毕业生备案函

（地方就业工作部门）：

经考核，我单位同意接收 毕业生 （学号 学历： 专业： ），请准予办理学生备案手续。

单位（盖章）：

联系人： 联系电话： 年 月 日

毕 业 生 就 业 协 议 书
（第二联：乙方留存）

发放院校（盖章）： 院校代码： 编号：

甲方	单位名称					统一社会信用代码	
甲方	联系人		联系电话			电子邮箱	
甲方	通信地址					邮政编码	
甲方	单位性质	□机关 □部队 □国家基层项目 □地方基层项目 □农村建制村 □城镇社区 □科研设计单位 □高等教育单位 □中初教育单位 □医疗卫生单位 □艰苦事业单位 □其他事业单位 □科研助理 □国有企业 □三资企业 □艰苦行业企业 □其他企业					
甲方	档案接收	单位名称					
甲方	档案接收	单位地址				邮政编码	
乙方	姓名		性别	学号		身份证号	
乙方	毕业院校			学历		专业	
乙方	通信地址			邮政编码		联系电话	
乙方	家庭地址			邮政编码		联系电话	

一、甲方同意录（聘）用乙方，凭 □报到证、□毕业证书、□学位证书、□学历认证报告办理报到手续；乙方同意毕业后到甲方工作。

二、符合下列情况之一，经书面告知对方后，本协议解除：1. 甲方被撤销或依法宣告破产；2. 乙方在毕业离校前升学、入伍、被录用为国家公务员或参加国家及地方志愿服务项目；3. 乙方报到时未取得毕业资格；4. 乙方被判处拘役以上刑罚或者被劳动教养；5. 法律、法规、政策规定的其它情况。

三、未尽事宜，由甲乙双方依照有关法律、法规、规章和政策规定，另行约定。

四、本协议作为办理《就业报到证》的依据。

甲方（公章）： 联系人： 年 月 日	乙方（签名）： 年 月 日

特别提示：本《协议书》签订后，毕业生应在3个工作日内登陆www.91job.org.cn按要求反馈签约信息，并将《高校毕业生接收函》交至毕业院校

江苏省教育厅制

接收高校毕业生备案函

（学校）：

经考核，我单位同意接收贵校 毕业生 （学号： 学历： 专业： ），请将其列入就业方案。

单位（盖章）：

联系人： 联系电话： 年 月 日

图8-2 《就业协议书》

《就业协议书》一般由教育部或各省市的就业主管部门统一印制，但由于各个省市的要求不同，具体内容会有所差别。例如，《就业协议书》的“备注”页，一般用于学校填写就业时学生需要注意的事项；“签约须知”页，即《就业协议书》的第三页，包含的是就业协议的具体条款内容。

《就业协议书》一式3份，分别由大学毕业生、用人单位、学校保管，任何单位和个人均不得复印、翻印、复制、挪用、转借、涂改，否则视为无效，相关人员还应承担相应责任。大学毕业生与用人单位就就业问题达成一致意见后，需签订《就业协议书》。《就业协议书》由用人单位、大学毕业生、用人单位上级主管部门、校毕业生就业指导管理部门签字盖章后，需及时提交一份到校毕业生就业指导管理部门，以办理就业派遣手续。

（一）《就业协议书》的签订流程

签订《就业协议书》的基本流程如下。

◆ 大学毕业生本人到所在学院领取具有唯一编号的《就业协议书》原件，认真如实填写基本情况。

◆ 大学毕业生与用人单位双向选择，经双方充分协商达成一致意见后签订《就业协议书》，

用人单位填写意见并盖章。

◆ 用人单位上级主管部门或用人单位所在地的毕业生主管部门填写意见并盖章。

◆ 签好的《就业协议书》由用人单位或大学毕业生本人返回学校毕业生就业指导管理部门登记。

◆ 学校毕业生就业指导管理部门汇总协议，审查合格后签署意见、盖章并列入就业方案。

◆《就业协议书》签订完成之后，大学毕业生应及时将协议书邮寄或呈送用人单位。

大学毕业生和用人单位之间如果另有约定，应在备注栏中注明，并由大学毕业生、用人单位和学校毕业生就业指导管理部门三方签字盖章后生效。报考研究生的大学毕业生在签订《就业协议书》时，应将报考研究生的有关情况告知用人单位，将双方协商的意见在备注栏中予以注明。

（二）签订《就业协议书》的注意事项

大学毕业生在签订《就业协议书》的时候还有以下几个注意事项。

◆ 每位大学毕业生只能与一个用人单位签订《就业协议书》。凡与两个或两个以上用人单位签订协议的，仅认定与最先签约的用人单位的《就业协议书》生效，其他一律按违约处理。

◆ 大学毕业生与用人单位对《就业协议书》有其他约定条款的，必须以书面形式注明，任何口头形式的协议或约定一律不予承认；约定条款的内容不得违反国家法律和行政规章的有关规定，不得损害学校、用人单位和大学毕业生的声誉和合法权益。

◆ 报考研究生或准备专转本的大学毕业生在签订《就业协议书》时，应将报考研究生或专转本的有关事宜告知用人单位，经协商达成一致意见后予以备注。在未告知、未协商的情况下，由于研究生录取或专转本而造成违约的，由大学毕业生本人承担违约责任。

◆《就业协议书》上"用人单位上级主管部门"是否盖章关系到大学毕业生户口档案的去向，大学毕业生务必在签订《就业协议书》时向与自己签约的用人单位咨询。

◆ 用人单位是否解决户口、档案问题。现在一些用人单位普遍采用招聘的形式，不解决大学毕业生的户口和档案问题，因此，签订的《就业协议书》将不能列入国家就业计划并签发"毕业生就业报到证"。大学毕业生可以联系用人单位所在地的人才市场，申请档案、户口由人才市场管理，并请人才市场在"上级主管部门"栏签字盖章确认，学校方可办理手续。

◆ 在生源地就业的大学毕业生可以不需要用人单位上级主管部门盖章。

（三）《就业协议书》的解除

大学毕业生与用人单位签订《就业协议书》后，双方都应该认真履行协议。如果某一方或双方要违反协议约定，则需要承担违约责任，并按照相应的流程解除《就业协议书》。

1. 解除流程

大学毕业生解除《就业协议书》的流程主要有以下3个步骤。

◆ 到签订了《就业协议书》的用人单位办理书面解约函（盖单位公章）。

◆ 向学校毕业生就业指导管理部门提出书面申请（阐明解约理由），并附上单位及上级主管部门审核同意的解约函。

◆ 学校毕业生就业指导管理部门根据有关规定审批换发新的《就业协议书》。

2. 单方解除

单方解除《就业协议书》又分为单方擅自解除和单方依法或依协议解除两种情况。

◆ 单方擅自解除协议属于违约行为，解约方应对另一方承担违约责任。

◆ 单方依法或依协议解除是指一方解除协议有法律上的或协议上的依据。例如，大学毕业生未取得毕业资格的，用人单位有权单方解除《就业协议书》。此类单方解除形式，解约方无须对另一方承担违约责任。

3. 双方解除

双方解除是指大学毕业生和用人单位双方经协商一致，取消原签订的协议，使协议不具有法律效力。此类解除形式是双方当事人真实意思表示一致的体现，双方均不承担违约责任。双方解除应在就业计划上报主管部门之前进行，如就业派遣计划下达后双方解除，还须经主管部门批准办理调整改派。

二、离校与就业报到

大学毕业生在校学习期满，并且各科成绩合格达到毕业要求后，就要在6月着手办理离校手续，然后准备到用人单位报到。大学毕业生要积极主动地配合学校做好各项工作，做到文明离校，顺利就业。

（一）离校

大学毕业生完成学业、离开学校前有一些必要的离校手续需要办理，主要包括毕业鉴定、填写《普通高等学校毕业生登记表》、完成毕业体检、领取就业报到证和户口迁移证等。

1. 毕业鉴定

毕业鉴定是大学毕业生对自己整个大学生涯学习、生活的全面总结和评价。毕业鉴定结果关乎大学毕业生今后的成长和发展，通常包括以下内容。

◆ **思想政治方面**。对党的拥护，对党的路线、方针、政策等方面的认识，参加各项思想政治教育活动的情况等。

◆ **道德修养方面**。自身的品德素质，对社会公德的遵守情况，对各项国家法律法规及校规校纪的遵守情况，参与社会实践的情况等。

◆ **专业学习方面**。学习成绩和对专业知识的掌握程度，学习态度和学习自觉性的情况，科研活动成果及创新能力方面的表现等。

◆ **身心素质方面**。身体健康和心理健康情况，参加各项体育活动的情况等。

◆ **综合能力方面**。自身的特长和特点，交流、沟通的能力，对社会的认知能力及社会适应能力等。

◆ **自我反思**。反思自身存在的主要缺点、问题及今后的努力方向等。

大学毕业生在进行毕业鉴定时，应该认真听取老师和同学的意见，态度端正、实事求是，不能弄虚作假、文过饰非，不能满纸空话、套话，更不能隐瞒受处分情况。

2.填写《普通高等学校毕业生登记表》

《普通高等学校毕业生登记表》是教育部制订的学生毕业材料之一，最后会归入学生档案，大学毕业生必须认真填写。表中要填写的内容主要有大学毕业生的基本情况、学习经历、社会关系、个人总结、毕业实习单位和实习内容、毕业论文题目、本人工作志愿、学校意见等。

《普通高等学校毕业生登记表》是对大学毕业生大学生涯综合情况的反映，是高校对大学毕业生在校期间情况的综合评价，大学毕业生应当按照每个栏目的具体要求认真填写，校方也应认真核实各项内容的真实性。

3.完成毕业体检

毕业体检是指即将毕业的大学生参加的体检。通过体检，一方面，大学毕业生可以了解自己的身体健康状况；另一方面，体检结果将作为学生档案的一部分发往档案接收单位。各地各院校毕业体检的项目不尽相同。

4.领取就业报到证和户口迁移证

就业报到证既是普通高等学校应届毕业生到用人单位报到的凭证，也是大学毕业生参加工作的初始记载和凭证；户口迁移证是大学毕业生迁移户口的重要凭证。大学毕业生领取这两个证件后应妥善保管。

大学毕业生离校前的一周左右，一般会集中办理离校手续。此时大学毕业生应该按照学校的相关规定，持学校统一发放的离校手续单办理相关手续。各地各高校的离校手续不尽相同，这里列出主要的离校手续以供参考。

◆ 领取离校手续单。

◆ 交还学生证。

◆ 办理党组织关系或团组织关系转接手续。

◆ 归还图书及借书证。将学校图书损坏或丢失的，应按照学校的有关规定进行赔偿。

◆ 办理退宿手续，在宿舍管理部门验收寝室后交还宿舍钥匙。宿舍设施有损坏的，应按照学校的有关规定进行赔偿。

◆ 交还借用的教学仪器和实验用品。

◆ 在学校财务部门进行费用核对、清退。

◆ 享受国家助学贷款的大学毕业生还应到贷款管理部门办理有关手续。

所有手续办理完毕后，大学毕业生在学院（系）处领取毕业证、学位证、就业报到证和户口迁移证，即可离校。

（二）报到与就业报到证

毕业生在办理完所有离校手续后，即可持就业报到证、毕业证、学位证等有关证件到用人单位报到。其中，毕业证、学位证这些证件对毕业生来说再熟悉不过。下面主要介绍就业报到证的相关事宜。

根据《普通高等学校毕业生就业工作暂行规定》，派遣毕业生统一使用《全国普通高等学校毕业生就业派遣报到证》（以下简称《报到证》）。《报到证》由国家教委授权地方主管毕业生就业调配部门审核签发，特殊情况可由国家教委直接签发。《报到证》是毕业生就业报到的证明和公安部门办理落户手续的凭证，《报到证》的样式如图8-3所示。

图8-3　《报到证》的样式

1. 就业报到证的组成

就业报到证一式两联，正联（毕业生就业报到证）是毕业生到用人单位报到的凭证，报到后由用人单位装入毕业生本人档案，作为毕业生参加工作的初始记载凭证；副联（毕业生就业通知书）由学校装入毕业生本人档案，随档案一同转至用人单位，作为学校寄送毕业生档案的凭证。

现在，全国各地的人才交流中心陆续开放了在线报到渠道，因此毕业生在网上即可完成报到，就业报到证正联自行保存即可。

2. 就业报到证的作用

就业报到证是毕业生到就业单位报到的凭证，也是毕业生参加工作时间的初始记载和凭证。毕业生所持就业报到证的作用主要体现在以下几点。

◆ 毕业生到用人单位报到的凭证。凭报到证报到以后，方可开始计算工龄。

◆ 证明持证毕业生是纳入国家统一招生计划的学生。

◆ 就业报到证是用人单位给毕业生落户、接管档案的重要凭证和依据。

◆ 持就业报到证到有关部门办理自主创业手续可减免有关税费。

◆ 待就业毕业生可凭就业报到证到省、市毕业生就业主管部门或人才服务机构办理就业代理手续。

◆ 就业报到证也是毕业生办理改派手续的重要材料。

🔍 案例　　　　**就业的程序不能漏**

刘园与用人单位签订《就业协议书》后，主动与辅导员联系汇报就业进展，交流就业程序中的疑问。"什么是就业报到证？""你被用人单位录用了，学校凭《就业协议书》为你办理就业报到证，就业报到证与档案和户口去向相关联。""我的户口、档案会自动转去用人单位吗？"

辅导员耐心地讲解着："咱们先来讲讲户口。户口不会自动落户，需在规定时间内持户口迁移证等相关材料到迁入地派出所办理落户手续。如果是用人单位集体户口，可与用人单位沟通办理。再来说说档案。学校凭就业报到证将档案寄往保管单位，如果毕业生就职于有档案保管权限的国有企事业单位、党政机关，那么档案就被寄往用人单位；如果就职的用人单位不具备档案保管权限，档案会被寄往用人单位所在地所属的各级公共就业和人才服务机构。就你的情况来讲，你就职的用人单位不具有档案保管权限，你的档案就会被寄往××人力资源管理服务中心，户口可迁入用人单位集体户口。除此以外，你的档案也可以寄往生源地××公共就业和人才服务机构，户口也可以迁回。"刘园不清楚户口、档案究竟有什么用。"领结婚证就需要用到户口，毕业后面临的买房、买车、贷款都需要用到户口；计算工龄需要使用档案中的材料，工龄与工资相关。毕业时一定要办好落户手续，确认档案已转递至保管单位。"听了辅导员的一番话，刘园豁然开朗。

毕业典礼当天，刘园激动地接过毕业证，领取了就业报到证。他马不停蹄地到学校所在地派出所办理好户口迁移证，在规定时间内到迁入地派出所办理好落户手续，并登录档案保管单位网站查询确认档案已接收。

点评　刘园主动与辅导员沟通，明晰就业程序，值得广大大学毕业生学习。大学毕业生可以通过就业指导课程、讲座、学校就业部门网站等了解相关知识，如有不清楚可以请教辅导员或学校就业工作相关部门的工作人员。

3. 就业报到证的报到期限

就业报到证的报到期限分为报到有效期和改派有效期两种情况。

◆ **报到有效期时间**。就业报到证的有效期一般是2年，即从毕业开始2年内有效，超过2年视为自动放弃并作废。但个别地方，3年内也可以报到，具体应查看当地政策。

◆ **改派有效期时间**。毕业生的改派应在毕业离校两年内进行，其中已就业的毕业生改派应在一年内进行，超过时间原则上不再办理。

大学毕业生要在报到期限内报到，也就是说，要在就业报到证规定的时间（一般是一个月）内到用人单位所在地（已就业）或生源地政府人事主管部门（未就业）报到。如果超过这个期限，大学毕业生可能会被用人单位追究违约责任，且生源地政府人事主管部门可能不提供相关服务，大学毕业生也无法参加事业单位及公务员招考。

🪂 实践与应用

1. 自己撰写一份求职信，要求字数在400~600字。

2.为自己撰写一份毕业鉴定，要求内容真实，又能突出自己的优点。

3.阅读下面的材料，说说初入职场的大学生应该如何积极地进行职业适应。

小周和小吴是一家事业单位的新入职员工。两人从同一所学校毕业，同时进入单位，且能力相当，但两个人的工作态度大不一样。

因为是事业单位，小周以为自己端上了"铁饭碗"，所以从进入单位开始，对待工作的态度就不是很积极。小周时不时地向同事宣称："在这样的单位，反正不会下岗，工作努力也不见得会有多大起色，还不如好好地享受生活。"小周的言辞过于极端，但因为是新人，同事们都对他采取包容的态度。可是，小周工作不积极，做事马虎，时间一长，其工作态度被领导看在了眼里。

领导希望小周有所改善，便单独找他谈话，不仅委婉地提出了批评意见，还从小周的自身情况出发，对他的职业生涯提出了一些建议。小周对此不以为意，在随后的工作中依然故我，工作成绩依旧不理想。

后来，见谈话没收到效果，领导也渐渐对小周失去了耐心，对他很是失望，谈话内容也由鼓励、鞭策，变为了严厉的训斥。可即便如此，小周仍然不加收敛。被训斥的次数多了，小周干脆自暴自弃，工作中错误百出。

小吴则与小周完全不同。小吴有清晰的职业目标，对待工作极为认真负责，与领导和同事相处得极为融洽。他每天准时到达单位，主动打扫、整理办公室；他为人谦虚好学，对工作上的事情不懂就问；他还积极上进，对于自己擅长的事情，毫无保留地为其他同事提供帮助。这些行为获得了领导和同事的交口称赞。可想而知，一段时间后，小吴在单位如鱼得水，很快便由一个新人变成了单位的得力干将，等待他的也会是一片美好的职场前景。

在年底的工作绩效考评中，小吴遥遥领先，小周则是垫底。虽然最终小周的考评结果勉强合格，但是如果这样继续下去，小周前途堪忧。虽然后来小周试图补救，开始认真工作，但是他的工作成绩还是不易得到认可，因为别人对他的印象已经形成，想要改变这种印象是很不容易的。

第九章
就业法律保障

09

随着高校扩招导致大学应届毕业生人数大幅增加，就业市场日趋饱和，大学生就业压力不断增大，在供需矛盾的影响下，五花八门的就业陷阱也就不断出现在就业市场中。部分大学生由于缺乏社会经验，往往会忽视对自身合法权益的保护，甚至默认和接受了就业过程中的不公平。这样的行为无疑是十分不妥的，大学生在就业时应明确自己的权益，增强保障自我就业权益的能力，以便在必要时拿起法律武器保护自己。

知识要点

◆ 大学生就业权利与义务

◆ 常见的大学生求职陷阱

◆《就业协议书》争议及解决办法

◆ 劳动合同争议及解决办法

引导案例　　就业陷阱需提防

某高校毕业生刘志远在求职初期满怀信心，觉得寻找一份服务行业的工作并不难，故迟迟未就业。随着时间的推移，周边同学的就业去向逐渐明朗，刘志远开始着急，情急之下海投简历，应聘成功后便快速办理了入职手续。

入职一个多月后，刘志远发现，之前面试时单位承诺的薪酬没有如实发放，加班是常态，甚至加班费也并未发放。在这样的情况下，刘志远渐渐萌生退意。在又一次强制加班后，刘志远决定辞职并提交离职申请，公司表示可以离职，但是要扣除半个多月的工资及津贴，并且还要求他缴纳工作期间的培训费。后经核实，首先虽然刘志远已工作一个多月，但劳动合同上还没有加盖单位公章；其次，劳动合同上的约定时间是两年，但试用期却是半年，不符合《劳动法》的相关规定；最后，实行标准工作制的企业根据实际需要安排劳动者在法定标准工作时间以外工作的，需要支付加班工资。据此，小刘和公司领导继续协商，但仍无进展，最后在相关部门的协调下，双方终于达成一致，刘志远也拿到了自己应得的工资。

点评　社会中有不少就业陷阱，大学生缺乏相关知识和社会经验，很容易落入其中。案例中的刘志远便是因为心情急迫，没有准确了解企业信息而上当，最后依靠有关部门的介入才挽回了损失。

第一节　大学生就业权益与自我保护

学校不同于社会，大学生从踏出学校大门的那一天起，就跨入了社会的大门。在就业市场中，大学生要想顺利就业，就必须在择业中明确自己所享有的权利，同时还要树立起自我保护意识，保护自己的权利不受侵害。

一、大学生就业权利与义务

大学生在就业方面的权利与义务都是有法可依的，这要求大学生正确行使自己的权利并履行相应的义务，做到依法就业。要实现依法就业，大学生首先要了解自己在就业上拥有哪些权利与应承担哪些义务。

（一）大学生就业的基本权利

大学生作为就业市场中的一个重要群体，在就业过程中除了享有普通劳动者所享有的劳动报酬权、休息休假权等一般权利外，还享有许多其他特殊权利，下面分别进行讲解。

1. 就业信息知情权

充分了解就业信息能提高大学生的就业成功率，越了解就业信息，大学生越能结合自身情况找到适合自身发展的职业和用人单位。就业信息知情权是指大学生拥有及时、全面获取应该公开的各种就业信息的权利。它具体包括3个方面的含义。

◆ **信息公开**。就业信息应向所有大学生公开，任何团体、组织和个人都不得隐瞒、截留就业信息。

◆ **信息及时**。就业信息有很强的时效性，所以应及时、有效地向大学生公布，以免失去使用价值，影响大学生就业。

◆ **信息全面**。就业信息应当全面、完整，以便大学生对用人单位有全面的了解，从而做出符合自身要求的选择。

2. 就业指导权

就业指导工作直接影响大学生的职业生涯规划、就业方向及求职择业等活动，它是大学生就业过程中非常关键的一步。

《高等教育法》第五十九条规定："高等学校应当为毕业生、结业生提供就业指导和服务。"由此可以看出，接受来自国家、社会和学校的就业指导与服务，是大学生的一项重要权利。由于学校在大学生就业指导中占据重要位置，所以各高校应成立专门机构，开设专门课程，安排专门人员对大学生提供全方位的就业指导与服务，其中包括宣传国家关于大学生就业的方针、政策，对大学生进行求职技巧指导，引导大学生根据实际情况择业。大学生通过接受就业指导，可以对自身进行准确定位，合理择业。

3. 被推荐权

学校在就业指导工作中的一个重要职责就是向用人单位推荐大学生。实践证明，学校推荐会在一定程度上影响用人单位对大学生的录用结果。大学生在被学校推荐的过程中享有如实推荐、公正推荐、择优推荐的权利。

◆ **如实推荐**。如实推荐指学校在对大学生进行推荐时应实事求是，根据大学生本人的实际情况向用人单位进行介绍，不能故意贬低或随意拔高大学生的在校表现。

◆ **公正推荐**。公正推荐指学校对大学生的推荐应做到公平、公正，应给每一位大学生平等的推荐机会，不能厚此薄彼。

◆ **择优推荐**。择优推荐指学校在公正、公开的基础上还应择优推荐，真正体现优生优待，人尽其才。这样才能调动广大大学生的就业积极性。

4. 就业选择自主权

根据国家有关规定，高校毕业生可以在国家就业方针、政策指导下"双向选择、自主择业"，即大学生可以根据自己的兴趣、爱好和能力选择自己喜欢和擅长的职业，同时大学生还有权决定自己何时就业、何地就业等。家长、学校和用人单位可以为初出校门、缺乏工作经验的大学生提供建议和引导，但不能强迫或限制他们就业。

5. 平等就业权

大学生在就业过程中享有平等的就业权利。所谓平等，即大学生有公平的机会去竞争工作岗位，要反对就业中的各种歧视行为。目前，社会上仍存在一些就业歧视，如性别歧视、学历歧视、地域歧视、身体条件歧视和经验歧视等。

6. 违约及补偿权

用人单位、学校、毕业生三方签订《就业协议书》后，任何一方不得擅自毁约。任何一方无故解约的，都必须承担相应的违约责任。总体来说，违约一般有如下两种情况。

◆ **用人单位违约**。用人单位由于单位改制、经营不善等原因，有可能主动向毕业生提出解除协议，而此时毕业生有权要求用人单位严格履行就业协议，否则用人单位将承担违约责任，需向毕业生支付违约金作为补偿。

◆ **毕业生违约**。在实际的就业过程中，毕业生为谋求更好的就业机会等原因，向用人单位主动提出解除协议的情况较多，这时毕业生应承担违约责任。

（二）大学生就业的基本义务

享有权利的同时需要承担相应的义务，大学生就业也是如此。大学生就业的基本义务主要包括回报国家、服务社会的义务，向用人单位如实介绍个人情况的义务，配合学校完成毕业交接的义务，严格遵守和履行就业协议的义务，按规定期限到工作单位报到的义务，依照职责完成工作任务的义务，保守商业机密的义务等。

1. 回报国家、服务社会的义务

《宪法》第四十二条规定："中华人民共和国公民有劳动的权利和义务。"对大学生而言，大学生既有自主择业的权利，也有满足国家需要的义务。大学生应从大局出发，认真执行国家的方针、政策，根据需要为国家、社会服务。

按照"得之于社会、还之于社会、报之于社会"的原则，大学生应积极地、有责任地约束自己的职业行为，发挥自己的专业优势来回报国家、服务社会，履行自己的义务。

2. 向用人单位如实介绍个人情况的义务

大学生在求职择业的过程中应如实向用人单位介绍自己的情况，这既是基本的职业道德，也是大学生应尽的义务。

大学生在填写就业推荐表、自荐信，与用人单位洽谈、介绍自己时，必须实事求是，不得弄虚作假，对于自己的缺点不能回避，有过失也不可隐瞒，应该与用人单位坦诚相见。大学生只有如实介绍自己的情况，才能让用人单位觉得可信、可靠，从而获得用人单位的信任。

如果大学生提供虚假信息，不仅会耽误用人单位录取优秀人才，也会失去用人单位的信任，甚至会有发生争议的风险。

3. 配合学校完成毕业交接的义务

大学生在离校前，学校要根据《普通高等学校学生管理规定》《高等学校学生行为准则》等规定的要求，结合大学生在校期间各方面的基本情况，实事求是地做出鉴定。大学生应该认真总结，并积极配合学校做好毕业交接，切实履行好此项义务。

4. 严格遵守和履行就业协议的义务

大学生与用人单位通过双向选择签订就业协议后，应严格遵守和履行就业协议，保证协议顺利履行。表里如一、言行一致是做人的基本准则，也是大学生应尽的义务。

就业协议一经签订就不能随便违约，一旦违约，不仅会影响学校正常的就业秩序，而且会损害用人单位、学校及其他同学等多方面的利益。因此，大学生应该慎重签约，严格履约。

5. 按规定期限到用人单位报到的义务

大学生办理完离校手续后，应按规定期限到用人单位报到。未到用人单位报到的大学生，学校不再负责其就业问题。

6. 依照职责完成工作任务的义务

大学生是受过高等教育的人才，用人单位会对其寄予厚望，并赋予其重要的职责。因此，大学生有义务遵守劳动纪律，积极努力地将自己的知识和才能充分展示出来，切实履行工作职责，认真完成所承担的工作任务，为单位的发展做出自己应有的贡献。

7. 保守商业机密的义务

一些用人单位在录用大学生之前，为了全方位了解大学生的情况，会安排大学生到单位实习。实习期间，大学生要严格遵守单位的规章制度，尤其是对于一些商业机密，更要严加保守，以防止发生侵权行为。

> **案例**
>
> ## 不靠谱的就业"双保险"
>
> 　　李琳琳是某专科学院的应届毕业生，像其他很多高校一样，她所在的学校在每年5月都会举办校园双选会。李琳琳虽然一心想当一名公务员，也参加了国家公务员考试，但国家公务员考试的录取率很低，且笔试结果要在第二年才公布。于是在室友的建议下，为了上个"双保险"，李琳琳参加了校园双选会，并成功与一家公司签订了《就业协议书》。第二年5月，国家公务员录取结果公布，李琳琳如愿以偿考上了公务员，于是她决定与原先签订了《就业协议书》的公司解除协议。但是该公司要求李琳琳按照《就业协议书》的约定，缴纳3000元的违约金。李琳琳一下就蒙了。
>
> 　　**点评**　《民法典》第五百七十七条规定："当事人一方不履行合同义务或者履行合同义务不符合约定的，应当承担继续履行、采取补救措施或者赔偿损失等违约责任。"案例中的主人公李琳琳盲目地与公司签订了《就业协议书》，单方面要求提前解除协议时就需要按约定承担责任。为避免这种情况，大学生可以在《就业协议书》中与用人单位约定"乙方在毕业离校前升学、入伍、被录用为国家公务员或参加国家及地方志愿服务项目，经书面告知对方后，本协议解除"。这样在考上公务员后，双方即可正常解约。

二、大学生就业权益的自我保护

　　大学生在就业的过程中必须掌握相应的自我保护措施，从而保护自身的合理权益不被侵害。

（一）自觉遵守就业规范

　　在就业过程中，大学生应遵循就业规范和相应的规则。据相关规定，当大学生有下列情形之一时，学校不再负责为其提供就业服务。

- ◆ 不顾用人单位需要，坚持个人无理要求，经多方教育仍拒不改正的。
- ◆ 已签订《就业协议书》，无正当理由超过3个月不去就业单位报到的。
- ◆ 去就业单位报到后，因不服从安排或提出无理要求被用人单位退回的。

（二）了解政策和法规

　　了解目前国家关于大学生就业的相关方针、政策和规范以及它们之间的关系，熟悉大学生在就业过程中的权利和义务，是大学生进行自我保护的前提。只有这样，大学生才能发现自己在就业过程中可能遭遇的不正当行为，从而依据法规办事，维护自己的合法权益。

（三）增强防备意识

　　大学生在就业求职过程中应本着诚实、守信、平等的原则，以自身的真正实力参与竞争。同时，大学生要有风险意识，对于一些用人单位使用虚假广告、虚假待遇等欺骗手段进行招聘的做法，要有防备意识，防止侵害自身合法权益的行为发生。

（四）维护自身合法权益

在就业过程中，有的大学生可能会遇到一些不公平对待，自身的正当权益可能会因此受损。此时，大学生要敢于拿起法律武器据理力争，使自己处在与用人单位平等的地位，这样自己的合法权益才能得到保障。在实际维护自身合法权益的过程中，大学生除了依靠个人的力量之外，还可以通过学校、国家行政机关、新闻媒体和法律援助等途径来维护自己的合法权益。

第二节　求职陷阱识别与防范

一些不法分子利用部分大学生防范意识薄弱的心理，诱骗大学生，导致其陷入求职陷阱。招聘市场中的各类陷阱对刚步入社会的大学生来说是个不小的考验。因此，识别和防范各种求职陷阱，不上当受骗，对于大学生来说至关重要。

一、常见的大学生求职陷阱

大学生求职陷阱是指在就业过程中，用人单位利用大学生处于弱势地位的情况，如社会经验不足、自我保护意识差、就业竞争激烈等，以提供就业机会为诱因，以发布虚假、夸大或模糊的招聘信息为手段，以牟利或者其他意图为目的，违反大学生个人意愿，使其额外支付财物或诱骗其做出违背法律道德的行为，或者与大学生达成权利与义务不对等的各类就业意向或协议，以侵害大学生合法权益的现象。

尽管大学生面对的求职陷阱形形色色、形态各异，但其目的都是骗取大学生的钱财或者让大学生免费劳动。常见的大学生求职陷阱有以下几种类型。

（一）就业渠道陷阱

就业渠道陷阱是指用人单位通过各种就业渠道发布不实的招聘信息，利用高薪、高职位等具有诱惑性的条件吸引大学生的求职陷阱。常见的就业渠道陷阱通常出现在一些非主流的就业渠道中，如非主流招聘网站、QQ信息、微信和微博等。这些就业渠道对于发布招聘信息的用人单位或个人管控不严，也不经常核实信息的真实性，用人单位往往利用这一点在这些就业渠道上发布对大学生具有很大诱惑力的招聘信息，吸引大学生的注意。

（二）工资待遇陷阱

顾名思义，工资待遇陷阱是指用人单位在工资待遇上欺骗求职者的求职陷阱，通常分为以下两种情况。

◆ 用人单位往往对大学生许以高薪，但是不签订任何书面合同或就业协议，等到大学生领取工资时，不是少给就是推脱，有的甚至以公司倒闭为由不发给大学生工资。

◆ 有些用人单位只许给大学生一个很高的工资总额和无据可查的升职加薪计划，而实际上这个工资总额包含保险金、养老金、失业金等各种项目，扣除相关项目后实际到手的工资少得可怜。而且，升职加薪的最终解释权通常掌握在用人单位手里，可能和招聘时展示给大学生的升职加薪计划完全不同。

案例 培训有套路

　　何青和几个同学在网上投递简历后很快接到了一家公司的面试通知，并在面试通过后办理了入职手续。

　　工作两周后领导找到何青等人，表示她们的表现不错，公司将重点培养，从而需要派几人参加专业培训，并要求她们交纳相关资料费、培训费，并上交毕业证等重要证件作为报名材料。

　　畅想自己完成培训后就能升职加薪，何青等人满怀期待地交纳了所需费用及证件，但所谓的培训迟迟没有安排，满怀疑惑的何青找到领导，领导以"再考察考察"等理由进行推脱。继续等待两周后何青再次找到领导询问，得到的回答却是她们的工作能力和态度不行，试用期考核未通过。

　　而当何青等人提出退回培训费和证件，发放应得工资并离职的申请时，领导却狡辩"在公司一个多月的前辈指导就算培训了"。且几人的证件还在公司，领导威胁几人，要么拿着证件及试用期工资走人，要么证件和工资都别想要。无奈之下，何青等人只能选择通过法律途径追回自己的培训费、重要证件及应得的试用期工资。

　　点评　有的企业或中介公司要求求职者先交纳报名费、登记费、资料费、培训费、押金等费用，随后却收钱不办事，或者直接找各种理由辞退员工，这就是求职陷阱中典型的工资待遇陷阱。此外，用人单位招录人员时，不得扣押被录用人员的居民身份证和其他证件，也不得以担保或其他名义向被录用人员收取财物。大学生应在求职时对用人单位仔细甄别，提高警惕，保护自身的合法权益。

（三）单位资质陷阱

　　单位资质陷阱是指用人单位伪造自己的工作条件和工作环境，欺骗大学生，从而获得低廉或免费劳动力形式的求职陷阱。一些用人单位在招聘时通常把不是自己的资质、荣誉、业绩等都添加到自己头上，给自己的单位人为地披上一件光鲜的外衣，直接展示给大学生，让部分欠缺社会经验的大学生觉得这个单位不错，有实力，将来一定能够有所发展，从而来该单位应聘；等醒悟过来时，他们已经为其付出了大量的免费劳动。

（四）传销和工作中介陷阱

　　很多大学生在求职过程中总有一些人很主动热情地给其介绍好工作，而这些热情的背后可能隐藏着无法预知的危机。例如，传销这种求职陷阱，介绍人总是在大学生面前展示成功者的姿态，向大学生吹嘘自己工资高、工作轻松、生活自由、工作发展空间很大，往往使缺乏社会经验的大学生上当受骗。

另外，一些中介和用人单位通过设置一些根本不存在的岗位吸引大学生求职者应聘，这些岗位通常对求职者的要求低，但报酬丰厚，能吸引一定数量的大学生求职者。一旦有大学生应聘该岗位，不仅要在中介公司支付介绍费，被"录用"时还要交纳诸如信息费、报名费、登记费、资料费、推荐费或注册费等名目繁多的费用。而当用人单位和中介公司收到这些费用后，就会找出各种理由将大学生"辞退"。

有些工作中介在报纸上刊登招聘信息的目的不在于招聘人才，而是为了获取求职者的个人资料，然后假冒他人身份牟利，或者依靠贩卖个人信息牟利。这也是工作中介陷阱中一种常见的类型，需要大学生求职者注意。

（五）试用期陷阱

试用期陷阱也是初出校门的大学生可能会遇到的求职陷阱之一，主要有以下几种形式。

◆ **只试用不录用**。大学生试用期满时，用人单位随意找个理由将其辞退。

◆ **试用期不签订劳动合同，考核合格后才签订劳动合同**。法律规定，劳动合同必须在劳动者开始工作时签订，劳动合同中可以约定试用期。因此，大学生被用人单位录用后就应该签订劳动合同，然后再约定试用期。

◆ **随意延长试用期**。《劳动合同法》对试用期限有明确规定，试用期的时间与劳动合同签订的就业服务年限有关，用人单位不能随意延长试用期。

◆ **混淆试用期与实习期、见习期的概念**。实习期是在校大学生到用人单位进行实践活动的时间，属于教学过程；见习期是对应届毕业生到用人单位进行业务适应及考核的一种人事制度；试用期是《劳动法》规定的员工尝试工作的时间。

（六）地点陷阱

很多大的用人单位在全国各地都有分部，而参加招聘会的往往是总部的人力资源部门。因此，大学生在应聘时就容易产生错觉，误以为工作地点在总部所在的大城市。有些用人单位在面试时故意不予以说明，结果大学生上岗后发现被分到其他地方，这就是大学生求职过程中容易碰到的地点陷阱。

（七）智力陷阱

智力陷阱指以招聘为名，无偿占有大学生的广告设计、策划方案等创意，甚至知识产权等无形资产的求职陷阱。例如，某些用人单位按程序对前来应聘的大学生进行面试，再进行笔试，在面试、笔试时故意把本单位遇到的问题以考试题目的形式展示给大学生，要求前来应聘的大学生作答；待大学生利用自己的专业优势完成题目后，用人单位再找出各种理由淘汰大学生，结果无一人被录用。此时，用人单位就理所当然地将大学生的劳动果实据为己有，使大学生陷入智力陷阱。

（八）变相直销陷阱

直销是指直销企业招募直销员，由直销员在固定营业场所之外直接向最终消费者推销商品的经销方式。我国在直销方面有相应法规，并对正规的公司发放直销牌照。一些传销组织将传销伪装成直销，设置变相直销陷阱来欺骗消费者。需要注意的是，直销和传销是有区别的，如表9-1所示。

表9-1 直销和传销的区别

	概念定义	行为特征	人员管理	商品退换
直销	直销企业招募直销员，由直销员在固定营业场所之外直接向最终消费者推销商品	直销是合法的经营行为，"单层次"为其主要特征	直销员无须交纳费用或购买商品，接受业务培训和考试也无须支付任何费用。自签订推销合同之日起60日内可以随时解除推销合同	直销商品30日内未开封，可凭发票或售货凭证办理换货和退货
传销	组织者或经营者发展人员，以发展人数或销售业绩为依据计酬，或要求被发展人员交纳费用以取得加入资格等方式非法牟利	传销是非法经营行为，"拉人头""入门费""多层次""团队计酬"为其主要特征	参与者通常要交纳入会费用或以认购商品等方式变相交纳费用，通过不断发展人员加入，形成上下层级网络，并从直接或间接发展的下线交纳的费用中提取报酬	传销活动中所谓的"商品"或交纳的"入门费"通常不予退还

大学生在求职和就业过程中一定要避免变相直销陷阱。

1. 野蛮推销

直销通常希望通过人员的积累，形成一个商品流通网络，从该网络中自己的节点流通出去的商品就会给自己带来收入。也就是说，直销员的收入取决于自己的商品流通网络规模的大小，商品只不过是让自己的人际网络产生收入的一个载体。

而人际网络的形成需要一个积累的过程，因此，有的大学生会为了利益努力推销商品，希望通过只有少数人的网络实现数量较大的营业额。大学生如果不顾朋友、亲戚、邻居或其他熟人的感受，野蛮推销，不仅会有损自己的人际资源，还会让亲朋好友"敬而远之"，最终破坏这个商品流通网络。

2. 自己大量购买商品

在直销过程中，一旦无法形成商品流通网络，商品卖不出去，直销员通常需要先购买商品放到自己的家里。这样，商品都卖到了直销员的手里。也就是说，大学生一旦陷入这种变相直销陷阱，就需要不断花钱购买自己不需要的商品，最后花光自己的钱，囤积一堆商品。

3. 免费培训

变相直销最大的陷阱其实是免费培训，这类培训通常不是技术培训或者销售培训，而是所谓的关于如何实现自己的梦想，让直销员对自己的未来充满希望的培训。这类培训会告诉直销员，要想成功就要抛弃自己原有的思维方式，要做到"服从"，其目的是让直销员野蛮地推销商品或自己大量囤货。

（九）培训陷阱

社会上有关职业培训的广告很多，其中混杂着不少假培训。有关教育行业的不少投诉都和这类培训有关。如何才能够保障自己的权益，不再上当受骗，是大学生选择职业培训时需要思考和注意的问题。大学生应注意以下几点。

◆ 选择培训机构时事先要对该机构的资质做评估，可以从口碑、规模、教学质量等方面进行参考。

◆ 提出试听课程，看课程是否适合自己，课程各方面是否与描述的一致，勿轻信广告。

◆ 根据自己的实际学习能力、课程时间长度、课程量等选择适合的课程（可以咨询专业人员）。

◆ 对教师资质、教材质量等进行分析。

◆ 选择合适自己的教学模式。

◆ 量力而行，价位高的未必就适合自己。

◆ 切勿盲目跟风，先确定发展方向，做好自己的职业生涯规划，再选择具体课程。

◆ 培训前应该签订相关合同，作为对双方的约束，做到有据可查，不吃哑巴亏。

案例   **求职教育要当心**

毕业于某高校的王仟仟的职业目标是就业于大型龙头企业，但考虑到自己不高的学历和较少的实习经历，她一直很焦虑。求职时，网络上一搜一大把的"一对一职前培训""付费实习"的广告吸引了她的注意。随后，只有一次实习经历、还没找到理想工作的王仟仟与上海一家留学生职业教育平台签下了"名企职达计划"合同，学费4.2万元。

几个月后，王仟仟发现平台提供的服务很不靠谱，根本不值数万元的价格。她发现他们发来的各大用人单位的网申链接，且都是公开信息。于是她开始自己找工作并顺利被报考的某银行录取，打算与平台终止合同，可想拿到退款却阻碍重重。对方先是说合同没到期，后来又以她没有配合该平台的辅导步骤为理由，一直拖延。律师告诉她，平台提供的很多服务都无法量化，很难通过法律途径拿到退款。

点评 在求职时，大学生往往注意甄别用人单位信息及口碑，却忽视了求职过程中的种种陷阱，这其实是因为大学生没有端正就业心态。本案例中的王仟仟急切地想要入职龙头企业，于是被无良职业教育平台利用，最终上当受骗。因此，大学生应当端正就业心态，谨防上当受骗。

（十）虚假年薪

现在的招聘广告中，有很多用人单位会使用"年薪"一词，但用人单位和求职者对其的理解各不相同。求职者认为，年薪就是12个月的工资相加，是将年薪分成12份，最多分成13份（包括年终双薪）按月发放。但一些用人单位对年薪的理解是，求职者一年最终能够拿到手的最多的报酬，同时，求职者要想拿到年薪必须先完成相应的考核。

用人单位对年薪的理解对于求职者而言就是一种陷阱。有的求职者被用人单位提出的"年薪××万元"的说法所迷惑，最终踏入陷阱。虚假年薪的主要表现形式有以下两种，大学生在求职过程中要注意提防。

◆ **试用期藏猫腻**。一个月的工资应为年薪的1/12，至少不能相差太大。然而有些大学生在刚开始工作时，用人单位为其定的工资低得令人咋舌。对此，用人单位解释，3个月试用期满、考核转正后，工资即翻番。可等大学生好不容易等到试用期满，用人单位却下发一纸通知，称其考核不过关，让其"卷铺盖走人"。

◆ **中途借故辞退**。年薪制的关键在一个"年"字上，而一些用人单位惯用的伎俩就是在年终前一两个月巧立名目突击裁人，让员工有苦难言。

大学生在求职过程中要对薪资进行具体的了解，如需要问清楚请假如何扣薪、公司每月能否固定准时发放足额工资、试用期工资具体为多少等问题，不要被广告中的"高年薪"所迷惑。

（十一）试用期的无效合同

有的用人单位与被聘用人员订立的所谓"试用期合同"应属无效合同，因为有关法律不承认"试用期合同"。这种无效合同的责任主要由用人单位承担，而损失往往是由被聘用人员承担。有些用人单位靠试用期的无效合同来降低用工成本，当试用期快结束的时候，用人单位就会以被聘用人员试用不合格为由不予转正。

《劳动合同法》中的规定有效地规避了这种现象。员工入职用人单位时应该立即签订劳动合同，试用期应包括在合同期内，不得单独订立所谓的"试用期合同"。无效合同或无效条款虽属于无效民事行为，但这种无效行为也可能给被聘用人员带来损失。因此，由于用人单位订立无效合同或无效条款，并给员工造成损失的，用人单位要赔偿员工的损失。当用人单位有意以"签订试用期合同"为幌子造成无效合同或无效条款时，员工要坚决维护自己的合法权益。

针对某些用人单位先"试用"劳动者，然后再以劳动者不符合劳动条件为由任意辞退劳动者的情况，《劳动合同法》明确规定："试用期包含在劳动合同期限内。劳动合同仅约定试用期的，试用期不成立，该期限为劳动合同期限。"据此，大学生不但可以要求用人单位按规定解除自己的合同，且即使合同被解除，大学生也有权要求对方赔偿自己的损失，并要求用人单位按规定向自己支付经济补偿。

课堂活动　　　　　　　　　　**求职陷阱分享**

求职陷阱随时都在更新，如果大学生对其没有足够的认识，就难以防范。你是否了解求职陷阱？你经历过或听说过哪些求职陷阱？试向同学分享相关的故事。

整理全班同学分享的故事，同时，你还可以向老师、高年级学长等人咨询，建立一个求职陷阱库。在之后的学习生活中，你可以不断更新求职陷阱库中的内容。

二、求职陷阱防范意识和防范能力

求职陷阱层出不穷，想要有效防范，大学生在认识和了解求职陷阱的同时，还需要增强自我防范意识和防范能力。

（一）求职陷阱防范意识的培养

在充分识别求职陷阱的基础上，大学生首先需要培养防范意识，只有大学生提高自己的警惕性，才能在求职过程中避免陷入求职陷阱。

1.端正就业心态

端正就业心态对于大学生增强求职陷阱防范意识有非常重要的作用，主要包括以下3个方面的内容。

◆ 大学生应该努力学习自己的专业技术知识，积极参加各种社会实践活动，为毕业后进入社会储备优秀且实用的各种就业能力，为就业打下良好的能力基础。

◆ 大学生应该正确认识自我，了解自己的真实水平，以免被不法分子以不实之词、夸大之词或甜言蜜语所迷惑，使自己面对社会中的各种诱惑时能够保持清醒的头脑。

◆ 大学生应该坚定努力奋斗、自立自强的人生目标，进入社会后不要随便相信"高工资、高待遇、福利好、挣钱快"等天上掉馅饼的情况，要通过自己的辛勤工作和努力上进来获得职业生涯的成功。

2.不断增强法律意识

大学生培养求职陷阱防范意识的同时，还需要不断增强自己的法律意识，增强在求职过程中对求职陷阱的辨识能力。大学生增强法律意识的主要方式是了解和学习与自身就业相关的《劳动法》《劳动合同法》等法律，增强自己的法律观念和维权意识。大学生一旦在求职过程中遇到个人权利受到侵害的情况，要敢于拿起法律武器来维护自身利益，不给违法分子以可乘之机。

（二）求职陷阱防范能力的增强

在防范求职陷阱的过程中，大学生除了要保持一种平和、阳光的心态，更要时刻保持高度的警惕性，提升自己的实践能力和防范能力，为进入社会做好准备。大学生增强求职陷阱防范能力主要可以从以下几个方面入手。

1.核实就业信息

各大高校官方网站或就业指导部门发布的就业信息都是经过严格核实的，基本确保了就业信息的真实性、准确性和安全性。如果大学生通过其他渠道获得了就业信息，就一定要想方设法通过各种途径进行核实，然后再决定是否相信。

2.时刻保持警惕

在求职过程中，大学生一定要保持高度的警惕性，擦亮眼睛识别各种求职陷阱。特别是在面试前后，大学生对于用人单位的情况最好详细了解。

大学生最好在面试前通过电话、网络等渠道与用人单位进行简单的沟通，摸清对方的底细及招聘岗位的虚实，淘汰掉一些不靠谱的用人单位，尽可能规避求职陷阱。下面就是一些面试前大学生时刻保持警惕，防范求职陷阱的做法。

◆ 前往面试的第一天或入职前训练的前几天，大学生要留意该用人单位是否隐瞒工作性质及业务性质。

◆ 面试地点太过偏僻、隐秘或是要求转换面试地点、要求夜间面试时，大学生应加倍小心。

◆ 面试前后随时与学校辅导员、同学、家长保持联系，并告知他们面试地址及自己的号码。

◆ 大学生可以向用人单位咨询一些具体问题。例如，应聘岗位主要的工作内容是什么？部门组织架构、分工是怎样的？通过用人单位的回答来判断招聘的真实性。用人单位回答得越具体、越详细，通常越靠谱；反之，如果用人单位支支吾吾、避重就轻，掩盖一些问题，大学生就需要提高警惕。

◆ 大学生最好在面试前与用人单位确认岗位薪酬，需要重点确认的还有应聘岗位的薪酬是否稳定，是否因提成而上下波动等。

◆ 大学生可以通过百度、天眼查、企查查等网站查询企业的运营状况、有无纠纷、近年口碑、其他情况等。

面试时，大学生可以通过实地观察，留意用人单位的规模大小、工作氛围等情况，也可以与前台或行政人员交谈，从而了解用人单位的实际情况，看看是否存在求职陷阱。此外，为了防范求职陷阱，大学生在面试时还需要注意以下几个方面。

◆ 面试时，如果面试人员所提工作内容空泛、不具体，大学生要注意不被夸大的言辞所迷惑。面试时，如果大学生感觉不安全或不正常，要以某种借口迅速离开该用人单位，及时拒绝不合理的邀约及要求。

◆ 面试过程中，大学生如果遇到用人单位要求交保证金或其他培训费用（如报名费、训练费等）的情况，一定要慎重，千万不要为了保住工作而盲目交费。

◆ 面试最好有同学或朋友陪同前往，并备有适当的防范器物。如果无法结伴而行，大学生至少要将自己的面试时间和地点告知辅导员、同学或家人。

◆ 若用人单位要求提供亲友名单、身份证号码（或身份证复印件），则可能有诈财之患，大学生要注意规避风险。

3. 谨慎行事

在找到合适的用人单位且双方达成就业意向后，大学生需要与用人单位签订《就业协议书》。《就业协议书》的签订在形式上宣告了就业工作尘埃落定。

但近来，《就业协议书》引发的纠纷屡有发生。有的大学生正式到用人单位报到后，单位却擅自降低劳动报酬，变更双方约定好的工作岗位；更有甚者以"试用期"（或见习期）为由不签订劳动合同，使得大学生长期处于"试用期"状态。所以，大学生在签订《就业协议书》前一定要反复斟酌，三思而后行，面试后认真核查企业相关信息的真实性。大学生可以通过以下几个途径进行核查。

◆ 上网或通过其他途径查看用人单位（特别是企业单位、公司）登载的营业项目、刊登的项目、面试现场所见的真实情况，三者是否相符。

◆ 登录有关部门的网站查看或与亲友交谈，看看该用人单位的具体情况。

◆ 问问自己，面试的职务内容是否与自己的目标相符，并且所获得的待遇是否合乎自己的期望。

◆ 面试当天或初进用人单位的数天内，是否被要求付给该用人单位一笔钱；若有，则大学生要特别注意。

第三节　《就业协议书》

大学毕业生是一个特殊的社会群体，我国政府十分重视保护毕业生的就业权益，要求毕业生与用人单位签订《就业协议书》正是为了保护其合法权益。毕业生在办理就业手续时，需要签订《就业协议书》。事实上，《就业协议书》是重要的法律文件，对于保护毕业生就业权益具有重要意义。

一、《就业协议书》的作用和法律性质

《就业协议书》即前文所述的《全国普通高等学校毕业生就业协议书》。其签订、补发、解除等事宜都已全面介绍，这里主要讲解其作用和法律性质。

（一）《就业协议书》的作用

《就业协议书》是为了明确毕业生、用人单位、学校三方在毕业生就业工作中的权利和义务，经协商签订的协议。在相当长的一段时间里，毕业生就业手续需要通过《就业协议书》来办理。

◆ 学校是凭《就业协议书》来派遣毕业生的。学校依据《就业协议书》的内容开出毕业生就业报到证和户口迁移证，同时转移学生档案。学校一般会要求毕业生在规定的日期（如每年6月底）上交《就业协议书》，再以《就业协议书》为依据对毕业生进行派遣。如果超过这一时限，学校会把毕业生的组织关系和档案一并派回原籍。

◆ 毕业生一旦签订了《就业协议书》，则说明该用人单位决定接收你的档案，准备正式录用你。

（二）《就业协议书》的法律性质

《就业协议书》具有合同的某些法律属性，但它与劳动合同又有明显的不同。

1.《就业协议书》的法律属性

《民法典》规定："民事主体在民事活动中的法律地位一律平等。""民事主体从事民事活动，应当遵循自愿原则，按照自己的意思设立、变更、终止民事法律关系。""合同是民事主体之间设立、变更、终止民事法律关系的协议。"

《就业协议书》具有合同的属性，签订《就业协议书》的主体是毕业生（自然人）和用人单位（法人、其他组织），他们在签订就业协议时的法律地位是平等的；《就业协议书》涉及双方意见的协商，任何一方都不能将自己的意志强加给另一方；《就业协议书》所涉及的权利义务均属于我国民事法律管辖的范围。

2.《就业协议书》不能取代劳动合同

《就业协议书》虽然具有劳动合同的部分属性，却不能等同于劳动合同，更不能取代劳动合同。《就业协议书》只是一份协议，很多劳动合同应有的内容并没有包含在内，如工作岗位、工作条件、薪酬待遇等。因此，仅凭《就业协议书》，毕业生就业后的劳动权利无法得到合理保障。

综合来看，《就业协议书》是毕业生与用人单位确立劳动关系的前提，劳动合同是劳动者与用人单位确立劳动关系、明确双方权利和义务的重要法律依据。对于毕业生来说，两者相依相存，并不矛盾，它们一起构成了一道强大的毕业生就业保护网。

二、《就业协议书》争议及解决办法

《就业协议书》是毕业生在就业过程中最常用到的材料之一，一经签订即生效，在毕业生到用人单位报到、被用人单位正式接收后自行终止，有效时间较短。关于《就业协议书》的争议，主要表现为毕业生先与一家用人单位签订了《就业协议书》，但后来发现了更适合自己的单位，想解除与原单位的就业协议，从而引起争议。

国家还没有颁布明确的关于解决《就业协议书》争议的法律规定，但在实践中解决《就业协议书》争议的主要办法有以下3种。

◆ **毕业生与用人单位协商解决**。这种办法适用于因毕业生引起的就业协议争议，毕业生可出面向用人单位赔礼道歉并说明情况，得到用人单位的理解，必要时支付违约金，经双方协商解决争议。

◆ **学校或当地毕业生就业主管部门与用人单位协调解决**。这种办法大多适用于因用人单位引起的就业协议争议，由学校或当地毕业生就业主管部门介入，针对纠纷予以调解，使双方达成和解。

◆ **通过诉讼方式解决**。协商调解不成的，双方可按照合同纠纷向人民法院起诉，由人民法院依法裁决。

第四节　劳动合同

劳动合同是另一份对大学生来说非常重要的法律文件。大学生要想在就业过程中保障自己的就业权益，就需要与用人单位建立有保障的劳动关系。这种劳动关系本质上是一种合同契约关系，而这种合同契约关系主要是靠与用人单位签订的劳动合同来调整和规范的，所以劳动合同是确立劳动关系的法律依据。没有劳动合同，大学生开展相关维权行动将会很困难。

一、劳动合同概述

劳动合同是劳动者与用人单位确立劳动关系、明确双方权利和义务的协议。所有劳动合同都必须依据《劳动合同法》制订，而不能依据用人单位的单方面意愿来制订。劳动合同应当由用人单位与劳动者协商一致，劳动合同文本由用人单位提供，双方当事人在劳动合同文本上签字或者盖章后，该劳动合同即生效。

《劳动合同法》

（一）劳动合同的特点

劳动合同既具有合同的一般特征和相应的法律约束力，同时作为一种特殊的合同类型，又具有自己的特色。其特点主要包括以下几点。

◆ **主体资格合法**。劳动者必须是年满16周岁、具备劳动权利能力和劳动行为能力的公民。未满16周岁的未成年人不能作为主体与用人单位签订劳动合同。用人单位须经主管部门批准依法从事生产经营和其他相应的业务，享有法律赋予的用人资格或能力。

◆ **合同内容合法**。合同内容合法主要指劳动合同的内容不得违反法律、行政法规的强制性规定。例如，《劳动法》第二十一条明确规定："劳动合同可以约定试用期。试用期最长不得超过六个月。"若某劳动者与用人单位签订的劳动合同约定的试用期为10个月，则违背了上述"试用期最长不得超过六个月"的法律规定，该劳动合同无效。

◆ **当事人意思表示真实**。《劳动法》第十八条第二项规定，采取欺诈、威胁等手段订立的劳动合同无效。因为其违背了当事人的真实意愿。另外，如果有证据证明当事人对合同内容有重大误解，这样的劳动合同也无效。

◆ **合同订立的形式合法**。《劳动法》第十九条明确规定"劳动合同应当以书面形式订立"，其他以口头、录音、录像等形式订立的劳动合同均无效。

（二）劳动合同的基本内容

根据《劳动合同法》的规定，劳动合同的内容主要由法定条款和约定条款两类构成。

1. 法定条款

法定条款即法律规定劳动合同必须具备的条款，只有具备了这些条款的劳动合同才能依法生效。

劳动合同模板

◆ 用人单位的名称、住所和法定代表人或主要负责人。

◆ 劳动者的姓名、住址和居民身份证或其他有效身份证件。

◆ 劳动合同期限。

◆ 工作内容和工作地点。

◆ 工作时间和休息休假。

◆ 劳动报酬。

◆ 社会保险。

◆ 劳动保护、劳动条件和职业危害防护。

◆ 法律、法规规定应纳入劳动合同的其他事项。

2．约定条款

约定条款即劳动关系当事人或其代表约定劳动合同必须具备的条款。约定条款是法定条款的必要补充，在一定程度上对劳动合同可否依法生效具有决定性作用。

劳动合同除法定条款外，用人单位与劳动者还可以协商约定其他内容。约定的其他内容通常有试用期条款、保密条款和禁止同业竞争条款等。但是，约定条款不能违反国家的法律法规，不能危害国家、组织或个人的利益。

（三）电子劳动合同

随着信息化的发展，当前部分用人单位淘汰了纸质劳动合同，转而与劳动者签署电子劳动合同。电子劳动合同是指用人单位与劳动者按照《劳动合同法》《民法典》《电子签名法》等法律法规，经协商一致，以可视为书面形式的数据电文为载体，使用可靠的电子签名订立的劳动合同。对于电子劳动合同，大学生主要需要了解以下几点。

◆ 电子劳动合同与普通劳动合同具有同等的法律效力，且用人单位要提示劳动者及时下载和保存电子劳动合同文本，告知劳动者查看、下载电子劳动合同的方法，并提供必要的指导和帮助。

◆ 用人单位要确保劳动者可以使用常用设备随时查看、下载、打印电子劳动合同的完整内容，并且不得向劳动者收取费用。

◆ 劳动者需要电子劳动合同纸质文本的，用人单位应至少免费提供一份，并通过盖章等方式证明其与数据电文原件一致。

◆ 电子劳动合同的储存期限要符合《劳动合同法》关于劳动合同保存期限的规定。

◆ 我国政府鼓励用人单位和劳动者优先选用人力资源和社会保障部门等政府部门建设的电子劳动合同订立平台（以下简称"政府平台"）签订电子劳动合同。

◆ 用人单位和劳动者未通过政府平台订立电子劳动合同的，要按照当地人力资源和社会保障部门公布的数据格式和标准，提交满足电子政务要求的电子劳动合同数据，便捷办理就业创业、劳动用工备案、社会保险、人事人才、职业培训等业务。

◆ 若采用非政府平台的电子劳动合同订立平台，该平台要支持用人单位和劳动者及时提交相关数据。

◆ 电子劳动合同订立平台要留存订立和管理电子劳动合同全过程的证据，包括身份认证、签署意愿、电子签名等，保证电子证据链的完整性，确保相关信息可查询、可调用，为用人单位、劳动者以及法律法规授权机构查询和提取电子数据提供便利。

二、劳动合同的签订

劳动合同的签订指劳动者和用人单位经过相互选择和平等协商后，就劳动合同条款达成一致，从而确定劳动关系和明确双方权利、义务的法律行为。

（一）劳动合同的签订原则

《劳动合同法》规定，订立劳动合同，应当遵循合法、公平、平等、自愿、协商一致、诚实信用的原则。

1. 合法

无论是合同的当事人、内容和形式，还是订立合同的程序，都必须符合有关法律、法规和政策的要求。尤其需要强调的是，凡属于劳动合同有关的强制性法律规范和强制性劳动标准，都必须严格遵守。因此，在订立劳动合同的过程中，只能有限制地体现契约自由的精神。

2. 公平

公平原则是指劳动者和用人单位应以社会正义、公平的观念指导自己的行为、平衡各方的利益。确保双方都享受公平合理的对待，既不享有任何特权，也不履行任何不公平的义务，权利与义务相一致。

3. 平等自愿

所谓平等，指订立合同的双方当事人法律地位平等。所谓自愿，指合同的订立应完全出于双方当事人的意愿，任何一方都不得强迫对方接受其意志；除合同管理机关依法监督外，任何第三方都不得干涉合同的订立。因此，毕业生应该依据《劳动合同法》的相关规定，要求与用人单位平等地签订劳动合同。在签订合同前，大学生要仔细阅读合同条款，对于模棱两可的条款要坚持改写清楚，对于不合法的内容更要据理力争，以维护自己的合法权益。

4. 协商一致

在订立合同的过程中，合同订立与否以及合同的具体内容，都只能在双方当事人经过平等协商方式，取得一致意见的基础上来确定。因而，只有协商一致，合同才能成立。

5. 诚实信用

诚实信用原则，简称诚信原则，是民法最重要的原则。其外延和内涵都不确定，但其要求合同双方必须在不损害对方利益和社会公益的前提下，追求自己的利益。

（二）签订劳动合同的注意事项

劳动合同几乎涉及就业的所有权益，毕业生必须认真对待。下面列出几项与毕业生就业息息相关的注意事项。

1. 必须签订劳动合同

《劳动合同法》第十条规定："建立劳动关系，应当订立书面劳动合同。"部分用人单位对劳动合同存在错误的认识，认为签订劳动合同就会将自己"套牢"，而不签订劳动合同就与劳动者不存在劳动关系，可以规避很多法律上的强制性规定。

实则，《劳动合同法》关于劳动合同的签订有如下规定："用人单位自用工之日起满一年不与劳动者订立书面劳动合同的，视为用人单位与劳动者已订立无固定期限劳动合同。"一旦订立无固定期限的劳动合同，如果没有发生法律规定的可以解除劳动合同的情形，用人单位无权辞退劳动者，否则要支付劳动者两倍的经济补偿金。可见，用人单位不与劳动者签订书面劳动合同，将面临更大的法律风险。

2. 注意保护个人隐私

为了保护劳动者的个人隐私，《劳动合同法》第八条规定："用人单位招用劳动者时，应当如实告知劳动者工作内容、工作条件、工作地点、职业危害、安全生产状况、劳动报酬，以及劳动者要求了解的其他情况；用人单位有权了解劳动者与劳动合同直接相关的基本情况，劳动者应当如实说明。"这句话的含义是指不属于"与劳动合同直接相关的基本情况"，用人单位无权过问，劳动者也有权拒绝回答。

3. 用人单位不得要求劳动者提供担保或向劳动者收取财物

某些不正规的用人单位在招聘或录用过程中，为了谋取钱财，利用招聘向求职者收取招聘费、培训费、押金或服装费，甚至要求必须扣押证件等，这些行为在《劳动合同法》中都是被禁止的。

同时，《劳动合同法》第八十四条规定："用人单位违反本规定，扣押劳动者居民身份证等证件的，由劳动行政部门责令限期退还劳动者本人，并依照有关法律规定给予处罚。用人单位违反本法规定，以担保或者其他名义向劳动者收取财物的，由劳动行政部门责令限期退还劳动者本人，并以每人五百元以上二千元以下的标准处以罚款；给劳动者造成损害的，应当承担赔偿责任。"

4. 坚持同工同酬

《劳动合同法》第六十三条规定："被派遣劳动者享有与用工单位的劳动者同工同酬的权利。用工单位应当按照同工同酬原则，对被派遣劳动者与本单位同类岗位的劳动者实行相同的劳动报酬分配办法。用工单位无同类岗位劳动者的，参照用工单位所在地相同或者相近岗位劳动者的劳动报酬确定。"同工同酬是指技术和劳动熟练程度相同的劳动者在从事同种工作时，不分性别、年龄、身份、民族、区域等差别，只要提供相同的劳动量，就应获得相同的劳动报酬。同工同酬最重要的贡献之一，就是规定了同一工种不再有合同工与正式工的差别，在同一用工单位工作的工种相同的劳动者，应得到相同的报酬。

在实际施行过程中，同工同酬作为一项分配原则也有其相对性：相同岗位的劳动者之间也有资历、能力、经验等方面的差异，因此劳动报酬只要大体相同就不会违反同工同酬原则。

5. 试用期的相关注意事项

试用期指用人单位和劳动者为相互了解和选择，在劳动合同中约定的不超过6个月的考察期。《劳动合同法》第十九条规定："劳动合同期限三个月以上不满一年的，试用期不得超过一个月；劳动合同期限一年以上不满三年的，试用期不得超过二个月；三年以上固定期限和无固定期限的劳动合同，试用期不得超过六个月。"劳动合同中的试用期条款不是法定条款，而是约定条款，是否约定由劳动者和用人单位协商确定。但是，如果双方约定试用期，就必须遵守有关规定。双方在劳动合同中约定试用期要遵守以下6项规定。

◆ 劳动合同中的试用期应由用人单位和劳动者双方平等协商约定，不得由用人单位一方强行规定。

◆ 试用期最长不得超过6个月。

◆ 以完成一定工作任务为期限的劳动合同或者劳动合同期限不满3个月的，不得约定试用期。试用期包含在劳动合同期限内。劳动合同仅约定试用期的，试用期不成立，该期限为劳动合同期限。

◆ 同一用人单位与同一劳动者只能约定一次试用期。试用期适用于初次就业、改变岗位或工种的劳动者，工作岗位没有发生变化的劳动者只有一次试用期。

◆ 试用期不得延长。用人单位在试用期内发现劳动者不符合录用条件，可以解除劳动合同，而不能延长试用期继续考察。同样，劳动者在试用期内对用人单位不满意或认为自己不适合该工作的，可以解除劳动合同。

◆ 劳动者在试用期的工资不得低于本单位相同岗位最低档工资或者劳动合同约定工资的80%，并不得低于用人单位所在地的最低工资标准。

6. 拒绝不合法的违约金

《劳动合同法》对违约金条款给予了严格的限制，明确规定只有以下两种情形可以在劳动合同中约定违约金。

◆ 在培训服务期中约定违约金。用人单位为劳动者提供专项培训费用，对其进行专业技术培训的，可以与该劳动者订立协议，约定服务期。劳动者违反服务期约定的，应当按照约定向用人单位支付违约金。违约金的数额不得超过用人单位提供的培训费用。

◆ 在竞业限制期内约定违约金。用人单位与劳动者可以在劳动合同中约定保守用人单位的商业秘密和与知识产权相关的保密事项。对负有保密义务的劳动者，用人单位可以在劳动合同或者保密协议中与劳动者约定竞业限制条款。并约定在解除或者终止劳动合同后，在竞业限制期限内按月给予劳动者经济补偿。劳动者违反竞业限制约定的，应当按照约定向用人单位支付违约金。

除以上两种情形外，用人单位在劳动合同中要求劳动者支付违约金都是不合法的。

🔍 案例　　　　　　　　　**劳动合同**

　　田可毕业后进入某公司工作，虽然经常加班，但是她想着入职时领导承诺的工资、奖金加绩效，仍然工作得十分努力。

　　但工作一个月后，工资到手时她才发现，数额与当初约定的相去甚远。同时，田可发现，自己入职一个多月了，公司还未与自己签订劳动合同。自己每次问起，公司总以"公章被某某带去开会了""今天负责领导不在"等理由拖延。

　　于是，田可与公司多次沟通，最后公司表示愿意与其签约。在签署劳动合同时，田可按就业指导课程中老师说的注意事项检查相关条目，发现合同中所述的工资与部门领导口头承诺的有较大差距，且隐性规定有"考察期"，期间薪酬较低。公司表示如果田可放弃签约和购买社保，公司可以每月多给田可500元薪酬。田可由此认为这家公司存在问题，果断离职。

　　点评　用人单位应当自用工之日起一个月内与劳动者订立书面劳动合同，且双方建立劳动关系后，用人单位应当为劳动者缴纳社会保险费。于单位而言，这是应尽的义务；对劳动者而言，这是应享有的权利。若用人单位拒不签署或找各种理由推诿，求职者可通过法律途径来保护自身合法权益。

三、劳动合同争议及解决办法

　　即使大学生按照规定签署了劳动合同，但在求职过程中，其权益仍可能受到有意或无意的侵犯。这不仅会损害大学生的利益，甚至会对大学生的职业生涯造成深远的影响。因此，大学生在求职的过程中应该时刻注意对自身合法权益的维护，了解常见的劳动合同争议及其解决办法。

（一）劳动合同争议

　　劳动合同争议是指用人单位与劳动者之间由于劳动合同发生的争议。劳动合同争议形式各异，原因不一，常见的争议有以下4种。

◆ 因用人单位开除、除名、辞退劳动者和劳动者辞职、自动离职发生的争议。

◆ 因执行国家有关工资、保险、福利、培训、劳动保护的规定发生的争议。

◆ 因履行劳动合同发生的争议。

◆ 法律、法规规定应当依照"企业劳动争议处理条例"处理的其他劳动争议。

（二）劳动合同争议的解决办法

　　劳动合同争议的解决办法主要有协商和调解、仲裁、诉讼3种。劳动合同争议发生后，双方当事人可自行协商，也可向相关部门申请调解。协商或调解无果的，当事人可向当地劳动争议仲裁委员会申请仲裁。最后，当事人还可向人民法院提起诉讼。

1．协商和调解

　　劳动合同争议发生后，双方当事人首先应本着互谅互让的积极态度，自行协商解决，也可以请工会或第三方（即双方信任的个人或组织）帮助协商，达成和解协议。如果双方不愿协商、协商不成或者达成和解协议后任意一方不履行的，可向本单位劳动争议调解委员会、地方劳动争议调解组织申请调解，达成调解协议。为确保调解协议的顺利履行，双方可以从调解协议生效之日起15日内，共同向劳动争议仲裁委员会提出审查申请，经审查确认后由劳动争议仲裁委员会出具调解书。使用协商和调解方式解决劳动合同争议，具有简单方便、灵活快捷等优势，能够及时有效地维护当事人的合法权益，是解决劳动合同争议的最佳方式。

2．仲裁

　　劳动合同争议发生后，任何一方当事人都可以在争议发生之日起60日内向劳动争议仲裁委员会申请仲裁，并提出书面申请。劳动争议仲裁委员会应当自接到仲裁申请之日起7日内做出是否受理的决定。劳动争议仲裁委员会决定受理的，应当自收到仲裁申请之日起60日内做出仲裁裁决。劳动争议仲裁委员会可依法进行调解，经调解达成调解协议的，制订仲裁裁决书。仲裁裁决书具有法律效力，当事人必须依照规定的期限履行。如果一方当事人逾期不履行，另一方当事人可向人民法院申请强制执行。

3．诉讼

诉讼是解决劳动合同争议的最后武器。如当事人对劳动争议仲裁委员会做出的仲裁裁决不服，可自收到仲裁裁决书之日起15日内向人民法院提起诉讼。期满不起诉的，仲裁裁决发生法律效力。

课堂活动　　　　　　　**探究大学生职业法律保障**

除了《就业协议书》与劳动合同外，大学生在职业生涯中还受到多项法律保护，如《劳动法》《就业促进法》《劳动争议调解仲裁法》等，了解这些法律有助于帮助大学生维护自身合法权益。

请了解相关法律，并将自己的心得和同学分享。

实践与应用

1. 说一说，现在社会上有哪些侵害求职者基本权益的现象？又有哪些求职者没有履行自己义务的现象？

2. 说一说，大学生在求职就业的过程中，应该警惕哪些现象？大学生应该如何避免落入求职陷阱？

3. 根据本章所学的知识，填写表9-2。

表9-2　劳动合同与《就业协议书》

	主体	法律依据	内容	签订时期	有效时间
劳动合同					
《就业协议书》					

4. 阅读下面的材料，分析小王是否应该交纳违约金。

某高校毕业生小王在毕业前夕与某公司签订了《就业协议书》，并且在毕业后按照协议约定到该公司上班。进入公司后，小王按规定同公司签订了劳动合同，合同期限为5年，劳动合同中没有规定违约金，但是《就业协议书》中要求任职未满5年辞职时需缴纳违约金5万元。入职一段时间后，小王发现自己并不适合这份工作，于是提交了辞职申请，但该公司要求她支付5万元的违约金。（思考方向：小王先签《就业协议书》后签劳动合同，此时生效的是《就业协议书》，还是劳动合同？）

附录

（一）"互联网+"大赛介绍、评审规则

中国"互联网+"大学生创新创业大赛首次举办于2015年，已经成为覆盖全国所有高校、面向全体高校学生、影响最大的赛事活动之一。

第七届中国国际
"互联网+"大学
生创新创业大赛

第七届中国国际"互
联网+"大学生创新
创业大赛评审规则

（二）商业计划书提纲与模板

商业计划书是创业者计划创立业务的书面摘要，以描述与拟创办企业相关的内、外环境条件和要素特点为任务，是衡量业务进展情况的标准。商业计划书是市场营销、财务、生产、人力资源等职能计划的综合。一份好的商业计划书是未来创业行动的指南，同时也能为创业者获得贷款、投资和融资等提供便利。扫描右侧二维码，查看商业计划书提纲与模板。

商业计划书提纲
与模板